全国高职高专经济管理类"十四五"规划理论与实践结合型系列教材

校企合作优秀教材

商务礼仪与沟通技巧

（慕课版）

SHANGWU LIYI YU GOUTONG JIQIAO

主　编　阮喜珍　张明勇　从　静
副主编　杜志琴　谢明芳

华中科技大学出版社

http://www.hustp.com

中国·武汉

图书在版编目(CIP)数据

商务礼仪与沟通技巧:慕课版/阮喜珍,张明勇,从静主编.—武汉:华中科技大学出版社,2022.2(2024.8重印)
ISBN 978-7-5680-7954-9

Ⅰ.①商… Ⅱ.①阮… ②张… ③从… Ⅲ.①商务-礼仪 ②商务管理-公共关系学 Ⅳ.①F718
②F715

中国版本图书馆 CIP 数据核字(2022)第 014088 号

商务礼仪与沟通技巧(慕课版) 　　　　　　　　　　　阮喜珍　张明勇　从　静　主编
Shangwu Liyi yu Goutong Jiqiao(Muke Ban)

策划编辑:聂亚文
责任编辑:段亚萍
封面设计:孢　子
责任监印:朱　玢
出版发行:华中科技大学出版社(中国·武汉)　　电话:(027)81321913
　　　　　武汉市东湖新技术开发区华工科技园　　邮编:430223
录　　排:武汉创易图文工作室
印　　刷:武汉市洪林印务有限公司
开　　本:787mm×1092mm　1/16
印　　张:15
字　　数:394 千字
版　　次:2024 年 8 月第 1 版第 3 次印刷
定　　价:45.00 元

本书若有印装质量问题,请向出版社营销中心调换
全国免费服务热线:400-6679-118　竭诚为您服务
版权所有　侵权必究

前言
Preface

礼仪和沟通技巧包含了很多复杂的内容,具体礼节更是纷繁冗杂,而本书的特点就是语言简明通俗,内容设计尽可能做到互动化、人性化,传授知识与技能训练强调要点化、步骤化、图表化,以生动的小故事与图片,让学生主动参与到学习中。全书旨在利用职业教育的特点,把德育的主题和内容作为人生实践,帮助学生感悟掌握必要的礼仪规范对人生的帮助,提高人际交往的能力,掌握常用的沟通技巧,为成为一名合格的职业人做好准备。本书还利用大量通俗易懂的实例使学生了解并掌握礼仪规范及沟通技巧,帮助他们在今后的工作、生活中,在商务交往、人际沟通等方面做到游刃有余,无往而不胜。本书遵循礼仪与沟通及高职教育的特点,重点关注和突出了以下特点:

第一,简化理论,突出实操。淡化学科和理论色彩,注重高职学生的学情特点,着力编写在实际交往和工作中、活动中需要掌握的知识要点,突出针对性与逻辑性。

第二,遵循层层递进的原则。设置了引导案例、知识链接、情境训练、拓展阅读等模块,使知识和能力在实操中不断积累和提高。

第三,注重理论与实际工作岗位相适应。在教材中穿插了企业实际工作中的案例,具有很强的实用性,可操作性较强。

本书围绕信息化教学、慕课等教学模式组织和架构内容,使学生更易掌握知识,提高礼仪修养与沟通能力。

本书以全国高职高专类学生为教学对象,同时也可作为企业人员培训参考书。在教学中可以根据实际情况对本书内容进行取舍。

本书在编写过程中,参考和引用了许多学者的研究成果,在此谨向有关作者表示诚挚的感谢!

全书由阮喜珍、张明勇、丛静任主编,由杜志琴、谢明芳任副主编,本书的出版得到了华中科技大学出版社的领导和编辑的大力支持以及同行、专家的关心、帮助和指导,在此一并表示感谢!

由于水平有限,书中难免存在欠缺,恳请读者批评指正。

教材教学链接

目录 Contents

第一章 礼仪与沟通概述 /1
- /引导案例 /1
- /第一节 礼仪概述 /2
- /第二节 沟通概述 /6
- /第三节 大学生礼仪教育与沟通能力培养 /10

第二章 个人礼仪 /18
- /引导案例 /18
- /第一节 仪容礼仪 /19
- /第二节 仪表礼仪 /28
- /第三节 仪态礼仪 /38
- /第四节 个人职业形象准备 /53

第三章 人际交往礼仪 /57
- /引导案例 /57
- /第一节 人际交往的含义及特点 /58
- /第二节 日常人际交往礼仪 /61
- /第三节 校园人际交往礼仪 /85
- /第四节 涉外交往礼仪 /90

第四章 商务礼仪 /99
- /引导案例 /99
- /第一节 商务礼仪概述 /100
- /第二节 商务接待礼仪 /101
- /第三节 商务电话及传真礼仪 /106
- /第四节 商务拜访礼仪 /110
- /第五节 商务仪式礼仪 /112
- /第六节 商务洽谈礼仪 /116

第五章 职场礼仪 /121
- /引导案例 /121
- /第一节 求职面试礼仪 /122
- /第二节 职场工作礼仪 /131

第六章 沟通与合作 /152
- /引导案例 /152
- /第一节 沟通与合作概述 /153
- /第二节 沟通与合作能力 /158

第七章 人际沟通 /168
- /引导案例 /168
- /第一节 人际沟通概述 /169
- /第二节 性格类型与人际沟通技巧 /175
- /第三节 人际沟通中的情绪管理技巧 /181

第八章 商务沟通技巧 /187
- /引导案例 /187
- /第一节 会议沟通 /188
- /第二节 营销沟通 /193
- /第三节 商务谈判 /197

第九章 职场沟通技巧 /207
- /引导案例 /207
- /第一节 求职面试沟通技巧 /208
- /第二节 与上司及下属沟通的技巧 /214

第十章 沟通中的写作和演讲技巧 /222
- /引导案例 /222
- /第一节 沟通中的写作技巧 /223
- /第二节 沟通中的演讲技巧 /228

参考文献 /236

第一章 礼仪与沟通概述

·知识目标·
◎掌握礼仪的含义、特征、原则和功能；
◎掌握沟通的含义、过程、作用和意义；
◎了解沟通的类型；
◎理解大学生学习礼仪与沟通的意义和作用。

·技能目标·
◎把对礼仪与沟通的理解与认识用于日常的生活、工作和学习中。

·思政目标·
◎正确认识礼仪与沟通在人生道路中的重要性。

 / 引导案例 /

同学交往中的失误

吴青和周悦是一对好朋友，有一回学校发放贫困生助学贷款申请表，吴青了解周悦家境贫寒，符合申请资格，并且也急需这一笔助学贷款，便催促周悦去领表。可是周悦迟迟不肯行动，吴青急了，叫起来说："你不是跟我说过，你爸妈都下岗了，家里没钱供你读书，只有找亲戚借，但是亲戚借钱的脸色不好看吗？与其看人脸色，还不如直接向银行贷款。"当时正是课间，很多同学的目光都被吸引到两人身上。周悦的脸一直阴着，仍旧一言不发。吴青自悔失言，却不知道如何补救，两个好朋友好长一段时间都没有说话。

这一案例表明：在日常交往中，吴青作为好朋友，关心周悦的家庭状况，体现了吴青待人诚恳、善良。但在公共场合应忌谈他人私事，应维护他人的尊严。而吴青在公共场合大声质问周悦，并谈及周悦的家事，这是不礼貌的行为，这损害了周悦的尊严。而事后吴青应私下找周悦道歉，周悦也应该宽容，原谅好朋友的无心之失。两个人为小事，互不理睬，是失败的社交事件。

通过学习礼仪与沟通可以掌握更多的礼仪与沟通的基本知识、方法和技巧，用之于实践，可以为生活、学习、工作创造好的人际关系环境。

第一节 礼仪概述

一、礼仪的含义

礼仪是在人际交往中,以一定的约定俗成的程序方式来表现的律己敬人的过程,涉及穿着、交往、沟通、情商等方面的内容。礼仪是我们在生活中不可缺少的一种能力。从个人修养的角度来看,礼仪可以说是一个人内在修养和素质的外在表现。从交际的角度来说,礼仪可以说是人际交往中适用的一种艺术、一种交际方式或交际方法,是人际交往中约定俗成的示人以尊重、友好的习惯做法。从传播的角度来看,礼仪可以说是在人际交往中进行相互沟通的技巧。礼仪可以大致分为政务礼仪、商务礼仪、服务礼仪、社交礼仪、涉外礼仪等五大方面。

礼节和仪式是对礼仪传统的解释,"礼"字和"仪"字指的都是尊敬的方式,"礼",多指个人性的,像鞠躬、欠身等,就是礼节;"仪",则多指集体性的,像开幕式、阅兵式等,就是仪式。

人们约定俗成、表示尊重的各种方式,这是现代对礼仪通俗而简洁的解释。这里的方式分行动型和非行动型,像鞠躬、给老人让座等,就是行动型的,也就是尊重的形式,需要行动才有效果;而像庄严场合不嬉笑、别人睡觉不吵闹等,就是非行动型的,也就是行为规范,它不需要行动就有效果。

礼仪是人类为维系社会正常生活而要求人们共同遵守的最起码的道德规范,它是人们在长期共同生活和相互交往中逐渐形成的,并且以风俗、习惯和传统等方式固定下来。对一个人来说,礼仪是一个人的思想道德水平、文化修养、交际能力的外在表现;对一个社会来说,礼仪是一个国家社会文明程度、道德风尚和生活习惯的反映。

古人讲"礼者,敬人也",礼仪是一种待人接物的行为规范,也是交往的艺术。它是人们在社会交往中由于受历史传统、风俗习惯、宗教信仰、时代潮流等因素的影响而形成,既为人们所认同,又为人们所遵守,是以建立和谐关系为目的的各种符合交往要求的行为准则和规范的总和。

二、礼仪的由来

礼仪作为人际交往的重要的行为规范,它不是随意凭空臆造的,也不是可有可无的。了解礼仪的起源,有利于认识礼仪的本质,自觉地按照礼仪规范的要求进行社交活动。对于礼仪的起源,研究者们有各种观点,可大致归纳为以下几种:

有一种观点认为,礼仪起源于祭祀。东汉许慎的《说文解字》对"礼"字的解释是这样的:"履也,所以事神致福也。从示从豊,豊亦声。"意思是实践约定的事情,用来给神灵看,以求得赐福。"礼"字是会意字,"示"指神,从中可以分析出,"礼"字与古代祭祀神灵的仪式有关。古时祭祀活动不是随意地进行的,它是严格地按照一定的程序、一定的方式进行的。

另一种观点认为,礼仪起源于风俗习惯。人是不能离开社会和群体的,人与人在长期的交往活动中,渐渐地产生了一些约定俗成的习惯,久而久之,这些习惯成为人与人交际的规范。当这些交往习惯以文字的形式被记录并同时被人们自觉地遵守后,就逐渐成为人们交际交往固定的礼仪。遵守礼仪,不仅使人们的社会交往活动变得有序、有章可循,同时也能使人与人在交往中更具有亲和力。

还有一种观点认为,礼仪是为表达自身感情而存在的,在没有礼仪存在的时候,人们祭祀天地根本无法表达心中的敬畏,后来才出现了礼仪,如同语言一般,是因为需要才产生的,后来拓展,开始向长辈行礼来表达本身的敬意。在后期贵族阶层出现,扭曲了礼的意义,使之在不尊敬的情况下使用来突出自身的地位,因此礼丢失了本质而变成了礼节。存有敬意施礼才是真正的礼。

从礼仪的起源可以看出,礼仪是在人们的社会活动中,为了维护一种稳定的秩序,为了保持一种交际的和谐而应运产生的。一直到今天,礼仪依然体现着这种本质特点与独特的功能。

三、礼仪的特征、原则和功能

1. 礼仪的特征

礼仪是人们在社会交往中普遍遵循的文明行为准则或规范的总和,具有以下基本特征:

(1)规范性。礼仪既有内在的道德准则,又有外在的行为尺度,对人们的言行举止和社会交往具有普遍的规范、约束作用。遵循礼仪规范,就会得到社会认可和嘉许;违反礼仪规范,就会到处碰壁,招致反感、受到批评。正所谓有"礼"走遍天下,无"礼"寸步难行。

(2)操作性。礼仪规范以人为本,重在实践,人人可学,习之易行,行之有效。"礼者,敬人也",待人的敬意,应当怎样表现,不应当怎样表现,礼仪都有切实可行、行之有效的具体操作方法。

(3)差异性。礼仪规范约定俗成,不同国家、不同地区,由于民族特点、文化传统、宗教信仰、生活习惯不同,往往有着不同的礼仪规范,"十里不同风,百里不同俗"。这就需要增加了解,尊重差异,不可唯我独尊、我行我素。例如:有一种手势,大拇指和食指环成圆圈,其余手指伸展,意思是"OK",这种手势在美国表示"赞同""了不起",但是在巴西则是指责别人行为不端。所以礼仪除了具有一定的固定形式与规范外,还要注意因时因地因对象的不同而"入乡随俗"。

(4)社会性。礼仪是一门社会交际的学问,它产生于社会生活之中,是全社会共同认可、普遍遵守的准则。

(5)发展性。礼仪规范不是一成不变的,它随着时代的发展、科学技术的进步,在传统的基础上不断地推陈出新,体现着时代的要求与时代的精神。例如:在我国,握手替代了作揖,鞠躬替代了跪拜;如今节假日给亲朋好友打个礼仪电话,发个短信,或送去礼仪鲜花,表示祝贺与问候,这些都反映了礼仪发展性的特点。

2. 礼仪的原则

1)平等原则

现代礼仪中的平等原则,是指以礼待人,有来有往,既不能盛气凌人,也不能卑躬屈膝。平等原则是现代礼仪的基础,是现代礼仪有别于以往礼仪的最主要原则。

礼仪中的优先,与各民族的风俗习惯、宗教信仰等有很大关系。以"女士优先"原则为例,在一些国家如巴基斯坦,讲究男女授受不亲,在公共场合,如果男女出双入对、卿卿我我,则被认为是不合礼仪。但是,在这个国家里,男士非常尊重妇女,对待女士谦逊有礼,见了女性,一般不得主动握手,除非女士先伸手。尽管公共汽车非常拥挤,男士也会让女士们先上车,车上的座位分得很清楚,女性坐前面,男性坐后面。餐厅的情形也一样,男女桌位分开,陌生的男士们是决不可以随意过界或上前搭讪的。在任何时候排长龙,女性都可直接走到队伍的前端去。

2)互尊原则

古人云:"敬人者,人恒敬之。"只有相互尊重,人与人之间的关系才会融洽和谐。要想在与人交往中通过礼仪的形式体现出对对方的尊重,就应从以下几个方面做起:

第一,与人交往,要热情而真诚。热情的态度,意味着对别人的隆重接纳,会给人留下受欢迎、受重视、受尊重的感觉,而这本来就是礼仪的初衷和要旨。当然,热情不能过火,过分的热情会使人感到虚伪和缺乏诚意。所以,待人热情一定要出自真诚,是尊重他人的真挚情感的自然流露。如果心存不敬,却又要故意表现出热情,只会让人感到做作,引起反感。这一点在与客户及其他来访者打交道时尤为重要。不论来访者是不是客户,客户部的工作人员都要热情接待;不论是不是自己的客户,我们都要热情真诚地为其服务。

第二,要给他人留有面子。所谓面子,即自尊。即便一个毫无廉耻之心的人,也存在着一定的自尊心。失去自尊,对一个人来说,是一件非常痛苦、难以容忍的事情。所以,伤害别人的自尊是严重失礼的行为。

第三,允许他人表达思想、表现自己。每个人都有表达自己思想、表现自身的愿望。社会的发展,为人们弘扬个性提供了更为广阔的空间。丰富的个性色彩和多元思想的共存,是现代社会区别于传统社会的一个基本特征。因此,现代礼仪中的互尊原则,要求人们必须学会彼此宽容,尊重他人的思想观点和个性。

3)诚信原则

诚信原则是指遵时守信,"言必信,行必果"。取信于人在人际交往中是非常重要的。

《韩非子》中记载着这么一则寓言:有一户有钱人家的围墙被大雨冲塌了,隔壁的邻居提醒他:"要及早修复,免得盗贼侵入。"有钱人家的儿子也同样说道:"爸爸,及早修理吧,不然小偷会来的。"结果当天晚上小偷果然来了,偷走了不少东西。有钱人家的反应是:儿子预先说在前,意见很对,有先见之明,心里却对邻居起了疑心,怀疑邻居是小偷。

原因很简单,一方面,中国人自古以来是家天下,血缘关系是亲不可分的纽带,影响了人们对客观事物公正的判断;另一方面,就是人的心理反应,产生"自己人效应",更易于相互吸引。当你信任一个人的时候,就会想:既然是这个人说的,靠得住。所以,常常是别人信任你,才认为你是对的。因此,在人际交往中,你必须博得人们的信赖,才更有利于你的成功。信任是靠慢慢积累的,与客户初次打交道,客户都会抱着怀疑的态度跟你沟通,一旦接触多了,你在工作中也做得到言而有信,说什么时候出方案就什么时候出方案、答应了上材料就上材料的话,客户也就慢慢开始信任你了,这样就更利于自己开展工作,更好地为客户服务。

自信也是获取信任、取信于人的方法。一个人要对自己有信心,不要因为曾经有过这样那样的失败或小挫折就以为自己不讨人喜欢了,从而失去自信,放弃了自己。其实,一个人有失败并不奇怪,世界上没有常胜将军,关键是要有勇气,跌倒后还能爬起来,还能保持自信,相信自己能努力做到最好。

4)宽容原则

宽容就是心胸宽广。"海纳百川,有容乃大",能设身处地为别人着想,能原谅别人的过失,也是一种美德,被作为现代人的一种礼仪素养。

那么,如何在礼仪中体现宽容原则呢?我们认为,应从以下几个方面做起:

第一,要做到"入乡随俗"。如中东一些国家,受宗教信仰的影响,禁止女性向家庭成员以外的男人裸露肌肤,严格讲究男女授受不亲。去这些国家访问做客,就应尊重他们的礼仪规范。新员工进了公司的大门,就要随公司的"俗",严格要求自己按制度、规范办事。

第二,理解他人,体谅他人,对他人不求全责备。俗话说"金无足赤,人无完人",现实生活中的人,没有十全十美的。表现在礼仪方面,有些人擅长于礼仪交际,说话办事滴水不漏;有些人则不熟悉礼仪知识,行事粗俗。

第三,虚心接受他人对自己的批评意见,即使批评错了,也要认真倾听。俗话说"人非圣贤,孰能无过",有了过错后允许他人批评指正,才能得到大家的理解和尊重。有时,批评者的意见是错误的,但只要不是出于恶意,就应以宽容大度的姿态对待,有则改之,无则加勉。特别是在工作中,更应注意这个问题。

5)自律原则

礼仪宛如一面镜子,对照着它,你可以发现自己的品质是真诚、高尚,还是丑陋、粗俗。真正领悟礼仪、运用礼仪,关键还要看你的自律能力。

3. 礼仪的功能

现代社会发展对于礼仪的要求越来越高,可以说,礼仪已经成为人们交往的润滑剂,它已经渗透到社会公务活动和人们日常生活中,并发挥着极其重要的作用。

1)人们行为的道德规范

礼仪是一个综合性的范畴,涉及政治学、伦理学、社会学、管理学等诸多学科,可以从不同的角度进行研究。由于历史的原因,我们过去对于"礼"和"礼仪"的政治学研究较多,而对其伦理学研究至今还很少。因此,从伦理学的角度研究"礼仪",阐述它的道德功能及其实现机制,对于拓展伦理学的视野、加强公民道德建设,有着重要的理论意义和实践意义。礼仪属于社会公德的范畴,涵盖了社会上一切人的行为,是每个公民都应该掌握和遵守的。因此,要把礼仪教育作为文化建设的一项重要任务,纳入国民教育的全过程,从孩子抓起,贯穿于终身教育的各个阶段,使每个人都成为懂礼仪、通礼节、讲礼貌的好公民。

2)人们交往的前提和纽带

人际交往要深入开展就需要做到人际吸引,而人际吸引中的一个重要因素便是相似性,即人们往往喜欢那些和自己相似的人。相似性主要包括:①价值观及人格特征的相似;②兴趣爱好等方面的相似;③社会背景、地位的相似;④年龄、经验的相似。正因为如此,一个人在与他人交往过程中了解不同场合的交往礼仪知识,就会让交往对象觉得你们之间有着相似之处,从而乐于深入交往;相反,如果一个人在与他人交往过程中对于需要共同遵守的交往礼仪完全不懂,就很难与交往对象交往下去。所以,只有懂得礼仪,才能很好地与他人交往,并通过这些礼仪拉近与他人之间的心理距离,营造良好的交际氛围,形成良好的交往纽带。

3)和谐社会的稳定基础

早在两千多年前孔子就认为,只要人们按照礼的规定行事,国家就不会出现动乱,社会就会和谐稳定,因此,他主张"为政先礼"(《礼记·哀公问》)。荀子指出:"礼之于正国家也,如权衡之于轻重也,如绳墨之于曲直也。故人无礼不生,事无礼不成,国家无礼不宁。"(《荀子·大略》)由此可见,在孔子和荀子看来,礼仪不仅是一个礼节,更是维护社会稳定的基石,礼仪只有在能够对社会成员之间的关系发挥稳定作用时,才具有存在的价值。可以说,一个国家有没有完整的礼仪规范,社会成员能否自觉遵守,已经成为衡量一个国家文明程度高低的标志。只有人们在交往过程中遵守相应的礼仪,社会才能够健全与稳定,家庭才能和谐与安宁,邻里之间才能够和睦与合作。

第二节 沟通概述

一、沟通的基本概念和沟通过程

1. 沟通的含义

"沟通",源于拉丁文 communis,意义为共同化,英文表示为 communication,在《美国传统双解词典》中的解释为"交流、交换思想、消息或信息,如经由说话、信号、书写或行为";《新编汉语词典》关于沟通之意的解释为"使两方能连通";传播学者西蒙多·克莱文杰说,从学术或科学的角度对沟通下定义遇到困扰,这是因为一个事实,即动词的"沟通"(to communicate)作为普通词语沿用已久,因此很难将其作为科学用语使用。本书综合古今中外学者的论述后,将沟通定义如下:沟通(communication)是信息、思想与情感凭借一定符号载体,在个人或群体间从发送者到接收者进行传递,并获取理解、达成协议的过程。

首先,沟通的传递要素包括了中性的信息、理性的思想与感性的情感;其次,沟通具有相互性,一定是两个以上个体或群体之间的传递过程才能称之为完整的沟通;最后就是主体发出的沟通要素信息、思想与情感不仅要被传递到客体,还要被充分理解并达成协议,这个也是与日常所讲沟通的最大区别。总之,沟通是双方之间准确地理解、传递、反馈信息、思想与情感的过程。

从以上沟通的定义来看,其三大要素缺一不可。对于第一个传递要素而言,如果沟通过程仅仅包含了中性的信息,那么也只能称之为毫无感情的机器语言,试想想你对爱人传递爱的宣言过程中,用一个平调的机器语言传递会如何?对于第二个要素,一定要在个体或群体之间进行传递,否则只能是一个人的自言自语或者内在的思考反省过程。对于第三个要素而言,如果沟通的过程达不到理解并接受的程度,那么只能称之为日常的通知而已。而对于一个企业的管理者而言,要时刻面对各种各样的沟通,沟通的对象包括了企业的众多利益相关者(或者称为干系人),外部包括了政府、企业所有者(股东)、融资银行、上游供应商、下游中介渠道商、广告商、媒体、社区团体、竞争对手与产品顾客;内部包括了上级管理者、同级管理者以及下级的雇员和雇员的家庭成员等。

2. 沟通过程

沟通过程就是发送者将信息通过一定的渠道传递给接收者的过程。沟通过程离不开沟通主体(发送者)、沟通客体(接收者)、信息(包含中性的信息、理性的思想与感性的情感)、信息沟通渠道等基本沟通要素。一个完整的沟通过程包括了主体/发送者、编码、渠道(媒介)、解码、客体/接收者、反馈、噪声与背景。任何简单或复杂的沟通都遵循这个沟通过程的八要素模型。

(1)主体/发送者:信息源与沟通发起者,这是沟通的起点。

(2)编码:组织信息,把信息、思想与情感等内容用相应的语言、文字、图形或其他非语言形式表达出来就构成了编码过程。

（3）渠道：媒介，信息的传递载体，除了语言面对面的交流外，还可借助电话、传真、电子邮件、手机短信等媒介传递信息。

（4）解码：译码，接收者对所获取的信息（包括信息、思想与情感）的理解过程。

（5）客体/接收者：信息接收者、信息达到的客体、信息受众。

（6）反馈：接收者获得信息后会有一系列的反应，即对信息的理解和态度，接收者向发送者传送回去的那部分反应即反馈。

（7）噪声：上述六个环节在进行过程中，不可避免地会遇到各种各样的干扰，统称噪声，它存在于沟通过程的各个环节，并有可能造成信息损耗或失真。常见的噪声源来自以下八个方面：发送者的目的不明确、表达不清、渠道选择不当，接收者的选择性知觉、心理定式，发送者与接收者的思想差异、文化差异，忽视反馈。

（8）背景：沟通过程所处的背景环境。同样的一次沟通在不同的时空背景下的沟通效果是不一样的，这是因为沟通双方的人际关系是动态变化的，因而彼此之间的沟通效果也是动态变化的。

3. 沟通的类型

在沟通过程中，根据沟通符号的种类分语言沟通和非语言沟通，语言沟通又包括书面沟通与口头沟通；根据是否是结构性和系统性的，沟通分为正式沟通和非正式沟通；根据在群体或组织中传递的方向，沟通分为自上而下沟通、自下而上沟通和平行沟通；根据沟通中的互动性分为单向沟通与双向沟通；从发送者和接收者的角度而言，包括自我沟通、人际沟通与群体沟通。

沟通包括语言沟通和非语言沟通，最有效的沟通是语言沟通和非语言沟通的结合。语言沟通包括书面沟通和口头沟通，非语言沟通包括声音语气（比如音乐）、停顿与肢体动作（比如手势、舞蹈、武术、体育运动等）。语言可以帮助一个人获得他人的感情；语言可能使你逃离灾祸，也可能使你陷入泥潭；一个敢于站起来说话的人可能成为领导者；语言也可能使人受到极大的鼓舞或者极大的侮辱。

语言可以帮助你去获得他人的理解，并使你与他人的沟通变成可能。你对语言的驾驭使他人对你产生印象——你所处的状态和接受的教育。

西方人和中国人的思维方式有很大的不同，这与他们各自的语言系统可能有较大的关系。汉语是二维空间，比英语大一个量级，具有抽象的逻辑性。西方的拼音文字，比如英语，是一维线性的。如果西方人对你说，明天我请你吃饭，你基本就可以等他明天请你了。如果一个中国人说了同样的话，可能仅仅是客气的场面话。因为我们是二维空间的动物，在X轴上说"我请你吃饭"，同时在Y轴上说"No"。

美国加州大学洛杉矶分校（UCLA）研究者发现，在面谈中，55%的信息来自身体语言，38%来自语调，而仅有7%来自真正的语言。在影响他人时，本身也不断地从外界接收信息，接收信息的渠道有：视觉83%、听觉11%、味觉1%、嗅觉3.5%、触觉1.5%。视觉是接收信息最多的渠道。

可见表达能力绝不只是你的"口才"，非语言表达方式和语言同样重要，有时作用甚至更加明显。正如德鲁克所说，人无法只靠一句话来沟通，总是得靠整个人来沟通。通过非语言沟通，人们可以更直观、更形象地判断你的为人、做事的能力，看出你的自信和热情，从而获得十分重要的"第一印象"。人们常说,耳朵听不见为失聪,眼睛看不见为失明,聪明就是耳聪目明,聪明的人能看出别人没有看出的方面,能听出对方的言外之意。人们控制要说的话比较容易,而控制身体语言却不容易,身体语言会将人的思想暴露无遗。

案例分析1-1

林肯的幽默

一天晚上12点,有一个想投机取巧的政客给林肯打电话说:"总统先生,我听说咱们的税务局长刚刚去世,我可不可以顶替他的位置?"林肯说:"如果殡仪馆同意的话,我没有意见!"

分析:语言本身就是力量,语言技巧是我们最强有力的工具。

案例分析1-2

无赖吃饭

一个人走进饭店要了酒菜,吃罢摸摸口袋发现忘了带钱,便对店老板说:"店家,今日忘了带钱,改日送来。"店老板连声说"不碍事,不碍事",并恭敬地把他送出了门。

这个过程被一个无赖给看到了,他也进饭店要了酒菜,吃完后摸了一下口袋,对店老板说:"店家,今日忘了带钱,改日送来。"谁知店老板脸色一变,揪住他,非剥他衣服不可。无赖不服,说:"为什么刚才那人可以赊账,我就不行?"

店家说:"人家吃菜,筷子在桌子上找齐,喝酒一盅盅地筛,斯斯文文,吃罢掏出手绢揩嘴,是个有德行的人,岂能赖我几个钱?你呢?筷子往胸前找齐,狼吞虎咽,吃上瘾来,脚踏上条凳,端起酒壶直往嘴里灌,吃罢用袖子揩嘴,分明是个居无定室、食无定餐的无赖之徒,我岂能饶你?"一席话说得无赖哑口无言,只得留下外衣,狼狈而去。

分析:在现实生活中存在着大量非语言沟通,如一个眼神、一个细小的动作、一个简单的身体姿态、一件衣服、一个特别的位置等,都代表了特定的沟通含义。非语言沟通中最为人所熟知的领域是身体语言和语调,包括人的仪表、举止、语气、声调和表情等。看到学生的眼神无精打采或者是有人在翻阅校报时,大学老师无须言语就可以知道,学生已经厌倦了;同样,当纸张沙沙作响,笔记本开始合上时,信息也十分明确,下课时间到了;一个人所用的办公室和办公桌的大小、一个人的穿着打扮都向别人传递着某种特定信息。

二、沟通的原则、作用与意义

1. 沟通的基本原则

有效的沟通应建立在良好的信息沟通过程之上,从信息的发送,经过一定的信息通道达到信息的有效接收,要使信息保持完整和准确就应当遵循以下几项原则:互相信任的原则;清晰准确的原则;完整性原则;适时性原则。

美国著名的公共关系专家卡特里普、森特在他们合著的被誉为"公关圣经"的著作《有效的公共关系》中提出了有效沟通的"7C原则":

credibility:可信赖性,即建立对传播者的信赖。

context：一致性（又译为情境架构），指传播须与环境（物质的、社会的、心理的、时间的环境等）相协调。

content：内容的可接受性，指传播内容须与受众有关，必须能引起他们的兴趣，满足他们的需要。

clarity：表达的明确性，指信息的组织形式应该简洁明了，易于公众接受。

channels：渠道的多样性，指应该有针对性地运用传播媒介以达到向目标受众传播信息的目的。

continuity and consistency：持续性与连贯性，这就是说，沟通是一个没有终点的过程，要达到渗透的目的，必须对信息进行重复，但又须在重复中不断补充新的内容，这一过程应该持续地坚持下去。

capability of audience：受众能力的差异性，这是说沟通必须考虑沟通对象能力的差异（包括注意能力、理解能力、接受能力和行为能力），采取不同方法实施传播才能使传播易于被受众理解和接受。

上述"7C原则"基本涵盖了沟通的主要环节，涉及传播学中的控制分析、内容分析、媒介分析、受众分析、效果分析、反馈分析等主要内容，极具价值。这些有效沟通的基本原则，对人际沟通来说同样具有不可忽视的指导意义。

案例分析1-3

离不开的沟通

电影《荒岛余生》中汤姆·汉克斯扮演的男主人公被困在孤岛上，因为孤独，把一个排球作为最好的朋友和精神寄托。当他的排球朋友Wilson消失在大海中，他奋力去救但没办法救回来，大喊"I'm sorry"。这镜头让人感动得流泪。

分析：我们离不开别人，更离不开沟通。

2. 沟通的作用

为什么要沟通？这个问题乍听起来，好像问别人"为什么要吃饭"或"为什么要睡觉"一样愚蠢。吃饭是因为饥饿，睡觉是因为困倦。同样，对于我们来说，沟通是一种自然而然的、必需的、无所不在的活动。

通过沟通可以交流信息和获得感情与思想。在人们工作、娱乐、居家、买卖时，或者希望和一些人的关系更加稳固和持久时，都要通过交流、合作、达成协议来达到目的。在沟通过程中，人们分享、披露、接收信息，根据沟通信息的内容，可分为事实、情感、价值取向、意见观点，根据沟通的目的可以分为交流、劝说、教授、谈判、命令等。

综上所述，沟通的主要作用有两个：

1）传递和获得信息

信息的采集、传送、整理、交换，无一不是沟通的过程。通过沟通，交换有意义、有价值的各种信息，生活中的大小事务才得以开展。

掌握低成本的沟通技巧、了解如何有效地传递信息能提高人的办事效率，而积极地获得信息更会提高人的竞争优势。好的沟通者可以一直保持注意力，随时抓住内容重点，找出所需要的重要信息。他们能更透彻地了解信息的内容，拥有最佳的工作效率，并节省时间与精力，获得更高的生产力。

2）改善人际关系

社会是由人们互相沟通所维持的关系组成的网，人们相互交流是因为需要同周围的社会环境相联系。沟通与人际关系两者相互促进、相互影响。有效的沟通可以赢得和谐的人际关系，而和谐的人际关系又使沟通更加顺畅。相反，人际关系不良会使沟通难以开展，而不恰当的沟通又会使人际关系变得更坏。

3. 沟通的意义

沟通是人类组织的基本特征和活动之一。没有沟通，就不可能形成组织和人类社会。家庭、企业、国家，都是十分典型的人类组织形态。沟通是维系组织存在，保持和加强组织纽带，创造和维护组织文化，提高组织效率、效益，支持、促进组织不断进步发展的主要途径。

有效的沟通让我们高效率地把一件事情办好，让我们享受更美好的生活。善于沟通的人懂得如何维持和改善相互关系，更好地展示自我需要、发现他人需要，最终赢得更好的人际关系和成功的事业。

有效沟通的意义可以总结为以下几点：①满足人们彼此交流的需要；②使人们达成共识、更多的合作；③降低工作的代理成本，提高办事效率；④能获得有价值的信息，并使个人办事更加井井有条；⑤使人进行清晰的思考，有效把握所做的事。

第三节　大学生礼仪教育与沟通能力培养

一、大学生礼仪教育

在当代社会，礼仪是个人良好形象的表现，是人类文明进步的重要标志。它作为在人类历史发展中逐步形成并积淀下来的一种文化，在各个不同的时期和领域，始终约束和规范着人们的行为，对于提高人的素养，促进社会和谐、文明与繁荣，发挥了重要的作用。伴随着高等教育改革的不断深入，在全面倡导素质教育的今天，礼仪教育可以正确地引导大学生的学习、交往、沟通和求职，引领大学生成长成材。因此，在大学生中开展礼仪教育是非常有必要的。

1. 加强大学生礼仪教育的必要性

1）礼仪教育有利于强化大学生文明行为，提高文明素质

礼仪教育是社会主义精神文明教育体系中最基础的内容。因为讲文明、讲礼貌是人们精神文明程度的实际体现，普及和应用礼仪知识，是加强社会主义精神文明建设的需要。通过社交礼仪教育，可以让大学生明确言谈、举止、仪表和服饰能反映出一个人的思想修养、文明程度和精神面貌，而且每个人的文明程度不仅关系到自己的形象，同时也影响到整个学校的精神面貌乃至整个社会的精神文明。

2）礼仪教育是大学生道德教育的组成部分

长期以来，我国的道德教育侧重于从高境界告诉学生如何做一个高尚的、楷模式的人，存在说教成分多、可操作性内容少以及实效性不强等问题，这对于大多数学生来说是难以做到的，必然达不到预期的教育效果。礼仪体现在大学生日常生活的一言一行、一举一动中，它从

人类最基本的行为入手,在规范人们行为的同时培养高尚的道德情操,并且生动形象、易行实用,可接受性强。

3)礼仪教育是建立良好人际关系的有效手段

礼仪是人际交往的前提,是社会交际的钥匙。大学期间能否与他人建立良好的人际关系,对大学生的成长和学习有着十分重要的影响。研究显示,那些懂得怎样解决身边问题和处理生活中烦心事的孩子,其身心更加健康,而且更会关心他人,富有同情心,朋友更多,学习成绩更好。当代大学生随着年龄的增长和生活环境的逐渐变化,自我意识有了新的发展,他们十分渴望与周围的人进行更多的情感交流,获得真正的友谊,建立良好的人际关系,从而使自己能够尽快地适应新的生活环境。但是部分大学生缺乏一定的礼仪修养和交际技巧,无法有效准确地表达自己的情感和思想,导致人际交往受挫,进而影响到了自己的心理健康。礼仪教育可以帮助大学生掌握基本礼仪规范和礼仪知识,帮助他们掌握人际交往技巧,使他们能够保持良好的心态、得体的风度、高雅的气质,从而有效地克服心理障碍,充满自信地走向社会,大胆地参与社交活动,与交往对象建立起和谐、良好的人际关系。

4)礼仪教育是大学生顺利实现社会化的前提

自觉地遵守社会礼仪规范的人,就被人们认定为"成熟的人"、符合社会要求的人。反之,一个人如果不能遵守社会生活中的礼仪要求,他就会被视为缺乏修养的人,就会受到人们的排斥。孔子认为,"不学礼,无以立";荀子认为,"人无礼不生,事无礼不成,国家无礼不宁";英国著名教育学家洛克认为,"大多数的青年人入世的时候都因为不持重,缺少礼仪,而吃了苦头"。大学生正处在社会化的重要时期,他们有强烈的走向社会的需要,同时又普遍存在一定的心理困惑,比如工作后如何与领导、同事打交道,如何建立事业发展的良好人际关系,如何设计自我形象,如何尽快地适应社会生活等社交问题。再者,随着科技的进步和经济全球化的快速发展,人们的交际范围不断扩大,交际节奏和频率不断加快,这不仅对大学生的文化知识提出了更高要求,而且对大学生的思想道德修养也提出了更高的要求。社会的发展越来越需要既有丰富的科学文化知识、又具备良好的道德修养的文明大学生。然而,长期以来,学校和家庭过分关注学生的课业成绩,导致学生高智商、低情商,不会做人,不会处世。因此,给大学生补上礼仪教育这门课已经刻不容缓。

5)礼仪教育是构建和谐社会的迫切需要

礼仪教育是社会主义精神文明教育体系中最基础的内容,其根本目的是教育、引导公民自觉遵守社会主义道德规范和相应的礼仪规则,提高人们的文明意识,使人们养成良好的文明行为习惯,使人与人、人与社会之间达到高度和谐有序,不断推进社会主义精神文明建设。我国古代著名思想家、教育家都将礼仪看成是治国安邦之本。正由于礼仪对治国安邦和规范社会秩序意义重大,礼在我国数千年的封建历史中,在稳定社会秩序、调节人际关系、促进人际和谐等方面起到了非常重要的作用。在现代社会,礼仪的温馨和柔性可以弥补法律的刚性和无情,彰显人性关怀,只有把法律的"禁恶""他律"与礼仪的"倡善""自律"两者有机结合起来才能使人身心和谐、乐于为善,既富于情感,更富于理智,掌握更多为人处世的本领,促进社会的和谐发展。

2. 当代大学生礼仪失范表现

尽管高校思想政治教育工作不断取得新的进展,但大学生礼仪修养的现状却不容乐观,与礼仪相悖的现象日益严重,表现出礼仪规范的缺失,如无视课堂秩序,旷课、迟到、早退心安理得,课堂上随便说话、接发短信、玩游戏、吃东西甚至呼呼大睡;在图书馆和自习教室内大声喧哗、接打电话、污损书刊桌椅、自带笔记本电脑玩游戏看电影;日常生活中乱丢果皮纸屑、浪费水电粮食、随地吐痰、排对加塞、不尊敬师长、公共场合行为不端、穿着不得体等。更令人不安的是,有的同学把无视校纪校规、行为放浪不羁、只顾自己不顾他人当作个性,他们强烈要求别人尊重自己,却不尊重别人,难以建立良好的人际关系。这些现象折射出大学生礼仪规范和公德意识的缺失,高校校园文明风气状况不能不引起我们的高度关注。生于礼仪之邦,当为礼仪之民;身处书香之院,本该知书达礼,然而大学生这种状况究竟是谁之过?

大学生这种受教育没有教养、有知识没有文化的现象,直接影响着大学生的整体素质和人才质量。究其原因,尽管是多方面的,但是与大学中的素质教育过大、过空,质量欠佳不无关系,造成学生难以"入耳、入心、入脑"。所以,高校应明确把礼仪教育列为素质教育的内容,开设礼仪课,并有的放矢地将现实生活与理论联系在一起,使学生了解各种类型的礼仪规范并在日常生活中严格履行,使之成为习惯。

3. 大学生礼仪教育途径

(1)有关部门要齐抓共管,制定系统的大学生礼仪规范,并将其纳入学生综合素质评价中。

(2)学校在人文素养课中开设大学生礼仪修养课程,开设专门的礼仪修养课,对大学生进行系统的礼仪基本理论和具体规范的教育。课堂教学是系统学习训练的良好途径,礼仪教育与思想道德修养有机结合,既可以丰富大学生的思想道德内涵,又能教会他们如何规范自身行为、塑造良好的仪表形象。事实上,受过良好礼仪教育或礼仪行为训练的人,无论是内在素质还是外在行为方式,都与缺少训练的人截然不同。台湾联合大学专门制定了礼仪教育实施要点,并对所有一年级新生实施礼仪教育。目前我国大多数高校的礼仪教育仍是一片空白,礼仪教育处于德育的边缘地带:一方面多数德育工作者对礼仪教育没有给予足够重视,礼仪教育处于德育的盲区;另一方面在我国高校开设的课程中,重视专业理论和技术,但基本不涉及交往礼仪问题,不进行相应的礼仪教育。结果礼仪教育普遍空缺,部分学生甚至认为,上大学与礼仪问题不沾边,学好专业知识就行。所以加强礼仪教育首先必须把礼仪教育引入课堂。

(3)通过校园各种媒介形式,将礼仪文化融入校园活动之中,形成良好氛围。加强礼仪教育必须发挥大学生自我教育、自我修养、自我完善的优势,开展丰富多彩的校园礼仪活动,营造良好的校园氛围。例如:开展"明礼诚信"活动,制订修身计划,发挥礼仪的自律作用;发动全校师生寻找校园中的不文明现象,开展辩论、演讲、小品表演、礼仪讲座等活动,弘扬文明礼貌之风,使礼仪之花遍地开放;还可以通过广播、电视、宣传栏、学校网络等媒体工具,介绍名人处世修身的轶事,推动学校的文明建设。

(4)积极开展礼仪实践活动,让学生在社会活动交际中亲自体验到拥有礼仪知识、技能的成功感受,提高自身礼仪修养。

当然,大学生礼仪素养的提高,仅靠学校的力量是远远不够的,必须得到家庭和社会的大力配合才好。只有学校、家庭、社会三者互相配合、互相支持,大学生的礼仪教育才能取得良好的效果。

二、大学生沟通能力的培养

大学生如何在市场法则面前将自己最优秀的品质、最突出的才能表现出来,除了过硬的专业技术知识外,更重要的是要有较强的沟通能力。事实证明,良好的沟通能力是大学生走向成功的通行证。沟通能力强的大学生,在学校学习期间很容易当学生干部和各项活动积极分子,也很容易引人注目,并能获得多项兼职。参加工作以后,很快融入一定的生活圈和交际圈,很快将自己所学知识转化到自己的知识系统,迅速适应工作环境,并能够在工作中取得他人的愉快合作和帮助,事业上很快取得成就。相反,沟通能力差的大学生很容易被边缘化。沟通能力对管理类大学生而言尤为重要,管理类大学生今后主要从事管理工作,而在新的历史条件下,管理就是沟通,管理效率和水平的提高必须依靠沟通。对管理类大学生而言,不仅要具备一般的沟通能力,还要具备管理沟通能力。既然沟通能力如此重要,那么,高等院校就要未雨绸缪,重视大学生在校期间沟通能力的培养教育。

1. 决定大学生沟通能力的因素分析

1)家庭因素

当代大学生都是20世纪80年代国家推行计划生育政策以后出生的,他们在家中大多是说一不二的"小皇帝""小公主",父母和其他长辈对他们极其宠爱,容易养成一切以自我为中心的性格和自私自利的品性。长大以后,家长们望子成龙,对孩子百般呵护,使孩子形成很强的优越感,从而缺少宽容、谦让、合作的品质。他们一旦踏入大学过集体生活,其弱点就暴露出来,在与别人交往时,只顾自己的需要和利益,强调自己的感受,不考虑别人,受这种因素影响,大学生之间的沟通就有很多困难。由于大学生之间不能成功沟通,可能会出现两种情况:一种情况是遇到烦恼无处申诉和发泄,产生孤独和绝望甚至自杀;另一种情况是同学之间发生纠纷时头脑不冷静,故意激化矛盾,甚至出现伤害事件。

2)环境因素

当代大学生生活在一个社会转型的时代环境里,在中学阶段,由于一切为了应试,学生、家长、教师、学校都要追求高分数。只要分数上去,其他都不顾及,没有认识到沟通的重要性,更缺乏沟通能力的训练。进入大学以后,部分大学生忙于钻研专业课和技术训练,只关心个人成绩,部分学生则忙于社会活动,同学之间缺乏互相关心。因此,沟通是在很有限的条件下进行的,沟通能力的训练明显不足。

3)社会因素

在市场经济的负面效应影响下,部分大学生从实用主义出发,以个人利益为处世原则,结交对自己有用的同学,出现部分大学生看不起农村同学,看不起困难家庭的同学,巴结父母有权势的同学、父母是大老板的同学。因此,形成大学生之间的沟通障碍,加剧了大学生之间的隔阂。

4)心理因素

由于社会转型和生活方式的变化,部分大学生受学习、社交、工作、经济、家庭等方面压力的影响,有强烈的失落感,产生一些心理疾病:一是自卑心理,部分大学生认为自己处处不如别人,总感觉别人瞧不起自己,总是极力回避与人接触,不得不交往时,表现出紧张恐惧,形成沟通的障碍;二是孤独心理,部分大学生表现为不合群,不愿与他人往来,喜欢独来独往;三是嫉妒心理,部分大学生不能正确对待别人的长处和优点,看到别人冒尖心里嫉妒,对比自己水平高的同学采取讽刺、挖苦、打击、嘲笑等不当方式,给别人造成伤害,严重影响了同学之间的沟通。

2. 大学生沟通能力培养教育的策略

随着人们对职业经理人沟通能力的重视,对大学生沟通能力的培养教育也引起有识之士的重视,但如何培养大学生的沟通能力,尚在讨论论证之中。笔者认为当前应着重做以下几方面的工作。

(1)开设管理沟通的相关课程,确定合理的教学内容。

高校是传授知识的殿堂,当然也要传授沟通方面的知识,针对目前大学生沟通理论缺乏、沟通能力不足的现实,高校必须开设管理沟通的相关课程,并合理设计教学内容,制订教学计划。通过管理沟通课程的学习,增强大学生对管理沟通的认识,为提高大学生的沟通能力奠定雄厚的理论基础,也为大学生今后适应社会做必要的准备。

(2)加强心理教育,使大学生克服沟通中的心理障碍。

心理健康是大学生健康必不可少的一部分,当前部分大学生正是由于心理不健康而影响其沟通能力的提高。因此,高校应该对大学生进行心理教育,培养大学生良好的心态,克服大学生之间的沟通障碍,实现大学生之间的良好沟通。通过心理教育,消除大学生的各种心理疾病,培养大学生自信、宽容、理解、合作、助人的品格,成为受社会广泛欢迎的人。

(3)培养集体意识,淡化独生子女意识。

有无集体观念是衡量大学生是否合群的重要指标。行为科学理论认为,人不仅是自然人,而且还是社会人,每个人不可能与世隔绝独立生活。大学生是社会活动的一个大群体,因此培养大学生的集体意识势在必行。其中最重要的是树立集体观念,克服以自我为中心的观念,增强合作意识和团队精神。大学生通过参加集体活动,寻找知心朋友,向同学敞开心扉,倾诉心声,发泄情绪,既可以消除他人对自己的偏见,也可以消除自己对他人的偏见。

(4)加大沟通能力的训练力度。

沟通能力的提高仅靠书本上的知识是远远不够的,还必须通过实践经验的总结不断提高。因此,高校要在不放松基础理论培养的前提下,加大沟通能力训练力度:

①帮助大学生正确认识自我,努力实现自我超越,使大学生能够找准自己的位置,根据自己的实际设计自己的成长路线,并战胜各种困难,实现自己的目标。

②加大实践教学力度,为大学生进行外部沟通提供条件和机会。教学人员选择一定的背景和场景,设计具体的沟通问题,给出特定的沟通对象,让大学生深入第一现场,扮演不同的角色,以提高实际沟通能力。

③鼓励大学生加强自我训练。沟通能力的提高是日积月累的,不是一蹴而就的,自我训练非常重要,因此要鼓励大学生利用一切可以利用的机会和条件,自觉地进行自我训练,促使沟通能力的快速提升。

 项目知识检测

● 基本训练

一、简答题

(1)如何理解礼仪的含义?

(2)礼仪的原则和功能分别有哪些?

(3)沟通的含义是怎样的?

(4)沟通的过程是如何实现的?

(5)结合实际谈谈如何培养自己的沟通能力。

二、知识应用

1.判断题

(1)沟通能力的提高仅靠书本上的知识就可以了。(　　)

(2)心理健康是大学生健康必不可少的一部分。(　　)

(3)大学生礼仪素养的提高,仅靠学校的力量是远远不够的。(　　)

(4)大学生文化知识够多了,没必要开展礼仪教育。(　　)

(5)礼仪是我们在生活中不可缺少的一种能力。(　　)

2.选择题

(1)部分大学生认为自己处处不如别人,总感觉别人瞧不起自己,总是极力回避与人接触,不得不交往时,表现出紧张恐惧,形成沟通的障碍。这属于(　　)。

　　A.孤独心理　　　　　B.自卑心理　　　　　C.嫉妒心理

(2)在与别人交往时,只顾自己的需要和利益,强调自己的感受,不考虑别人,受这种因素影响,大学生之间的沟通就有很多困难。这种因素是(　　)。

　　A.学校因素　　　　　B.个人因素　　　　　C.家庭因素

(3)沟通的基本原则有(　　)。

　　A.清晰准确的原则　　B.完整性原则　　　　C.适时性原则

(4)"海纳百川,有容乃大",能设身处地为别人着想,能原谅别人的过失,表现出来的是(　　)。

　　A.宽容原则　　　　　B.互尊原则　　　　　C.诚信原则

(5)礼仪规范不是一成不变的,它随着时代的发展、科学技术的进步,在传统的基础上不断地推陈出新,体现着时代的要求与时代的精神,这体现的是礼仪的(　　)。

　　A.差异性　　　　　　B.社会性　　　　　　C.发展性

三、技能实训

(1)小贾是某公司销售部的一名员工,为人比较随和,不喜争执,和同事的关系处得都比较好。但是,前一段时间,不知道为什么,同一部门的小李老是处处和他过不去,有时候还故意在别人面前指桑骂槐,对跟他合作的工作任务也都有意让小贾做得多,甚至还抢了小贾的好几个老客户。起初,小贾觉得都是同事,没什么大不了的,忍一忍就算了。但是,看到小李如此嚣张,小贾一赌气,告到了经理那儿。经理把小李批评了一通,从此,小贾和小李成了绝对的冤家了。

分析:小贾和小李成了绝对的冤家的原因能避免吗?如何避免?请你出招。

(2)第二次世界大战结束后,日本许多商店人手奇缺,为减少送货任务,有的商店就将问话顺序进行了调整,将"是您自己拿回去呢,还是给您送去"改为"是给您送去呢,还是您自己带回去",结果大奏奇效,顾客听到后一种问法,大都说:"我自己拿回去吧。"又如,有一家咖啡店卖的可可饮料中可以加鸡蛋,售货员就常问顾客:"要加鸡蛋吗?"后来在一位人际关系专家的建议下改为:"要加一个鸡蛋,还是加两个鸡蛋?"销售额大增。

分析:销售额大增的原因是什么?

(3)到你所在学校食堂或者图书馆进行礼仪行为调查。拟订调查计划,撰写调查报告。

(4)以班级为单位开一次班会,议题:大学生如何接受礼仪教育、如何培养沟通能力。

● 情景模拟训练

（1）最近你们班上课迟到的现象较严重，辅导员找班长谈话，要求班长做迟到同学的工作，你作为班长，该如何处理呢？

（2）在电梯里碰到你的老师，你该怎样行动才符合礼仪要求？

● 综合案例

案例1：应聘

某游戏软件公司欲招三名软件开发人员，通过笔试、上机操作，有四人成绩优秀，独立学院计算机科学专业的小唐就是其中一个。面试那天小唐才知道另外三人中有两人是名牌高校的本科生，还有一个是研究生，于是小唐在心理上就觉得低人一等。面对考官的提问，小唐明明知道答案，也不敢抢先回答，害怕答错了招人笑话。即使偶尔回答问题也是抬头瞟一眼考官便迅速低下头，脸涨得通红，还不时偷眼看其他三位应聘者的反应。最终他被淘汰了。

问题：小唐为什么被淘汰？

案例2：研发部的梁经理

研发部梁经理才进公司不到一年，工作表现颇受主管赞赏，不管是专业能力还是管理绩效，都获得大家的肯定。在他的缜密规划之下，研发部一些延宕已久的项目，都在积极推行当中。

部门主管李副总发现，梁经理到研发部以来，几乎每天加班。他经常第二天来看到梁经理电子邮件的发送时间是前一天晚上10点多，接着甚至又看到当天早上7点多发送的另一封邮件。这个部门下班时总是梁经理最晚离开，上班时第一个到。但是，即使在工作量吃紧的时候，其他同仁似乎都准时走，很少跟着他留下来。平常也难得见到梁经理和他的部属或是同级主管进行沟通。

李副总对梁经理怎么和其他同事、部属沟通工作觉得好奇，开始观察他的沟通方式。原来，梁经理是以电子邮件交代部署工作。他的属下除非必要，也都是以电子邮件回复工作进度及提出问题，很少找他当面报告或讨论。对其他同事也是如此，电子邮件似乎被梁经理当作和同仁们合作的最佳沟通工具。

但是，最近大家似乎开始对梁经理这样的沟通方式反应不佳。李副总发觉，梁经理的部属对部门逐渐没有向心力，除了不配合加班，还只执行交办的工作，不太主动提出企划或问题。而其他各个主管，也不会像梁经理刚到研发部时，主动到他房间聊聊，大家见了面，只是客气地点个头。开会时的讨论，也都是公事公办的味道居多。

李副总趁着在楼梯间抽烟碰到另一部门的陈经理时，以闲聊的方式问及，陈经理说梁经理工作相当认真，可能对工作以外的事就没有多花心思。李副总也就没再多问。

这天，李副总刚好经过梁经理房间门口，听到他打电话，讨论内容似乎和陈经理业务范围有关。他到陈经理那里，刚好陈经理也在打电话。李副总听谈话内容，确定是两位经理在谈话。之后，他找了陈经理，问他怎么一回事，明明两个主管的办公房间就在隔壁，为什么不直接走过去说，竟然是用电话谈。

陈经理笑答，这个电话是梁经理打来的，梁经理似乎比较希望用电话讨论工作，而不是当面沟通。陈经理曾试着要在梁经理房间谈，而不是电话沟通，梁经理不是用最短的时间结束谈话，就是眼睛一直盯着计算机屏幕，让他不得不赶紧离开。陈经理说，几次以后，他也宁愿用电话的方式沟通,免得让别人觉得自己过于热情。

了解这些情形后,李副总找了梁经理谈话,梁经理觉得,效率应该是最需要追求的目标,所以他希望用最节省时间的方式达到工作要求。李副总以过来人的经验告诉梁经理,工作效率重要,但良好的沟通绝对会让工作进行顺畅许多。

问题:作为管理者如何认识沟通的重要性?如何提高沟通能力?

第二章 个人礼仪

知识目标

◎ 了解个人礼仪的概念及重要性；
◎ 明确个人礼仪的基本要求；
◎ 熟知仪容礼仪、仪态礼仪和服饰礼仪；
◎ 掌握正确的仪容仪态，更好地展现个人气质和魅力。

技能目标

◎ 根据自身条件合理着装，体现良好的仪容、仪态礼仪；
◎ 培养自学能力、理解能力、分析归纳能力、语言表达能力和合作意识。

思政目标

◎ 培育并践行社会主义核心价值观；
◎ 传播优秀商业文化与中国传统文化，培养文化自信。

/ 引导案例 /

最好的简历表

一家有名的大公司要招聘一名办公室文员。招聘当天，总经理走马观花地看着一个个或夹着厚厚的简历表，或怀抱一摞摞证书，或揣着公司上层领导介绍信的应聘者，每出去一人，他总朝人力资源部部长摇头。在他感到失望之时，一个貌不惊人但衣着整洁的男孩被人力资源部部长传呼而来。

男孩两手空空。只见他走到总经理的办公室门前，礼貌地敲了三下门，待里面传出"进来！"，他才轻轻推开门，立于门前，认真地蹭掉脚上的泥土，进去后随手关上门。未待走近总经理的办公桌，男孩很自然地将地上的一本书拾起放到办公桌上。总经理和男孩简单地交谈了几句，这时有人敲门，说是找总经理，门一开，一位残疾老人蹒跚而入，男孩连忙起身搀扶老人，且让座于他。男孩所做的一切毫不造作，呈现在别人面前的是善良、体贴。他被录用了，总经理对着满脸诧异的部长微笑着说："男孩的言行是他最优秀的简历表！"

这一案例表明：案例中的男孩是一位文明人，他的言行举止、他的知礼懂礼让他赢得了非常宝贵的机会，让他在进入社会之初就得到了认可。这一案例也让我们认识到个人礼仪修养的重要性,我们应做一个讲文明、懂礼仪的人。

个人礼仪是社会个体的生活行为规范与待人处事的准则,是仪表仪容、言谈举止、待人接物等方面的个体规定,是个人道德品质、文化修养等精神内涵的外在表现。讲究个人礼仪,是一个人内在修养的流露,是我们具有良好道德的表现。

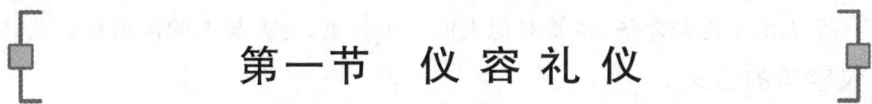

第一节 仪容礼仪

案例分析2-1

1960年9月,尼克松和肯尼迪在全美的电视观众面前,举行他们竞选总统的第一辩论。当时,这两个人的名望和才能大体相当,可谓棋逢对手。大多数评论员预料,尼克松素以经验丰富的"电视演员"著称,可以击败比他缺乏电视演讲经验的肯尼迪,但是事实并非如此。为什么呢?肯尼迪事先进行了练习和彩排,还专门跑到海滩晒太阳,养精蓄锐。结果,他在屏幕上出现的时候,精神焕发、满面红光、挥洒自如。而尼克松没听从电视导演的规劝,加之那一阵十分劳累,更失策的是面部化妆用了深色的粉,因而在屏幕上显得精神疲惫、表情痛苦、声嘶力竭。正如一位历史学家所形容:"他让全世界看来好像是一个不爱刮胡子和出汗较多的人,带着忧郁感等待着电视广告告诉他怎么不要失礼。"

分析:由此可见,仪容的作用是很大的,是不可忽视的。一个人以何种形象出现在他人面前,已经越来越成为人们非常重视的一个问题。因为,它影响着人与人之间的沟通效果,有时甚至关系到一个人的前途与成败。

一、仪容的本质

(一)仪容的含义

《东观汉记·明帝纪》说:"臣望颜色仪容,类似先帝。"元代著名剧作家关汉卿的《五侯宴》第二折中说:"这孩儿仪容儿清秀,模样儿英杰。"上面提到的"仪容"是指仪表和容貌容颜,尤指美好的或健康的外貌,其中重点指人的容貌。一个人的仪容主要包括其相貌、身材、动作、表情、外表修饰,这些因素共同构成一个人的外表外貌,也就是外观仪容。每个人的仪容,都是这个人自然条件和素质修养的综合体现。一个人的外表,也在一定程度上反映其精神状态和文化修养。

案例分析2-2

敬爱的周总理在天津南开中学上学时,该校教学楼前树立一面镜子,上面写有40字镜铭:"面必净,发必理,衣必整,纽必结。头容正,肩容平,胸容宽,背容直。气象:勿傲,勿暴,勿怠。颜色:宜和、宜静、宜庄。"周总理在学生时代就以此镜铭作为言谈举止的规范,他独特的仪态,被称"周恩来风格的体态美",可谓"举手投足皆潇洒,一笑一颦尽感人",因此在他光辉的一生中永远保持着举世公认的优美风度,给人留下不可抗拒的吸引力。

在人际交往中,每个人的仪容都会引起交往对象的特别关注,并将影响到对方对自己的整体评价。人们常说的"首因效应"即第一印象的产生,通常就是由个人的仪容、举止、表情、服装、装饰等要素所构成。仪表端庄、穿戴整齐者比不修边幅者显得有教养,也更懂得尊重别人,这已形成了一般人的思维定式。不可否认,适当的修饰和装扮不仅体现了一个人的身份与气质,展示了一个人的个性与才华,也是对他人的一种尊重,为人与人的沟通奠定良好的基础。

(二)仪容美的含义

社交礼仪对个人仪容的首要要求是仪容美。仪容美的具体含义主要有三层:

(1)仪容自然美。它是指仪容的先天条件好,天生丽质,五官端正。人无完人,有的人身材好,有的人相貌佳,这都是仪容展示中的优势。

(2)仪容修饰美。它是指按照时尚的规范与个人条件,对仪容进行必要的修饰,扬长避短,设计出、塑造出美好的个人形象。在人际交往中,通过一定的修饰,可以展示亲和自然的和谐之美。修饰美是对自然美的补充和强化,突出自己的长处,弥补自己的不足,让自己自信、自尊、自爱地出现在众人面前。

(3)仪容内在美。它是通过个人的修养和学习,不断提升自身的文化水平、艺术修养、思想道德水准,培养出自己高雅的气质和美好的心灵,使自己秀外慧中、表里如一。

真正意义上的仪容美,应当是上述三方面的高度统一。仪容的内在美是最高的境界,自然美是人们的心愿,修饰美是仪容礼仪关注的重点。要做到仪容修饰美,自然要注意修饰仪容。修饰仪容的基本规则是美观、整洁、卫生、得体。

(三)仪容修饰的原则

成功的仪容修饰一般应遵循以下原则:

(1)整洁性。这是仪容修饰的前提。仪容的整洁是一个人仪容美的最基本条件,试想一个蓬头垢面的人,尽管五官很美,但外观上给人的感觉也是不好的。

(2)适宜性。仪容修饰应与个体自身的性别、年龄、容貌、肤色、身材、体型、个性、气质及职业身份等相适宜和协调。

(3)整体性。仪容修饰应着眼于人的整体,促成修饰与人自身的诸多因素之间协调一致,使之浑然一体,营造出整体风采。

(4)适度性。无论是修饰程度,还是饰品数量和修饰技巧,都应把握分寸,自然适度。

(5)TPO。要求仪容修饰因时间(time)、地点(place)、场合(occasion)的变化而相应变化,使仪容与时间、环境氛围、特定场合相协调。

二、美发礼仪

案例分析2-3

华盛集团公司的卫董事长有一回要接受电视台的采访。为了郑重起见,事前,卫董事长特意向公司为自己特聘的个人形象顾问咨询有无需要注意的事项。对方专程赶来之后,仅仅向卫董事长提出了一项建议:换一个较为儒雅而精神的发型,并且一定要剃去鬓角。对方的理由是:发型对一个人的上镜效果至关重要。

果不其然,改换了发型之后的卫董事长在电视上亮相时,形象确实焕然一新。他的发型使他显得精明强干,他的谈吐使他显得深刻稳健。二者相辅相成,令电视观众们纷纷为之倾倒。

分析:这一实例说明了发型对个人形象的塑造起着重要的、不可估量的作用。

在一般社交场合,观察一个人往往是"从头开始"的,美发礼仪也就应运而生。

美发,一般是指对人们的头发所进行的护理与修饰,其目的是使之更加美观大方,适合自身的特点。美发的礼仪,指的就是有关人们头发的护理与修饰的礼仪规范。美发的礼仪,是容貌礼仪中不可或缺的一个重要的组成部分。从可操作的角度来讲,美发礼仪主要分为护发礼仪与做发礼仪这两个有机组成部分。前者主要与头发的护理有关,后者则是重点关注头发的修饰问题。

(一)护发礼仪的基本要求

头发必须保持健康、秀美、干净、清爽、卫生、整齐的状态。要达到以上要求,必须注意头发的洗涤、梳理、养护等方面。

(1)头发洗涤。头发的洗涤是护理最重要的部分。对头发勤于梳洗,一是为了去除灰垢,二是为了消除头屑,三是为了防止异味,四是为了使头发条理分明。经常梳洗头发还有利于保养头发。

(2)头发梳理。我们应每天梳理头发。要使一个人的头发看上去整洁秀美、清爽悦目,将其认真梳理整齐,令其线条分明、层次清晰,是极为重要的。梳理头发时,应注意不当众梳理,不直接用手梳理,不乱扔梳下来的头发和头屑。

(3)头发养护。头发的养护主要应有意识地避免头发接触强碱或强酸性物质,并尽量防止对其长时间的暴晒。同时,还应选好护发产品,根据自己的发质选择不同类型的护发用品。采用正确的护发方法,定期在美容院为头发做焗油精华液的保养。以上只是治"表"之法,真正要养护好头发,关键还是要从营养的调理和补充着手。少吃辛辣刺激物、烟、酒,多吃蛋白质和富含维生素、微量元素的食物,如核桃、芝麻等。

(二)做发礼仪的基本要求

做发应使头发庄重、典雅、大方,并注意以下三方面:

(1)定期理发。头发在不断进行更新,男士应至少每半个月理一次发,最长不应超过一个月,男士女士均不宜剃光头。男士头发的长度不宜超过7厘米。商务场合提倡女士剪短发,如果留长发,一般要求头发长度不宜超过肩部,不应将头发随意披散开,应做技术性处理,盘起来、绾起来、束起来。如有重要会议应酬,应事前洗发、理发、梳发,以显得更为郑重。

(2)慎选理发方式。理发分为剪、刮、洗、染、吹、烫等不同的方式,人们可以根据自己的喜好自由选择理发方式,但是要考虑与自己的职业、身份、年龄等相称。服务行业、公务员不宜染彩色发。

(3)饰品。商务场合的男士不管选择什么发型,在工作场合都不允许在头发上增加饰物,如发卡、戴帽子等。女士不应在工作岗位上佩戴艳色或带有卡通、动物、花卉图案的发饰。

(三)发型设计

有位美容学家说:"发式是人的第二面孔。"发型不仅反映着自己的个人修养与艺术品位,还是自己个人形象的核心组成部分之一。恰当的发型会使人容光焕发、风度翩翩。发型的设计要与性别、年龄、发质、脸形、身材、职业、季节等因素相适应,体现和谐的整体美。

(1)性别。在我国的传统文化熏陶下,以发型分男女是我们应当遵守的惯例。女士发型式样多、变化大,发型的选择更能体现个人的修养和品位,发型设计可以使人端庄文雅、美观大方,而且能起到修饰脸形、协调体型的作用。男士的发型也要体现一个人的性格、修养和气质。

(2)年龄。根据自己的年龄选择适合自己的发型。

(3)发质。我们应根据发质来选择发型。中国人的发质一般分为硬发、绵发、沙发、卷发等四种类型。它们各具不同的特点,对发型的选择也有互不相同的要求。

知识链接　发质的四种类型

硬发的特点是头发又粗又硬,稠密并富有弹性。因其粗壮茂密,在塑造发型时应重点对其"删繁就简"。

绵发,俗称软发,其特点是头发既软又细,不很稠密,弹性也不大。它在造型上难度较大,尤其不能塑造外观平直的发型,但却适于展示头发之美。例如这种发质的女士若选择"波浪式"发型,往往效果绝佳。

沙发的主要特点是头发干涩稀疏、灰暗无光,并且常呈蓬乱之状。由于此类发质缺陷较多,使头发的直观效果不好,故不宜塑造中、长类型的发型。

卷发,又叫"自来卷",主要特点是长短不一,却自然地呈现出弯曲之态。这种具有天然之美的发质,几乎可以塑造任何发型。

(4)脸形。选择恰当发型,既可以为自己的脸形扬长避短,还能体现脸形和发型的和谐之美。椭圆形脸可选任意方式的发型;圆形脸应将头顶部的头发梳高,使脸部增加几分力度,并设法遮住两颊;长形脸看起来面部消瘦,发型设计应适当遮住前额,并设法使双颊显得宽些;方形脸应设法掩饰棱角,使脸显得圆润些;额部窄的脸,应增加额头两侧头发的厚度。

(5)身材。身材高大者可以选择很多类型的发型。身材矮小者,选择发型时受到一些限制,最好选择短发,利用视觉偏差使自己"显高"。身材高而瘦者,可适当利用某些发型,使自己丰盈一些。身材矮而胖者,一般不宜留长发,更不宜将头发做得蓬松丰厚。

(6)职业。政界、商界的基本要求是庄重和保守。礼仪女士的发型设计应新颖、大方;职业妇女的发型设计应文雅、庄重;参加晚宴或舞会的发型可以高雅、华丽。

(7)季节。发型设计应根据季节变化而有所不同。夏天应取凉爽、舒畅的短发,若留长发可梳辫或盘髻;冬天衣服穿得厚,衣领高,留长发既美观又利于保暖;春秋季发型可长可短,比较随意。

三、护肤礼仪

皮肤好比人体的"窗口",通过它,可以折射出人的健康状况、年龄和情绪。对皮肤的精心护理和修饰使人们以美丽动人的容貌和自信的精神状态出现在职业生涯中,给人以美的享受、心理的满足,烘托出时代的气氛、职业环境的特色。

(一)面部清洁

男女在面部清洁的具体要求方面是不同的。男士应养成每天修面剃须的良好习惯,保持卫生。整洁大方是重点,不应胡子拉碴地去参加各种社交活动,尤其商务场合,这是对他人的不尊重和不礼貌。

女士清洁皮肤就是洗脸和净面。首先应了解自己属于什么肤质,并根据不同的肤质选择不同的护肤品(包括洗面奶、化妆水和乳液)。一般,油性皮肤的人宜选择清爽型的护肤品,干性皮肤的人宜选择滋润类的护肤品,中性皮肤的人则可根据季节的变化选择适合自己的产品,混合性皮肤的人根据实际情况选择。

其次,女士应注意清洁面部时选择合适的水温,采用正确的洗脸方法。洗脸水的水温不宜过高,温水最适宜。洗脸时,先用温水将脸部拍打湿润,把洗面奶放在手上揉搓起泡,再用双手的中指和无名指的指肚轻轻地由内朝外、由下往上画圆圈滑动,洗掉残留在脸上的污垢和化妆品,促进面部的血液循环。同时,应注意清洗皮脂腺分泌旺盛的鼻翼、鼻梁两侧以及嘴巴四周,彻底洗净后,轻轻用冷水拍打一下脸部,再用软毛巾擦干。

最后,面部营养。洗除污垢后,要及时补充水分、油脂、角质层内的 NMF(天然保湿因子)等物质。补水可以用化妆水,使充足的水分紧缩皮肤,使皮肤变得柔软,让乳液容易渗入。

 知识链接　皮肤的分类

皮肤分为三种类型:

油性皮肤:纹理粗糙,毛孔粗大,容易出油、长粉刺和痘痘,化妆后容易掉妆,但不易于起皱纹。

干性皮肤:油脂分泌少,皮肤较白,毛孔细腻,但是因为肤质较薄,缺乏足够的油脂和润滑性,所以易干燥、起皮。

标准皮肤:油脂的分泌适中,对外界的刺激不敏感,兼有油性和干性皮肤的特征,纹理细腻有光泽,润滑不粗糙,毛孔不大,皮肤表面有一层油质膜,湿度适中。

(二)局部面容的修饰

1. 眼睛

眼睛是心灵的窗户,是在人际交往中被他人注视最多的地方。

(1)保洁。一定要及时清除眼角上不断出现的分泌物。还要注意眼睛传染病的防治。平时注意眼睛的卫生,让眼睛得到适时充分的休息,补充眼部营养,坚持眼部护理,预防出现黑眼圈和眼袋。

(2)眼镜。如有必要,可佩戴眼镜。戴眼镜不仅要美观、舒适、方便、安全,而且应随时对其进行揩拭或清洗。一般情况下,在社交场合与商务场合,不应戴墨镜或有色眼镜。

2. 眉毛

眉毛修饰的标准是清洁、美观、自然、真实、大方。要经常注意眉毛是否清洁,有没有死皮、灰尘粘在眉毛上,要及时清理掉这些杂物。对于不美观的眉毛,应采取措施,进行修饰。

对于形状不美观的眉毛,应通过修眉或画眉的方式来弥补,可先用拔眉镊或修眉刀去掉多余部分的散眉,然后用眉笔添画,使眉毛的形状流畅而自然。

对于稀疏或色淡的眉毛,可以用眼影刷蘸上一点焦茶色(用黄、棕、黑三色调配),擦在稀疏的眉毛根底中间,然后用小手指轻轻揉匀。

不允许剃去所有眉毛,刻意标新立异。此外,文面、文身一般也在禁忌之列。

3. 耳朵

耳朵的修饰标准是卫生和美观。

(1)卫生。务必注意清洗耳部和耳孔的污垢,但是不宜在公共场所这么做。

(2)美观。少数人耳毛长得比较迅速和浓密,应及时修剪。

4. 鼻子

(1)清洁。平时应注意保持鼻腔清洁,不要让异物堵塞鼻孔,不要当众擤鼻涕、挖鼻孔,要在没人的地方,用手帕或纸巾辅助清理,同时还应注意动作声响不应太大。有些人鼻子及周围容易长"黑头",不应对"黑头"乱挤乱抠,应认真清洗,用专门的鼻贴清理"黑头"。

(2)鼻毛。注意经常检查鼻毛是否长出鼻孔之外,要及时修剪,不要当众揪拔鼻毛,既不文雅,也不卫生。

5. 口部

牙齿洁白、口腔无异味是口部护理的基本要求。应保持牙齿清洁,坚持每天早晚刷牙和饭后刷牙。应及时去除牙齿上的异物。同时,还应经常通过使用爽口液、牙线及洗牙等方法保护牙齿,做到不抽烟、不喝浓茶。清除口腔的异味,应在出席重要场合之前忌食葱、姜、韭菜、腐乳等气味刺鼻的东西。

6. 嘴唇

注意嘴唇的修饰和护理。不要让嘴角起泡,嘴唇干裂、脱皮。应多喝水,多吃水果,干燥季节涂抹唇膏。

7. 异响

在社交场合,禁止发出咳嗽、哈欠、喷嚏、吐痰、清嗓、吸鼻等异响,如果不小心发出,应向身边的人道歉。

8. 胡须

男士若无特殊的宗教信仰和民族习惯,应养成每天剃须的好习惯。胡须应干净、整齐,一般不应蓄须,也不应留其他怪形状的胡须。若女士长出类似胡须的汗毛,也应及时清除。

四、化妆礼仪

化妆是生活中的一门艺术,适度而得体的妆容,可以体现女性端庄、美丽、温柔、大方的独特气质。在正式商务场合,女士不化妆会被认为是不礼貌的。因此,适度进行化妆是有必要的。

(一)化妆的准则

化妆应美化、自然、协调。首先应注意适度矫正、修饰得法、避短藏拙。其次以协调自然为准则,生动、真实,不应浓妆艳抹、矫揉造作,过分的修饰是不可取的。高水平化妆还要考虑整体效果,应考虑妆面协调、全身协调、场合协调、身份协调,以体现浑然天成。

同时,还应根据不同的场合、时间,化不同的妆,选择合适的化妆品。白天或工作场合化妆宜淡。晚上参加宴会或舞会等社交场合,化妆可稍浓,也可穿着艳丽、典雅的服装。旅游或运动时,不要化浓妆。

(二)化妆的技巧

(1)妆前修饰。化妆应使肌肤呈现透明的质感。若有斑点或痘疤,应用遮瑕笔做局部修饰。若肤色泛红,选用浅绿色的修饰粉底液。局部泛黄,选用浅紫色的修饰粉底液修饰。

(2)粉底。干燥肌肤应选择液体粉底,特别干燥且皮肤黯淡的可选择霜状粉底,中性或油性皮肤宜用特质粉底。粉底尽量选择容易推匀、具有修饰效果又没有厚粉感的产品。

(3)眼部的修饰。眼部的修饰主要依靠眼线和眼影。眼线能使眼睛看上去大而有神。眼线的基本画法是沿睫毛轮廓,上眼线画全画实,方向是由内而外,下眼线则从离眼头1/3处画至眼尾,方向是由外向内。按照Z字路线涂抹睫毛膏,使眼睛显得大而有神。东方女子涂抹眼影时,应涂抹珊瑚色系、红棕色系、橘色系、灰色系等。用眼影棒或粉刷取适合的眼影轻轻沿45度方向涂在上眼皮并向眼尾处抹匀。

(4)眉毛的修饰。画眉的基本要点是:眉头要淡,眉峰最浓,眉尾逐渐淡至消失。画好后,用眉刷刷匀,可涂睫毛膏、眉粉以增强立体感和自然感。

(5)描唇。选择柔和的适合自己唇色、肤色的唇膏涂上,再盖上一层透明的唇彩。

 知识链接　化妆的基本程序

1.清洁面部
用洗面奶等清洁类化妆品洗脸,用水冲净,然后涂以护肤类化妆品,如乳液、护肤霜等。

2.基础底色
选用两种颜色的底色,在脸部的正面用贴近自己天然肤色的颜色,均匀地薄薄地涂抹,在脸部的侧面可用较深底色,从后往前,由深至浅均匀地涂抹。

3.定妆
上完底色后用粉定妆,可用粉饼或散粉,一定要涂得薄而均匀。

4.画眼线
使用眼线笔紧贴睫毛由外眼角向内眼角方向描画,上眼线比下眼线应画得重些。

5.画眼影
选择的眼影颜色要适合自己的肤色及服装色,也可以用腮红或阴影色代替。涂眼影时,贴近睫毛部位和眼角部位要涂重些,然后用眼影刷轻轻扫开去。

6.睫毛的修饰
用睫毛夹将睫毛向上提升60度,再用睫毛膏由睫毛根部向上重复刷到合适的程度。

7.眉毛的修饰
将眉笔削成扁平状,沿着眉毛的生长方向一根根地描画。

8.刷腮红

用腮红刷从颧骨处向四周扫匀,越来越淡,直到与底色自然相接。

9.涂口红

先用唇线笔勾出理想的唇形,然后用口红在轮廓内涂抹。

化妆的程序如图2-1所示。

图2-1 化妆的程序

五、肢体修饰

肢体一般指的是手臂和腿脚。我们除了重视面容和头发的修饰,同样需要重视肢体的修饰。

(一)手臂的修饰

(1)保洁。从卫生健康的角度来说,应勤于洗手。一般用餐前、上完洗手间、手脏时、上岗前、下班前都应清洗双手。

(2)指甲。应养成勤剪手指甲的好习惯,最好每周修剪一次。也不能蓄长指甲。男士指甲必须修剪到位,指甲不能长过手指,女士指甲允许有3~5毫米的长度。指甲如果不美观,可以进行修饰。但是注意不能涂艳丽的指甲油,如果不是从事食品行业,可以使用无色指甲油。另外,指甲周围易长死皮,应将其进行修剪,但是不应在公共场所操作,更不应用牙或手去咬或拔。

(3)保养。要保养好自己的双手,经常用护手霜,保持手部润滑细腻。不能让自己的手部粗糙、皲裂、红肿、生疮。如果手部粗糙、皲裂、红肿、生疮,应及时进行护理和治疗。

(4)汗毛。如果汗毛长得过浓过长,应采用适当的方法脱毛。腋毛属于"个人隐私",不雅观,不应在外人面前展示。在正式场合,须剃去腋毛或不穿让腋毛露出的服装。

(二)腿部的修饰

(1)卫生。应注意保持腿部的卫生,勤洗脚,勤换鞋子、袜子,清除脚臭。不穿残破、有异味的袜子,如有可能,请在办公桌里存放或随身携带备用的袜子,以备不时之需。不应在他人面前做出脱鞋、脱袜、抠脚等不雅观的行为。

(2)暴露。在正式场合,不应随意裸露腿、脚、脚趾。不应穿过于暴露脚部的鞋子,如凉鞋、脱鞋等。男士不允许穿短裤,女士不得穿短裤或是暴露大部分大腿的超短裙。在正式场合,女士穿裙,裙长应在膝部以下,不允许光着大腿不穿袜子。

(3)汗毛。因男士的汗毛浓厚,在正式场合,不允许穿短裤或卷起裤子。女士如果汗毛过重,应剃除或选深色不透明的袜子。

(4)趾甲。经常修剪脚指甲,最好每周修剪一次,以保证美观、干净。在正式、庄重的场合,不应在脚趾上涂抹彩色指甲油。

 情境训练 2-1

训练目的:了解皮肤类型,并进行相关护理。
训练程序:对照镜子分析自己属于哪种类型的皮肤,并针对自己的肤质进行护理。
训练场所:寝室。
训练工具:镜子、皮肤护理品、化妆品。

 情境训练 2-2

训练目的:根据不同的情境,为自己进行仪容的修饰,学会根据不同场合进行不同妆容的修饰。
训练程序:
根据下面不同的场合准备不同的妆容:
1.职场妆容;
2.约会妆容;
3.舞会妆容。
训练场所:寝室。
训练工具:镜子、皮肤护理品、化妆品。

第二节 仪表礼仪

案例分析2-4

张路是一家大企业的总经理。有一次,他获悉有一家著名的德国企业的董事长正在本市进行访问,并有寻求合作伙伴的意向。于是他想尽办法,请有关部门为双方牵线搭桥。让张路欣喜的是,对方也有兴趣同他的企业合作,而且希望尽快见面。到了双方会面的那一天,张路对自己的形象特意进行了一番修饰,他根据自己对时尚的理解,上穿夹克衫,下穿牛仔裤,头戴棒球帽,足蹬旅游鞋。无疑,他希望自己能给对方留下精明强干、时尚新潮的印象。然而事与愿违,张路自我感觉良好的这一身时髦的"行头",却偏偏坏了他的大事。

分析:在社会交往中,每个人都必须时刻注意维护自己的形象,特别是在正式场合留给他人的第一印象。张路在与德方同行第一次见面的正式场合,应穿西服或传统中山服,以示对对方的尊敬。但他没有这么做,正如他的德方同行所认为的:此人着装随意,个人形象不合常规,给人的感觉是过于前卫、尚欠沉稳,与其合作之事当再作商议。

英国著名作家莎士比亚曾说过:"一个人的穿着打扮,往往是一个人的身份、地位与教养的写照。"正确得体的着装不仅能体现一个人的文化修养,而且能展示一个人的品位和素质。在不同的时间、地点、场合,穿着整洁、美观、得体的服饰是一种礼貌,在一定程度上有助于人际关系的和谐和沟通效果。因此,我们应重视服饰礼仪,掌握服饰礼仪的基本要求,学会利用这一"武器"来武装自己。

服饰礼仪包括着装和饰物的礼仪。

一、着装的基本原则

(一)TPO原则

TPO分别是英文 time、place、occasion 三个词的首字母,意思是时间、地点、场合。TPO原则是人们着装的总原则,即服饰应与时间、地点、场合相一致。

1. 时间原则

我们应根据时间、季节和时代的变化,选择与之相适宜的着装。如白天工作时间,着装应遵循端正、整洁、稳重的原则,应穿着职业套装;而出席晚会场合,服饰可以明亮、鲜艳些,还可以佩戴一些有光泽的首饰和漂亮的丝巾。女士在夏季不能穿吊带背心、超短裙或超短裤进办公室,男士不能穿短裤和拖鞋。

2. 地点原则

在家中,可穿着舒适的休闲服;在公司,穿职业装更专业;去教堂或寺庙,不应穿着过于暴露的服装。

3. 场合原则

商务人员一般面临三种场合,分别是公务场合、社交场合和休闲场合。

我们应根据自己所处的具体场合,选择不同的服装。人们在公务场合着装应庄重、传统、大方,可着工作服、套装、套裙和制服等,不宜穿运动装、家居服等。人们在社交场合着装应个性、时尚、时髦,可着礼服、旗袍等,不宜穿工作服、运动装、家居服等。人们在休闲场合着装应宽松、舒适、自然,可着家居服、牛仔服、运动装等,不宜穿工作服、礼服、制服等。

(二)和谐原则

一个人的穿着要与自身条件相协调,和他(她)的年龄、性别、身体外貌、身份职业相一致。

1. 年龄、性别

男士应穿着体现刚毅有力的服饰;女士应穿着体现温柔端庄的服饰。青年人应穿着体现活泼个性、青春风采的服饰;中年人为展现成熟、稳重的风采,应穿着优雅、端庄的服饰。

2. 身体、外貌

每个人的体型不同,应学会通过适宜的服饰展示长处、掩盖缺点。如:上半身苗条、下半身较胖的人上半身可穿紧身式,下半身穿宽松的裙子;上半身较胖、下半身苗条的人上衣宽松,下半身穿紧身式长裤;腰部纤细的人上衣多为紧身,裙子多为喇叭式;身材略显肥胖的人上衣较宽松,裙子多为筒式。

3. 职业、身份

服饰应体现自己的职业身份特点,与所从事的职业、身份相协调。如教师不应穿着奇装异服,上课时不应浓妆艳抹。营销人员服饰应稳重、可靠、干练。

(三)整体、整洁原则

着装应注意整体协调,不仅各个部分要自成一体,还应相互配合,体现整体的和谐美。主要应注意服装本身的搭配,如穿西装时不应穿运动鞋。还应使服装的各个部分相互适应,局部服从整体。

服饰应力求干净整洁,给人积极向上的感觉。具体来说,服装应整齐、完好,没有折痕和补丁,同时要注意勤洗勤换衣服。

(四)个性化原则

在社交场合中,要穿出自己的个性、品位,体现自己的个人风采。我们应根据自己的肤色、年龄、性别、身材、职业、爱好等特点,选择体现我们个性的服饰,扬长避短,展示独特的个性魅力和最佳风貌。

二、男士西装着装规范

案例分析2-5

小李刚大学毕业便加入了一家公司,被分配到销售部,具体做产品销售。小李早就听说过公司职员的个人形象在业务交往中备受重视,因此,他头一次外出推销产品时,便穿上了一身刚买的深色西装、黑色皮鞋和白色袜子,希望自己形象不俗,并因此而有所收获。

让小李大惑不解的是,他虽跑了不少地方,但与接待他的人刚一见面,对方往往朝他打量了几眼,便把他支走了。有的大厦保安甚至连楼门都不让他进去。

后来,经过旁人指点,小李才知道自己屡屡被拒之门外的原因主要是形象欠佳。小李上门进行推销时,虽然身穿深色西装、黑色皮鞋,但是却穿了一双白色袜子。这种穿法,有悖西装着装的基本规则,因而不能为他人所认可。此虽小瑕疵,但对商务人员来讲,却是直接与其所在单位的产品及服务的质量相联系的。

西装,又称西服、洋服,起源于欧洲,现在已经被公认为男士在正式场合的服装。一套合体的西装可以使穿着显得潇洒、精神、风度翩翩、稳重。男士要想使自己的穿着更加适宜,就要了解西装在选择、穿法和搭配上的相关礼仪规范和要求。

 知识链接　西装与领带、领结的起源

西装起源于100多年前的欧洲,据说是由渔民发明的。它原流行于西方国家,以庄重舒适、挺括美观而风靡于世,现已成为世界各国普遍认同和喜爱的男士服装。

据说最原始的"领带"来自古时候山林里的日耳曼人,是他们系在脖子上、为使兽皮不致脱落的草绳。而真正使领带成为上流社会时尚的是法国国王路易十四。有一天,他看到一位大臣上朝时,在脖子上系了一条白绸巾,还在前面打了一个领结,显得十分漂亮。路易十四极为赞赏,当即宣布以领带为高贵的标志。

(一)西装的选择

西装需要从以下六个方面来选择:

(1)面料。鉴于西装的使用场合较为正式,应选择高档面料。多数情况下,毛料应为西装面料的首选。而且,以高档毛料制作的西装,一般具有轻、薄、软、挺的特点。

(2)色彩。西装的颜色必须庄重、正统,不能轻浮和花哨。因此,西装颜色首选藏蓝色,除此之外,灰色、黑色和棕色也可以考虑。按照惯例,一般西装的颜色应单一,色彩不应过于鲜艳、发光发亮,朦胧色、过渡色也是不可取的。

(3)图案。西装制服体现的是成熟、稳重,所以西装一般应选择无图案的,不要选择绘有花、鸟、虫、鱼、人等图案的西装,更不能在西装上自行绘制或绣上图案、标志、字母、符号等。

(4)款式。西装也有不同的款式。区别西装的款式主要有两种方法。一是按照西装的件数来划分,西装有单件和套装之分。单件西装一般是休闲西装,仅适用于非正式场合;套装有两件套和三件套,两件套包括衣服和裤子,而三件套包括衣服、裤子和马甲。三件套比两件套更加正规。二是按照西装上衣的纽扣形式来划分,分为单排扣和双排扣。一般而言,单排扣的西装比较传统,双排扣的西装上衣比较时尚。

(5)造型。造型指的就是板型。目前,西装主要有欧式、英式、美式、日式等四种造型,它们各具特点,男士应根据自己的身材气质和爱好选择适合自己的板型。一般,欧式西装要求穿着者高大魁梧,美式西装穿起来稍显散漫,相比较而言,英式和日式西装似乎更适合中国人的身材。

(6)尺寸。穿着西装制服,务必要求其大小合身、宽松适度。有条件的情况下,最好量体裁衣,如果买成衣,最好认真地进行试穿,一定要购买尺寸适合自己的西装。

(二)西装的穿着要求

(1)拆除衣袖上的商标。新购买回来的西装上衣左边袖子上的袖口处,常常缝着一块商标,我们正式穿西装之前应拆除衣袖上的商标。

(2)整洁美观。要使西装看起来整洁美观,西装除了要定期干洗,还要认真地熨烫,使其看起来平整挺括、美观大方。穿西装时,应保持其线条笔直的原状。不应在公共场所随意脱下西装披在肩上,也不可将衣袖、裤管卷起来,这是不礼貌的行为。

(3)系好纽扣。一般而言,站立时,西装上衣的纽扣都应系上。就座后,西装上衣的纽扣大都解开,以防衣服扭曲走样。单排两粒扣西装,讲求"扣上不扣下",即只扣上边那个纽扣,或全部不扣。单排三粒扣西装要么只系中间那粒纽扣,要么系上面那两粒纽扣。双排扣西装一般要求把纽扣都系好。西裤的裤扣要全部系上,拉链全部拉好。

(4)少装东西。为保证西装在外观上不走样,在西装的口袋里应少装东西,或不装东西。西装上衣的外口袋一般不放东西,左侧的外胸袋只可插入一块用于装饰的真丝手帕,不能别钢笔、挂眼镜之类的东西。内侧的胸袋可用来放钢笔、钱包或名片夹。外侧下方的两个口袋一般不放东西。西装马甲的口袋多具装饰功能,只可放怀表,不宜放其他东西。西装裤子的两个侧面的口袋只能放纸巾、钥匙包或者小钱包。后侧口袋一般不放入任何东西。

(三)衬衫

衬衫应挺括整洁、合身得体、无皱痕。衬衫下摆要塞进西裤,衬衫的所有纽扣(衣扣、领扣、袖扣)都要系好。若不系领带,可解开领扣。

与西装搭配的衬衫,应选择正装衬衫。正装衬衫还应符合如下要求:

• 衬衫应选用精纺的纯棉、纯毛面料。以棉、毛为主要成分的混纺衬衫,也可根据情况选择。

• 衬衫必须为纯色,白色衬衫是最好的选择,也可酌情考虑蓝色、灰色、棕色和黑色。

• 衬衫一般不能有任何图案和花纹。一般较细的竖条衬衫可以穿着,但不能和竖条纹的西装搭配。

• 选择衬衫的衣领要兼顾脸型、脖长和领带(结)的大小。一般选择方领、短领或长领。

(四)领带

1. 领带与西装的搭配

• 图案的搭配:一般来说,素色、斜纹、圆点和几何图案的领带都能够与任何款式的西装或衬衫搭配。但要注意的是,人物、动物、植物等图纹却只能在休闲时穿戴,在上班时最好避免使用,否则会有失大雅。

• 颜色的搭配:在选择与西装搭配的领带时,还应注意领带和西装配色的协调性,以产生优雅脱俗、风韵倍增的良好效果。黑色西服,采用银灰色、蓝色调或红白相间的斜纹领带,显得庄重大方、沉着稳健;暗蓝色西服,采用蓝色、深玫瑰色、橘黄色、褐色领带,显得纯朴大方、素净高雅;乳白色西服,采用红色或褐色的领带,显得十分文雅、光彩夺目;中灰色西服,配系砖红色、绿色、黄色调的领带,别有一番情趣;米色西服采用海蓝色、褐色领带,更能显得风采动人、风度翩翩。

2. 领带佩戴的注意事项

- 系领带不能过长或过短,站立时其下端触及腰带为宜。
- 凡针织的套头高领衫或翻领衫不宜扎领带。
- 如内穿马甲,领带要放在马甲内,领带夹也不要露出马甲。
- 在宴会等喜庆的场合,领带颜色可鲜艳一些;参加吊唁活动,一般系黑色或其他素色领带。
- 小脸型、高身材的人不要打太窄的领带,同时,胖者不要打太宽的领带。
- 在欧洲一些国家里,使用领带夹被当成一种坏习惯。
- 在正式场合,领带一定不能是动物或是美女图片的。
- 戴同一条领带不超过三天。

3. 打领带的方法

领带打法的共同准备阶段:将领带大头在右,小头在左,大头在上,小头在下,并且以大头端的长度大约是小头端长度的 3 倍的比例交叉在颈前。

平结(见图 2-2):平结为男士选用较多的领结打法之一,几乎适用于各种材质的领带。它的要诀是领结下方所形成的凹洞须让两边均匀且对称。

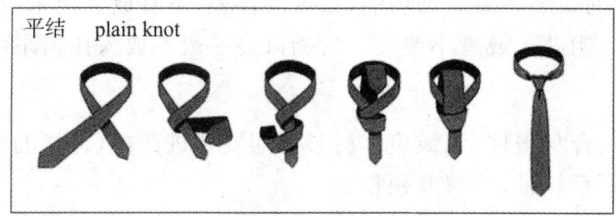

图 2-2 平结

双环结(见图 2-3):一条质地细致的领带再搭配上双环结颇能营造时尚感,适合年轻的上班族选用。该领结完成的特色就是第一圈会稍露出于第二圈之外。

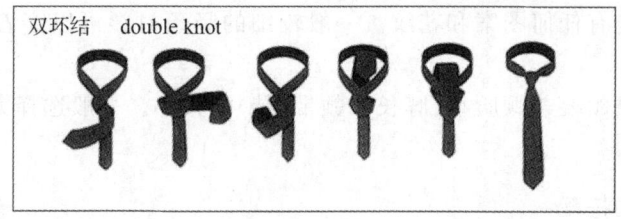

图 2-3 双环结

温莎结(见图 2-4):温莎结适合用于宽领型的衬衫,该领结应多往横向发展。应避免材质过厚的领带,领结也勿打得过大。

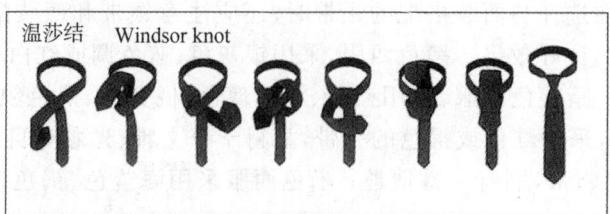

图 2-4 温莎结

双交叉结(见图 2-5):这样的领结很容易让人有种高雅且隆重的感觉,适合正式活动场合选用。该领结多运用于素色丝质领带,若搭配大翻领的衬衫,不但适合且有种尊贵感。

图 2-5 双交叉结

交叉结(见图 2-6):交叉结是适合单色素雅质料且较薄领带选用的领结,喜欢展现流行感的男士不妨多加使用。

图 2-6 交叉结

亚伯特王子结(见图 2-7):适用于浪漫扣领及尖领系列衬衫,搭配质料柔软的细款领带,正确打法是在宽边先预留较长的空间,并在绕第二圈时尽量贴合在一起,即可完成这一完美结型。

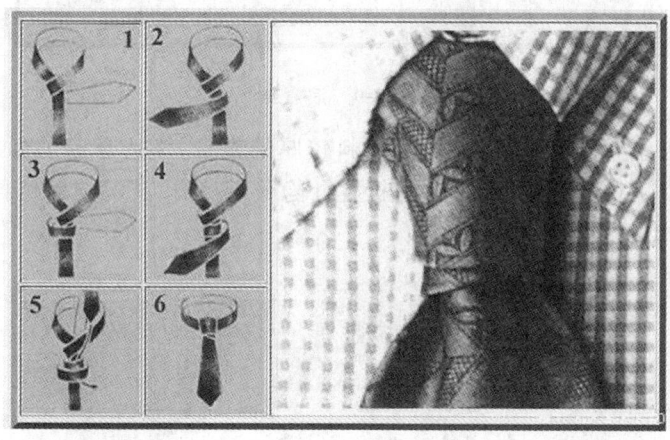

图 2-7 亚伯特王子结

四手结(单结,见图 2-8):四手结是所有领结中最容易上手的,适用于各种款式的浪漫系列衬衫及领带。

浪漫结(见图 2-9):浪漫结是一种完美的结型,故适合用于各种浪漫系列的领口及衬衫,完成后将领结下方之宽边压以皱褶可缩小其结型,窄边亦可将它往左右移动使其小部分出现于宽边旁。

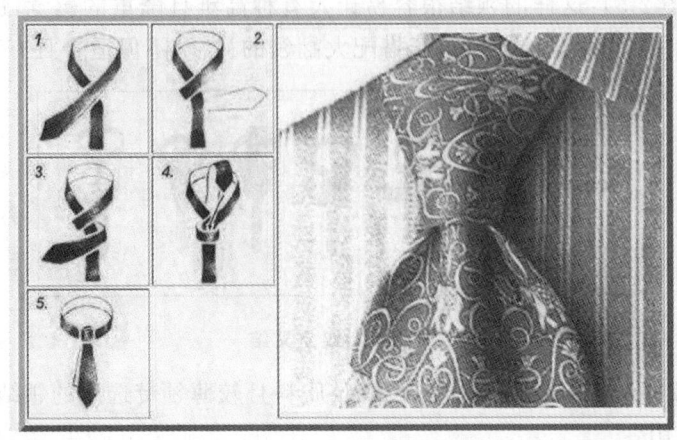

图 2-8 四手结

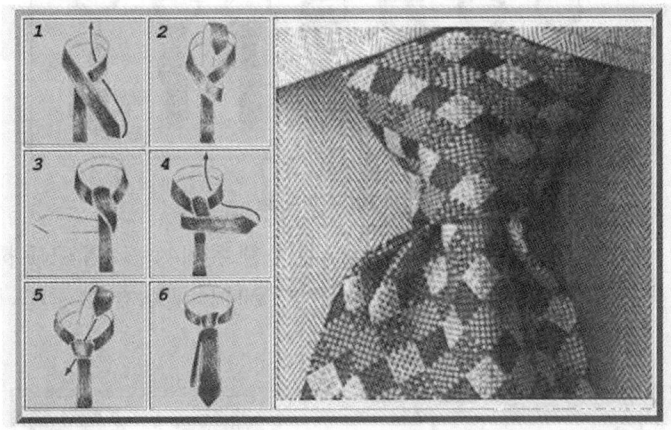

图 2-9 浪漫结

简式结(马车夫结,见图 2-10):适用于质料较厚的领带,最适合用于标准式及扣式领口衬衫,将其宽边以 180 度由上往下翻转,并将折叠处隐藏于后方,待完成后可再调整其领带长度,是最常见的一种结型。

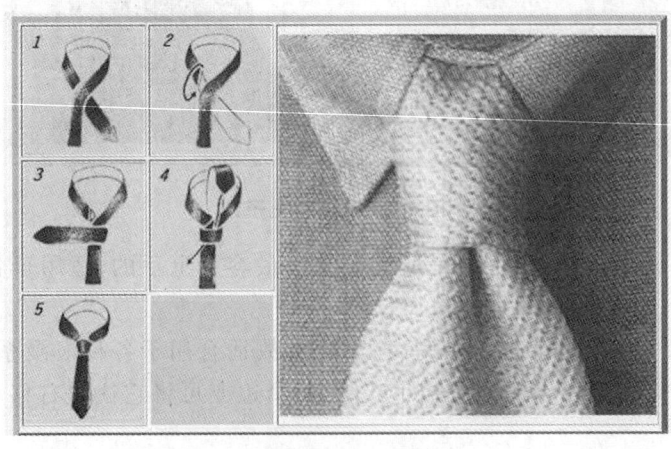

图 2-10 简式结

十字结(半温莎结,见图2-11):此款结型十分优雅及罕见,其打法亦较复杂,使用细款领带较容易上手,最适合搭配浪漫的尖领及标准式领口系列衬衫。

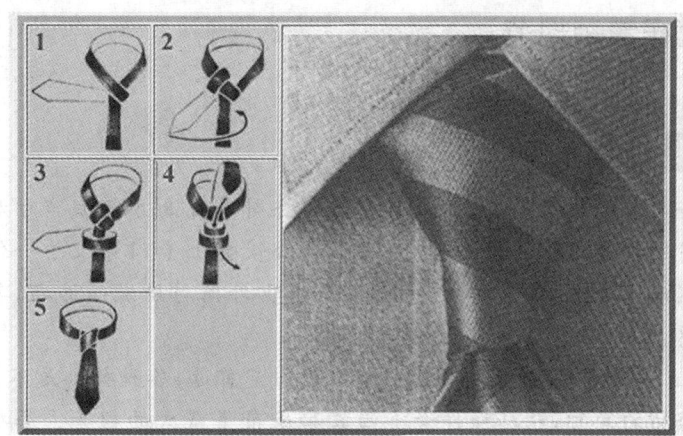

图2-11 十字结

 知识链接　领带的保养

领带的保养工作需要从以下几个方面着手:
(1)使用过后,请立即解开领结,并轻轻从结口解下,因为用力拉扯表布及内衬,纤维极易断裂,并造成永久性的皱褶。
(2)每次戴完,解开结口后,请将领带对折平放或用领带架吊起来,并留意放置处是否平滑,以避免刮伤领带。
(3)开车系上安全带时,勿将领带绑于安全带内,以避免产生皱褶。
(4)同一条领带戴完一次,请隔几天再戴,并先将领带置于潮湿温暖的场所或喷少许水,使其皱褶处恢复原状后,再收至干燥处平放或吊立。
(5)沾染污垢时,立即干洗。
(6)处理结口皱褶,请以蒸汽熨斗低温熨平,水洗及高温熨烫容易造成变形而使领带受损。

(五)鞋袜
· 皮鞋。在正式场合,黑色的皮鞋被认为是搭配西装的最佳选择,最好是牛皮鞋。同时,皮鞋不应有任何图案和装饰。为显庄重和传统,应穿系带黑皮鞋。不能穿任何休闲皮鞋。穿皮鞋时还应做到鞋内无味、无尘、无泥,尺码恰当。
· 袜子。袜子应与西装的颜色相配套。深色西装配深色袜子,最好是黑色的,而且是单色的。袜子最好选择长及小腿肚的中长袜。切忌穿白色袜子,尤其是白色棉袜。穿袜子应保持袜子的干净、整洁、合脚。穿袜子之前检查一下袜子,确保没有破洞、跳丝。

(六)公文包
公文包、皮鞋、皮带被称为"男士三宝",这三种物件的颜色最好是统一的,而且首选黑色。

男士应选择没有任何图案、文字的牛皮、羊皮公文包。款式上,最好选择手提式的长方形公文包。同时,注意用包不应过多,不张扬、不乱装、不乱放。

三、女士套裙着装规范

案例分析2-6

李文在一家公司工作。有一次,上级派她代表公司前往南方某城市参加一个大型的外贸商品洽谈会。为了给外商留下良好的印象,李文在洽谈会上专门穿上了一件粉色的上衣和一条蓝色的裙裤。然而,正是她新置的这身服装,使不少外商对她敬而远之,甚至连跟她正面接触一下都很不情愿。

分析:女士在正式场合的着装,以裙装为佳,套裙是首选,各种裙裤是不宜选择的。

套裙是西装套裙的简称,包括一件女士西装和一条半截式的裙子。套裙会使着装者看起来精明、干练,还能烘托出女性特有的韵味,显得优雅、文静和妩媚。因此,套裙是体现职业女性美的最好道具。

(一)套裙的选择

(1)面料。选用的面料质地应该上乘,上衣和裙子应使用同一种面料。同时,注意面料应平整、匀称、光洁、丰厚、柔软,弹性好,不易起皱。

(2)颜色。套裙颜色应清新、典雅和庄重,以冷色调为主,不应选择鲜亮抢眼的颜色。同时,还要兼顾着装者的肤色、体型和年龄以及出席场合。

(3)图案。一般,在正式场合穿着的套裙,不应带有任何图案,但可以选择以宽或窄格子、大或小圆点、明或暗条纹为主要图案的套裙。其中,以方格为主要图案的套裙尤其受职场女士欢迎。另外,套裙上不宜添加过多的点缀。

(二)套裙的着装要求

1. 尺寸合适

上衣的袖长以正好盖住着装者的手腕为好。裙子的下摆正好及膝或稍过膝是最为标准的裙长,不应穿着过多暴露自己的超短裙。

2. 穿着到位

穿套裙要仔细检查,确认纽扣是否全部系好,拉链是否拉好,上衣的领子是否完全翻好等细节,确保处处到位,不出丑。

3. 举止优雅

女士在穿着套裙行进、站立和就座时都应举止优雅,行进时应以轻、稳的小碎步为主。站立时不应双腿叉开,站得东倒西歪,或靠墙而立。就座时也应注意姿态,不应叉开双腿,或跷起腿来,或不停地抖动双腿。

4. 协调搭配

套裙应考虑与衬衫、内衣、鞋袜、包的搭配。

(1)衬衫。衬衫的面料应轻薄而柔软。色彩与套裙色彩相匹配,以单色最佳。最好选择无任何图案的衬衫,带有条纹、方格、圆点、碎花或暗花的衬衫可酌情考虑。穿着衬衫时还应注意将衬衫的下摆掖入裙腰内,纽扣要一一系好。

(2)内衣。女士对内衣应慎加选择,并注意其穿着。内衣应柔软贴身,起着支撑和烘托女性线条的作用。内衣最好为同一单色。在任何场合应注意穿着内衣一定要"四不":不能不穿,不能外穿,不准外露,不准外透。

(3)鞋袜。与套裙配套的鞋子以黑色的高跟、半高跟的船式皮鞋或盖式皮鞋最佳。袜子以肤色、黑色、浅灰、浅棕的单色高筒袜或连裤袜为宜。同时,需要注意以下几点:①鞋、袜、裙三者之间的色彩要协调;②鞋袜的图案和装饰不宜过多;③鞋袜应完好无损,没有破洞、跳丝、开线和裂缝等问题;④鞋袜不能当众脱下,袜口不可暴露在外。

(4)包。女士应视不同的场合选择不同的包。出席宴会、晚会等场合,选择小巧高档的夹包、精致的皮包,不应选择过大的挎包、双肩包或手拎包。穿着套裙出席商务场合可选择古典秀雅的小坤包。

四、配饰佩戴

配饰,也称为饰物,是人们在着装的同时所佩戴的装饰性物品,起着辅助、烘托、陪衬、美化的作用。配饰一般包括首饰、手表、领带、手帕、帽子、手套、包、眼镜、钢笔、鞋袜等,其中最重要的是首饰和手表、领带等。适当的配饰是一个人的阅历、教养、气质风度和审美情趣的体现,因此,我们应重视及了解配饰的特定规范,发挥配饰与服饰的最大功效,并协调好配饰、人、环境和服装。

(一)配饰佩戴技巧

首饰佩戴以少为佳,可以不戴,若同时佩戴多种首饰,则不能超过三种。戴首饰应达到"三符合""三一致",即戴首饰应与穿着者的身份、体型和季节相吻合,同时,还应使首饰的色彩一致、质地一致以及与所穿的服装一致。

(二)配饰佩戴方法

(1)戒指。戒指一般戴在左手,戴在不同手指上,传递的意思不同。戴在中指上,表示有了意中人,正在恋爱中;戴在无名指上,表示已订婚或结婚;戴在小手指上,暗示是一位独身主义者;戴在食指上表示无偶求爱。拇指通常不戴戒指。一个人最多戴两只戒指,分别戴在不同的手上。

(2)耳环。耳环一般为女性的主要首饰,讲究成对使用,每只耳朵各佩戴一只。不能戴一只耳环,也不能一只耳朵同时戴多只耳环。不要选择与脸形相似的耳环。

(3)胸针。胸针多为女性所用的饰物,胸针的别法很有讲究。胸针应戴在第一粒、第二粒纽扣之间的平行位置上。穿西装时,别在左侧领上,穿无领上衣时别在胸前。发型偏左时,胸针别在右边;发型偏右时,胸针别在左边。

(4)项链。项链也是女性经常佩戴的主要首饰之一。佩戴项链应与自己的年龄、体型和服装相匹配。脖子细长的女性和身穿丝绸裙时应佩戴细巧、精致的项链。

(5)丝巾。丝巾能让女性的穿着更有韵味。挑选丝巾主要看丝巾的颜色、图案、质地和垂坠感。红色可使脸部看起来更加红润;脸色偏黄,不宜选用深红、绿、蓝、黄色丝巾;脸色偏黑,不宜选用白色丝巾。

(6)手表。手表是男人最重要的首饰,体现了男人的地位、身份和财富状况。佩戴手表首先要善于选择手表。手表主要根据其种类、形状、色彩、图案和功能五个方面来选择。

情境训练2-3

训练目的:在不同的场合进行合适的穿着打扮。
训练场景:
1.假如你要参加一个朋友的生日派对,你认为挑选什么样的服装更适合这个场合?请根据你的实际情况,设计一个情境,并为自己搭配好服饰。
2.假设你是一个从事商务工作的人员,根据所学的服饰礼仪知识为自己做一个服饰策划。
训练场所:教室。
训练工具:服装。

案例分析训练

1.小李的口头表达能力不错,对公司产品的介绍也得体,人既朴实又勤快,在业务人员中学历又最高,老总对他抱有很大的期望,可做销售半年多了,业绩总上不去。问题出在哪?原来,他是一个不修边幅的人,双手拇指和食指喜欢留着长指甲,里面经常"藏"着很多"东西"。脖子上的白衣领经常是酱黑色,有时候手上还记着电话号码。他喜欢吃大饼卷大葱,吃完后,不知道去除异味的必要性。在大多情况下,根本没有机会见到想见的客户。对于小李,你觉得要使他的销售业绩提上去该采取什么样的方法?

2.李先生一贯注重个人修养,他整洁的衣服、干净的指甲、整齐的头发,就给人一种精明、干练的感觉。来到企业人事部,临进门前,李先生自觉地擦鞋底,待进入室内后随手将门轻轻关上。见有长者到人事部来,他就礼貌地起身让座。人事部经理询问他时,尽管有别人谈话的干扰,他也能注意力集中地倾听并准确迅速地予以回答。同人说话时,他神情专注、目不旁视、从容交谈。这一切,都被来人事部视察情况的总经理看在眼里。尽管李先生这次只是陪同学来应聘,总经理还是诚邀李先生加入这家企业。现在李先生已成为这家企业的销售部经理。这一案例说明了什么?

第三节 仪态礼仪

案例分析2-7

曾任美国总统的老布什,能够坐上总统的宝座,成为美国"第一公民",是与他的仪态表现分不开的。在1988年的总统选举中,布什的对手杜卡基斯,猛烈抨击布什是里根的影子,没有独立的政见。而布什在选民中的形象也的确不佳,在民意测验中一度落后于杜卡基斯10多个百分点。未料两个月后,布什以光彩照人的形象扭转了劣势,反而领先10多个百分点,创造了奇迹。原来布什有个毛病,他的眼睛不太好,嗓音又尖又细,手势及手臂动作总显出死板的感觉,身体动作不美。后来布什接受了专家的指导,纠正了尖细的嗓音、生硬的手势和不够灵活的摆动手臂的动作,结果就有了新颖独特的魅力。在以后的竞选中,布什竭力表现出强烈的自我意识,再配以卡其布蓝色条纹厚衬衫,以显示"平民化",终于获得了最后的胜利。

分析:举止是指人的动作和表情。日常生活中的站、坐、走等姿态,举手投足、一颦一笑,都可概括为举止。举止有时也叫仪态、仪姿或姿态。仪态是一种不说话的"语言",能在很大程度上反映一个人的素质、受教育的程度及能够被人信任的程度。在社会交往中,一个人的行为既体现了他的道德修养、文化水平,又表现出他与别人交往是否有诚意,更关系到一个人形象的塑造。从容潇洒的动作,给人清新明快的感觉;端正含蓄的行为,给人深沉稳健的印象;坦率的微笑,使人赏心悦目。因此,我们在交往中应该使自己成为举止优美的人。

仪态是人在行为中的姿势和风度。姿势是指身体呈现的样子,风度属于气质方面的表露。洒脱的风度、优雅的举止,常被人们所羡慕和称赞,最能够给人们留下深刻的印象。我们往往可以从一个人的仪态来判断他的思想、性格、品质、情趣、素养、精神世界、生活习惯以及对外界反应的外在表现。举止高雅得体与否,直接反映出人的内在素养;举止规范到位与否,直接影响他人对自己的印象和评价。

一、站姿

站姿是人最基本的姿势,也是全部仪态的基础和出发点,是我们日常生活中正式或非正式场合中第一个引人注视的姿势。

(一)女士站姿

站立时头要正,颈挺直,双肩展开放松,人体有向上的感觉;收腹、立腰、提臀,两腿并拢,膝盖挺直,小腿向后发力,人体的重心在前脚掌。

女士站立时双臂可自然下垂于身体两侧,或将双手自然叠放于小腹前;两脚跟并拢,两脚呈"V"字形或"丁"字形站立。

女士标准站姿如图2-12所示。

图2-12 女士标准站姿

(二)男士站姿

站立时头要正,颈挺直,双肩展开放松,人体有向上的感觉;收腹、立腰、提臀,两腿并拢,膝盖挺直,小腿向后发力,人体的重心在前脚掌。

男士站立时双臂可自然下垂于身体两侧;两脚呈"V"字形分开,或双脚平行分开,两脚间保持两至三拳宽的距离。

站立时若能保持精神饱满、面带微笑会给人以良好的印象。

男士标准站姿如图2-13所示。

(三)站姿实例

商务人员根据场合的不同,在基本站姿的基础上可以变化出前搭手站姿、后搭手站姿和持物站姿等不同姿态。

1. 女士前搭手站姿

两脚尖展开,左脚脚跟靠近右脚中部,重心平均置于两脚上,也可置于一只脚上,通过重心的转移可减轻疲劳,双手置于腹前(见图2-14)。

图2-13 男士标准站姿

2. 男士后搭手站姿

两脚平行分开,脚尖展开,挺胸立腰,下颌微收,双目平视,两手在身后相搭,贴在臀部(见图2-15)。

图2-14 女士前搭手站姿　　图2-15 男士后搭手站姿

3. 女士持文件夹站姿

身体立直,挺胸抬头,下颌微收,提髋立腰,吸腹收臀,手持文件夹(见图2-16)。

4. 男士提公文包站姿

身体立直,挺胸抬头,下颌微收,双目平视,两脚分开,一手提公文包,一手置于体侧(见图2-17)。

(四)禁忌站姿

社交场合站立时切记:双手不可叉在腰间,不可抱在胸前;不可耸肩驼背、左摇右晃、歪脖、斜腰、双腿不停抖动;身体不应倚门、靠墙、靠柱,不宜将手插在裤兜里,更不要下意识地做小动作,如摆弄打火机、香烟盒,玩弄皮带、发辫,咬手指甲等,这样不但显得拘谨,给人以缺乏自信、经验的感觉,而且也有失庄重。

图 2-16　女士持文件夹站姿　　图 2-17　男士提公文包站姿

站姿检视标准如表 2-1 所示。

表 2-1　站姿检视标准

	内容	评价标准	分值	最后得分	备注
站姿评价标准	一要平	即头平正、双肩平、两眼平视	20 分		
	二要直	即腰直、腿直,后脑勺、背、臀、脚后跟成一条直线	20 分		
	三要高	即重心上拔,看起来显得高	15 分		
	四要收	即下颌微收、收腹、收臀	15 分		
	五要挺	即挺胸、腰背挺直	10 分		
	脚位	脚尖向前或是 V 字形,女生丁字步	10 分		
	手臂	两手臂自然下垂,贴于裤缝,或两手臂自然弯曲	10 分		
		合计	100 分		

评价:满分为 100 分,60~74 分为合格,75~84 分为良好,85 分及以上为优秀。

 情境训练 2-4

训练目的:训练优雅站姿。

训练程序:

1. 把杆练习:双手轻轻搭在把杆上,双脚并拢,后背保持一条直线。这样训练可以使后背直立。

2. 五点站法:双脚并拢、背靠墙面站立,后脑勺、肩部、臀部、小腿肚、后脚跟五点贴住墙面。同时双肩下沉,腹部收紧,往墙里靠,大腿内侧收紧,双膝并拢,双臂自然下垂放于两侧。

3. 借物法:头顶一本书,挺胸收腹,两眼平视,站直,膝盖紧紧夹着一张纸片。另外要平肩、直颈,下颌微收,双臂自然下垂放于两侧。

4.对镜训练:面对镜子检查自己的站姿,发现问题及时调整。

站姿训练每次应控制在30分钟左右,训练时最好配上轻松愉快的音乐,调整心情,增加训练的乐趣和轻松感。

训练场所:形体房。

训练工具:把杆、书本、纸张、镜子、音乐播放器。

二、坐姿

(一)正确的坐姿

入座时要轻稳、和缓。入座时,走到座位前,转身后,轻稳坐下。女士着裙装入座时,应用手将裙装稍微拢一下,以防坐出皱褶。

坐下后,头正,上身挺直,表情自然放松。双肩放松,两臂自然弯曲放在膝盖或腿上,也可放在椅子或沙发扶手上。男士可将双手搭在扶手上,女士最好只搭一边扶手。

双膝自然并拢,双腿平行,可正放也可侧放,并拢或交叠。男士双膝可分开,一般呈一拳左右的距离,但不应超过肩宽,不能两腿叉开。女士两腿必须并拢无间隙。

一般不应坐满整个座位,应坐满座位的2/3,背部挺直,短时间内不要靠椅背,长时间需要休息了可轻靠椅背。

起立时,右脚向后收半步后站起,不应猛地站起或用双手撑着腿站起。

(二)女性常见坐姿

(1)双腿垂直式。这是正式场合最基本的坐姿。要求:上身与大腿、大腿与小腿、小腿与地面成直角,双膝、双脚完全并拢,双手叠放在大腿上(见图2-18)。

(2)双腿叠放式。它适合穿短裙的女士采用,表现出女士的优雅。要求:将双腿上下交叠,并呈一条直线,两腿之间没有任何间隙。双腿斜放于左右一侧,斜放后的腿部与地面成45度角(见图2-19)。

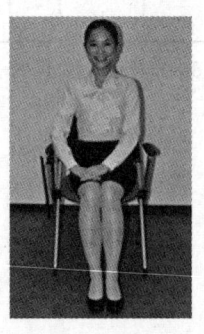 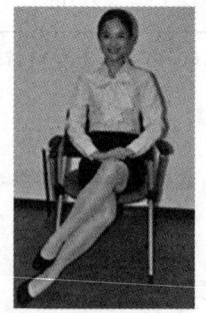

图 2-18 双腿垂直式坐姿　　图 2-19 双腿叠放式坐姿

(3)双腿斜放式。它适用于穿裙子的女性在较低处就座。要求:双膝并拢后,双脚向左或向右斜放,并使斜放后的腿部与地面成45度角(见图2-20)。

(4)双腿交叉式。它适用于各种场合,尤其适合于坐在主席台上、办公桌前或公交车上。要求:双腿并拢后,双脚在踝部交叉(见图2-21)。

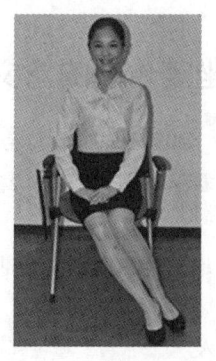 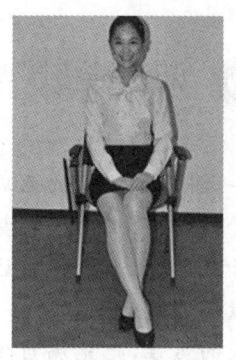

图 2-20　双腿斜放式坐姿　　图 2-21　双腿交叉式坐姿(女士)

(三)男士常见坐姿

(1)垂腿开膝式。小腿垂直于地面,大腿与小腿成 90 度角,双膝分开,但不能超过肩宽(见图 2-22)。

(2)大腿叠放式。一般适用于非正式场合。两条腿在大腿部位叠放,下方的那条腿垂直于地面,脚掌着地,上方的另一条腿的小腿向内收(见图 2-23)。

(3)双腿交叉式。这个坐姿在上文已经阐述过(见图 2-24)。

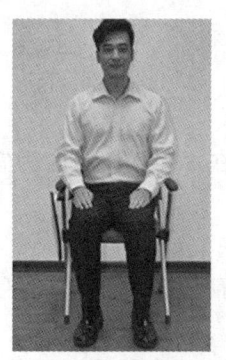 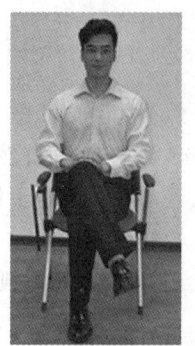 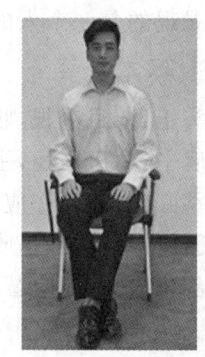

图 2-22　垂腿开膝式坐姿　　图 2-23　大腿叠放式坐姿　　图 2-24　双腿交叉式坐姿(男士)

(四)入座离座礼仪

(1)从座位入座,应从座位的左边入座。用背部接近座椅,不应背对着对方。同时,分清尊卑,礼让客人,让客人先行入座。

(2)离座时应从座位左侧离座。如果身边有人在座,应先示意离开,随后动作轻缓地离座,不应弄出声响或碰掉东西。同时,还应注意离座的先后顺序,让尊敬的客人先行离座。

(五)禁忌坐姿

(1)双腿叉开太大,双腿直伸出去,脚尖指向他人。

(2)叠腿姿势成"4"字形,空隙太大。

(3)双脚放到桌椅、沙发上。

(4)双脚不停地抖动、乱动,甚至脚跟离开鞋跟在晃动。

(5)在外人面前,用手脱鞋袜,用手触摸脚部,双手抱腿。

知识链接　与人交往时坐姿传递的含义

- 正襟危坐,是一种严肃认真的表现,给人以正人君子的印象。
- 深深坐在椅子内,心理上处于劣势。
- 把腿放在桌子上,以此来延伸自己的势力范围,这种人有较强的占有欲和支配欲,在待人接物上给人一种傲慢无礼的感觉。
- 张开双腿而坐的男性,是充满自信、有支配欲的人。
- 一条腿自然架在另一条腿上的女士,对自己的外貌较有信心。
- 频频变换架腿姿势、脚或腿抖动,情绪不稳定、急躁。
- 脚踝交叉而坐,传达一种较委婉的拒绝的含义。
- 在会场中或公众场合,坐时手捂嘴、掩嘴、摸下巴,多以评判的态度听对方发言。

三、行姿

行姿,又被称为走姿,是一个人在行走过程中的姿势。它是以站姿为基础,属于站姿的延续动作,展现的是一个人的动态美。

(一) 基本行姿

(1) 头正:双目平视,收颌,表情自然平和,面带微笑。

(2) 肩平:两肩平稳,手臂伸直放松,双臂前后自然摆动,摆幅在30度～40度为宜,手指自然弯曲,掌心向内,动作应自然、放松、轻缓,不应过于僵硬。

(3) 躯挺:上身挺直,收腹立腰,重心稍前倾。

(4) 步位直:双脚交替踩在直线上,脚跟先着地,随后前脚掌着地,走出的轨迹尽量要在一条直线上。

(5) 步幅适度:行走中两脚落地的距离大约为一个脚长,即前脚的脚跟距后脚的脚尖以一个脚的长度为宜,一般男性步幅约为25厘米,女性步幅约为20厘米。但因性别、着装和场合的不同,步幅也略微不同。

(6) 步速平稳:步速应自然均匀,不要忽快忽慢。步伐应具有一定的节奏感。

基本行姿如图2-25所示。

(二) 禁忌行姿

- 走"内八字"或"外八字";
- 弯腰驼背,扭腰摆臀,歪肩晃膀,摇头晃脑;
- 双腿过于弯曲,走路不成一条直线;
- 大幅度甩手,步子过大或过小;
- 左顾右盼,走路时抽烟、吃东西,双手插在裤袋里;
- 身体松垮,无精打采;
- 横冲直撞,行进过程中不应制造噪声。

图2-25　基本行姿

(三)需要注意的特例

给客人引路时,应尽量走在客人的左前方一米左右,步速应与客人相一致,整个身体半转向客人,与客人保持两三步的距离。上下楼时,应礼让客人,并伸出左手稍做提醒,示意客人先上,下楼时请他人后下。进出电梯、房间时,礼让他人,让他人先进先出。

情境训练 2-5

训练目的:训练优雅的行姿。

训练方法:

1. 步位训练:在地上画一条直线,沿直线练习。

2. 步幅训练:行走时检查自己的步幅是否正确,纠正外八字、内八字,脚步过大、过小的毛病。

3. 顶书训练:将书本置于头顶,保持行走时头正、颈直、目不斜视,纠正走路摇头晃脑、东瞧西望的毛病。

训练场所:教室、寝室。

训练工具:粉笔、书本。

四、蹲姿

在公共场所捡拾地上的物品时,需要下蹲和屈膝。人们一般习惯随意弯腰蹲下捡起,这对于在正式商务场合的人员来说是不合适的,也是不礼貌的。

(一)蹲姿的基本做法

弯下膝盖,臀部向下,上体保持挺直,两腿合力支撑身体,避免滑倒。姿态应自然得体、美观大方。

(二)蹲姿实例

1. 交叉式蹲姿

女士采用交叉式蹲姿时,站立,双腿交叉下蹲,两腿靠紧,合力支撑身体,双手相叠置于腿上,臀部向下,上身稍前倾(见图 2-26)。此蹲姿造型优美且不易走光,适用于穿短裙下蹲合影时,特别适用于在舞台上下蹲合影时。

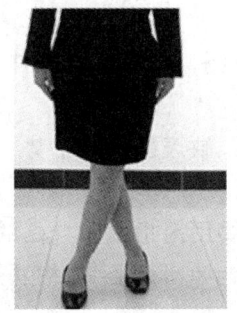

图 2-26　交叉式蹲姿

2. 高低式蹲姿

下蹲时一脚在前,一脚稍后,两腿靠紧向下蹲。前脚全脚着地,小腿基本垂直于地面,后脚脚跟提起,脚掌着地。后腿膝盖低于前腿,内侧靠于前腿小腿内侧,形成前腿高、后腿低的姿态,臀部向下,基本上以后腿支撑身体(见图2-27)。

图2-27 高低式蹲姿

(三)禁忌蹲姿

- 弯腰捡拾物品时,两腿叉开,臀部向后撅起,这是不雅观的姿态。
- 两腿展开平衡下蹲,其姿态也不优雅。
- 下蹲时注意内衣"不可以露,不可以透"。

五、手势

手势是人际交往中不可缺少的语言,是一种最有表现力的"体态语言"。俗话说"心有所思,手有所指",说的就是手是人的第二双眼睛,手可以起到有声语言无法替代的作用。恰当地运用手势不仅可以起到良好的沟通作用,还能为自己的形象增添色彩。

手势是通过手和手指活动来传达信息。不同的手势传递不同的信息。

(一)各种手势的含义

一般而言,每一种手势都传递不同的含义。如:鼓掌表示赞许、鼓励、祝贺、欢迎之意;攥紧拳头暗示进攻、自卫,表示力量和愤怒;伸出食指含有引起他人的注意、教训人的意思;背手常显示一种权威,但在一个人极度紧张不安时,也常常背手,以缓和这种紧张情绪。另外,如果背手伴以俯视踱步,则表示沉思;塔尖式手势是一种自信的表示,身体后仰则显得高傲;双臂交叉在胸前暗示一种敌意的态度,也有自我放松或置身事外、袖手旁观、看他人笑话之意。

(二)手势的礼仪要求

打手势时,应规范、自然亲切,讲究柔美、流畅。同时应与眼神、表情和其他姿态相配合,使之更加协调一致。

手势不应过于重复、单调,应避免僵硬死板、缺乏韵味的手势。手势也不宜过多,动作不宜过大。

在任何情况、任何场合、任何人面前,都不要用拇指指向自己的鼻尖和用手指指点他人。

禁止一些让人反感、影响交际风度的手势。如当众搔头、掏耳朵、抠鼻子、咬指甲、剔牙、揉衣角,手指在桌上乱写乱画等。

(三)常用手势的规范标准

手掌自然伸直,手指并拢,手腕伸直,手与小臂成一直线。肘关节自然弯曲,掌心向斜上方,手掌与地面成45度角。

(四)常用的引导手势

根据手势的高度,引导手势又分为低位手势、中位手势和高位手势。

(1)斜臂式:也称为斜摆式,属于低位手势,手臂由上向下斜伸摆动,适用于请人入座时(见图2-28)。

(2)横摆式:属于中位手势,即手臂向外侧横向摆动,指尖指向被引导或指示的方向,适用于指示方向时(见图2-29)。

图 2-28　斜臂式引导手势　　图 2-29　横摆式引导手势

(3)曲臂式:属于中位手势,手臂弯曲,由体侧向体前摆动,手臂高度在胸以下,适用于请人进门时表示"里边请"(见图2-30)。

(4)双臂横摆式:属于中位手势,面向客人时,将双手由前抬起到腹部再向两侧摆到身体的侧前方;站到客人的侧面时,则两手从体前抬起,同时向一侧摆动,两臂之间保持一定的距离。适用于客人较多时,表示"大家请"(见图2-31)。

图 2-30　曲臂式引导手势　　图 2-31　双臂横摆式引导手势

(5)直臂式:属于高位手势,手臂向外侧横向摆动,指尖指向前方,手臂抬至肩高,表示"请往前走"(见图2-32)。

另外,手势存在区域性差异,不同国家、不同地区、不同民族,由于文化习俗的差异,相同的手势表达的含义不同,因此,我们有必要了解手势表达的含义,以免产生不必要的麻烦。

图 2-32　直臂式引导手势

 知识链接　手势语

人们双手五个手指的屈伸，表达的是不同的意思，在各个国家或地区的含义也不同，用错了会出笑话，甚至惹麻烦。

大拇指向上伸出，在中国表示胜利、佩服、第一、首领等；在日本表示男人、父亲；在美国、荷兰、澳大利亚、新西兰等地区表示幸运；在印度、德国则表示想打车。

拇指向下一般都表示品德不好、坏或不成功，而在英国、美国，拇指向下表示不同意；在法国表示死了；在印尼、缅甸等地区则表示失败。

伸出中指，菲律宾表示愤怒、轻蔑；美国、法国、新加坡表示下流；沙特则表示恶劣行为或极度不快。

向上伸食指，中国表示数字1或请注意；美国表示请稍等片刻；法国是学生请求发言的表示；缅甸表示最重要；日本表示最优秀。

小指伸出，中国表示渺小，看不起；日本表示女人、小孩；韩国表示女朋友；而缅甸、印度一带表示厕所；菲律宾表示小人物。

食指弯曲，中国表示数字9；日本表示小偷；泰国、朝鲜表示钥匙；印尼表示心肠坏；墨西哥则用来表示金钱。

伸出中指压在食指上，在中国表示数字10；菲律宾、马来西亚、新加坡、美国、法国、墨西哥等表示乞讨；荷兰表示发誓；斯里兰卡表示邪恶。

用拇指和食指搭成圆圈，在日本、韩国、缅甸均表示金钱；美国表示同意或成功；印尼则相反，表示不成功，表示傻瓜、无用。

 情境训练 2-6

训练目的：练习各种手势，使举手投足优雅大方。
训练程序：
1.对着镜子练习各种常用的引导手势。

2.同学轮流练习,并互相纠正。

训练场所:形体房。

训练工具:镜子、椅子。

思考2-1

选一个公共场所,冷静地观察那里的人,体会他们不同的言谈举止给你带来的感受。

思考2-2

当两个美丽的姑娘在大街上争吵时,你会对其中的任意一个有好感吗?

思考2-3

反思自己在日常生活中的言行举止,如语言、态度、动作等,有什么需要改进的地方,把它写在纸上。

六、表情

表情是通过面部形态变化来表达人内心的思想感情。它是仅次于语言的一种交际手段,在人与人的感情沟通过程中占有相当重要的地位。在人的千变万化的表情中,眼神和微笑最具有表现力。在社交场合应使自己的表情热情、友好、轻松、自然,并理解表情、把握好表情。

(一)眼神

眼睛是"心灵的窗户",是富有表现力的一种"体态语",能表达出人们最细微、精妙的内心情感。人们在日常生活之中借助于眼神所传递出的信息,可被称为"眼语"。泰戈尔便指出:"一旦学会了眼睛的语言,表情的变化将是无穷无尽的。"因此,在不同的社交场合,我们要学会运用不同的眼神与人交流,达到良好的社交效果。

用眼神表情达意时需注意以下几个方面的问题:

(1)接触时间。与人交谈时,应把握好视线接触对方脸部的时间,一般这一时间占全部谈话时间的30%到60%。过长时间的凝视是不礼貌的或有敌意的,而过短时间则被认为是傲慢无礼的或对对方不感兴趣。

(2)停留部位。谈话人之间的关系不同,视线停留的部位不同。视线停留在两眼与胸部的三角形区域,被认为是近亲密注视,多用于朋友间的交谈;视线停留在双眼和嘴部之间的三角形区域,被称为社交注视,是社交场合常见的视线交流位置;视线停留在对方前额的一个假定的三角形区域,称为严肃注视,这种注视会使对方感觉到你有正事要谈。

(3)眼神变化。眼神变化能够准确地传递某种信息。不同角度表达不同的含义,如仰视表尊重、敬畏之意,适用于面对尊长时;俯视表示对他人的轻蔑,但也可表示对晚辈的宽容、怜爱;平视适用于在一般场合与身份、地位平等之人进行交往等,不可随便使用。

正确地运用眼神会给你的交往增加成功的概率,使你赢得友情。

以下三种眼神是错误的:

(1)盯视。盯视常常传递着一种不礼貌的信息。如果死死地盯视一个人,特别是盯视他的眼睛,不管有意无意,都显示着一种非礼,对方会感到不舒服。在正常社交场合贸然使用,便容易造成误会,让对方有受到侮辱甚至挑衅的感觉。

(2)眯视。眯视反映出的也是不太友好的信息,它除了给人睥睨与傲视的感觉外,至少也是一种漠然的语态。另外,在西方,对异性眯起一只眼睛,并眨两下眼皮,是一种调情的动作。因此,"眯视"会让女性感受到一种无形的骚扰。

(3)漠视。漠视也被称为熟视无睹,它给人的感觉是孤傲冷漠,让人感觉到敷衍搪塞之意。要做到眼神的亲和,应放松自然地表达内心情感。

情境训练 2-7

训练目的:练就炯炯有神的、神采奕奕的眼神;学会用敏锐的眼睛洞察别人的心理。
训练方法:
1. 购物时,观察服务员的眼神和态度之间的关系。
2. 与亲朋好友进行目光交流,考察眼神是否与自己的思想感情相符。
3. 在校园里与擦肩而过的同学进行眼神接触,试着揣摩对方的心理。
训练场所:超市、家中、寝室、教室、校园。
训练工具:无。

(二)微笑的魅力

案例分析 2-8

飞机起飞前,一位乘客请求空姐给他倒一杯水吃药。空姐很有礼貌地说:"先生,为了您的安全,请稍等片刻,等飞机进入平稳飞行后,我会立刻把水给您送过来,好吗?"

15分钟后,飞机早已进入了平稳飞行状态。突然,乘客服务铃急促地响了起来,空姐猛然意识到:糟了,由于太忙,她忘记给那位乘客倒水了!空姐连忙来到客舱,小心翼翼地把水送到那位乘客跟前,面带微笑地说:"先生,实在对不起,由于我的疏忽,延误了您吃药的时间,我感到非常抱歉。"这位乘客抬起左手,指着手表说道:"怎么回事,有你这样服务的吗?你看看,都过了多久了?"空姐手里端着水,心里感到很委屈。但是,无论她怎么解释,这位挑剔的乘客都不肯原谅她的疏忽。

接下来的飞行途中,为了补偿自己的过失,空姐每次去客舱给乘客服务时,都会特意走到那位乘客面前,面带微笑地询问他是否需要水或者别的什么帮助。然而,那位乘客余怒未消,摆出一副不合作的样子,并不理会空姐。

临到目的地时,那位乘客要求空姐把留言本给他送过去,很显然,他要投诉这名空姐。此时,空姐心里虽然很委屈,但是仍然不失职业道德,显得非常有礼貌,而且面带微笑地说道:"先生,请允许我再次向您表示真诚的歉意,无论您提出什么意见,我都将欣然接受您的批评!"那位乘客脸色一紧,嘴巴准备说什么,可是却没有开口,他接过留言本,开始在本子上写了起来。

飞机安全降落。所有的乘客陆续离开后,空姐打开留言本,惊奇地发现,那位乘客在本子上写下的并不是投诉信,相反,是一封给她的热情洋溢的表扬信。信中有这样一段话:"在整个过程中,你表现出的真诚的歉意,特别是你的十二次微笑,深深地打动了我,使我最终决定将投诉信写成表扬信!你的服务质量很高,下次如果有机会,我还将乘坐你们的这趟航班!"

有人说,如果你长得不够美,就要让自己有才华;如果你才华也不够多,那就一定要微笑!微笑能让你看起来很美,微笑能让你变得十分友善、易于接近。任何人都不会轻易拒绝别人的一个笑脸。美国微笑之都——爱达荷州波卡特洛市有一个奇特的法令:凡在公共场所愁眉苦脸的人,一律要被送到"微笑站"进行微笑教育,直到学会微笑才让他离开。这实际上是对人心灵的关照,是启发人们以开朗的态度对待人生。微笑是人的本能,是人们快乐情绪的自然流露。微笑能缩短两个人之间的距离,具有神奇的魔力。

微笑是宝贵的无形资产,成功从微笑开始。它是社交场合中最富吸引力、最令人愉悦、最有价值的面部表情。它是一种特殊的语言,是人际交往中最重要的礼仪。它不仅可以缩短人与人之间的距离,还为良好的沟通创造了氛围。因此,微笑被称为人际交往中的润滑剂。

要发挥微笑的巨大魔力,应注意以下几点:

(1)微笑一定要发自内心、亲切自然。

(2)掌握微笑的要领:放松自己的面部肌肉,使自己嘴角微微向上翘起,露出六颗牙齿,保持嘴角上扬,轻轻一笑,但要注意不发出笑声。

(3)注意整体配合。微笑应与美好的语言和仪态相结合,做到声情并茂、相得益彰。

有了平和的心态、阳光的心情、友善的态度、与人为善的观念、遇到任何挫折都无法摧垮的意志,才能保持坦荡、自然的微笑(见图 2-33 和图 2-34)。

图 2-33　女士微笑　　　　　　图 2-34　男士微笑

 知识链接　微笑训练

1.照镜子训练法。对着镜子,心里想着高兴的情景,鼓双颊,做出微笑的口型,找出自认为最满意的微笑方式,天天练习,使微笑自然、长久地呈现在脸上。

2.情绪记忆法。多回忆美好的往事,笑容自然流露;少想不如意、悲伤、心酸的事情,时刻提醒自己保持微笑。

3.发声训练法。面对镜子吸气,然后慢慢地吐气,并将两侧嘴角对称朝耳根部提拉,发出"一""七""衣""叶""钱"的声音,也可发出词语"茄子""田七"的声音,还可发出英语单词"lucky""cheese"的声音。这些字、词形成的口型,正是微笑的最佳口型。

4.携带卡片法。在自己的皮夹中放一张写有"微笑"的卡片并一直携带,它就会似一面镜子随时随地提醒自己保持微笑。

5.一口气训练法。为拥有一个好心情,进行一口气训练:将"我的心中充满快乐"这句话念10遍。

一口气训练法的要求:尽量夸张口型,尽量快、尽量清晰地一口气大声念完,同时感受这句话的真正含义。在说这句话的同时,想象自己真的很快乐。

6.绕口令法。

①一面小花鼓,鼓上画老虎。宝宝敲破鼓,妈妈拿布补。不知是布补鼓,还是布补虎。

②四是四,十是十。要想说对四,舌头碰牙齿;要想说对十,舌头别伸直。要想说对四和十,多多练习十和四。

7.自然微笑训练法。

①试着对镜说"E";

②轻浅笑,减弱"E"的程度;

③重复练习①②的动作。

总而言之,微笑时面部肌肉要放松,要嘴角微翘地轻笑。笑时避免露出牙龈,自觉控制发声系统,笑不出声。

情境训练2-8

训练目的:训练善意的、真诚的、自信的微笑。

训练方法:

1.他人诱导法——同学之间互相通过一些有趣的笑料、动作引导对方发笑。

2.情绪回忆法——通过回忆自己曾经美好的往事引发微笑。

3.口型对照法——通过一些相似的发音口型,找到适合自己的最美的微笑状态。如"一""茄子""呵""哈"等。

4.牙齿暴露法——露出上排六颗牙齿微笑。

训练场所:教室、寝室。

训练工具:无。

思考2-4

职业女性应如何利用微笑来增强自己的魅力?

案例分析训练

有一次,一姑娘走进一位名医的诊所,医生根据姑娘的叙述对姑娘进行了各项常规检查,结果表明姑娘身体各部位皆无异常。医生叫那个姑娘把自己所忧虑的事列成了一张"心事清单",这张"心事清单"比较长。名医吩咐她说:"现在请你把你写的心事一桩一桩地念出来。但是,每当念完一桩时,必须'嘻嘻'笑一声。"姑娘很不情愿这样做,但皱皱眉头后还是照名医吩咐的去办了。使这个姑娘大感惊讶的是,当她"嘻嘻"笑了几次后,竟然憋不住嘻嘻哈哈地笑了起来。等到念完这一张长长的"心事清单"之后,她醒悟到自己的忧虑实在愚蠢可笑,于是大笑不止,忧郁症被彻底治愈了。这说明了什么?

第四节　个人职业形象准备

一、职业形象的含义

职业形象是指个人与其职业相适应的、能反映其内在气质和职业特点的外在形象及举止行为。职业形象并不是简单的外表长相和穿衣打扮,而是通过人全面素质的展现,给人以秀外慧中的、整体的、动态的印象。良好的职业形象能够展示出个体的自信、尊严、力量、专业水平和能力,是事业成功的必备素质。

二、职业形象的重要性

案例分析2-9

一屋不扫,何以扫天下!

公司新任的营销总监黄文,是名校毕业生。肖总对这位新任总监抱以重望,希望他能整顿好公司上百人的销售队伍,使销售业绩有所突破。

三个月后,肖总竟然发现,公司的销售队伍更加不稳定了,大家都对这位新任总监非常不满意,甚至一个老客户在和这位黄总监接触两次之后,对能否与他们继续合作也产生了怀疑。

原来,黄总监是一个不拘小节的人。他认为,只要有能力就行,什么举止仪态、穿衣打扮等这些都是多余的。

开会的时候,拍桌子、手指着同事们的鼻子说话是常事;胡子是想起来就刮,想不起来几天也不刮一下;鼻毛经常"迎风乱舞",即使见很重要的客户,也经常是穿着一身休闲装;坐着说话的时候,总喜欢跷起脚尖,边抖着腿边说话……

"一屋不扫,何以扫天下!"肖总痛心地说。半个月后,这位总监悻悻地辞职了。

分析:塑造良好的职业形象,对职业人士来说是非常重要的。

我们的职业形象价值不可估量。正如著名的形象设计师罗伯特·庞德所说:"这是一个两分钟的世界。你只有一分钟展示给人们你是谁,另一分钟让他们喜欢你!"

如果把职业形象简单地理解为外表形象,把一个人的外表跟成功挂钩的话,那么你就犯了一个非常严重的错误。职业形象包括多种因素:外表形象、知识结构、品德修养、沟通能力,等等。如果把职业形象比作一个大厦的话,外表形象就好比在大厦外表上的马赛克,知识结构就是地基,品德修养是大厦的钢筋骨架,沟通能力则是连接大厦内部以及大厦与外界的通道。

在这个越来越眼球化的社会,一个人尤其是职场人士的形象将可能左右其职业生涯发展前景,甚至会直接影响一个人的成败。美国一位形象设计专家对美国财富排行榜前300位中的100人进行过调查,调查的结果是:97%的人认为,如果一个人具有非常有魅力的外表,那么他在公司里会有很多升迁的机会;92%的人认为,他们不会挑选不懂得穿着的人做自己的秘书;93%的人认为,他们会因为求职者在面试时的穿着不得体而不予录用。可见成功的形象塑造是获得高职位的关键。职场中一个人的工作能力是关键,但同时也需要注重自身形象的设计,特别是在求职、工作、会议、商务谈判等重要活动场合,形象好坏将决定你的成败。

三、个人职业形象的基本要求

职业形象是个人职业气质的符号,有些人对深色调的一贯喜爱,体现了他沉稳的个性;经常性地身着颜色艳丽或对比强烈的服装,可以展现激情四溢的作风;浅浅的素色的衣着似乎在告诉人们他善于调节自己的工作模式;一丝不苟的服装款式预示着严谨的态度,层层装饰的外表揭示着求新求变的心态……

我们日常接触到的种种形象特点,就像标点符号写在每个职业人的脸上、身上,是个人职业生涯的标点,对职业成功有着重大意义。

职业形象要达到几个标准:与个人职业气质相契合、与个人年龄相契合、与办公室风格相契合、与工作特点相契合、与行业要求相契合。个人的举止更要在标准的基础上,在不同的场合采用不同的表现方式,在个人的装扮上也要做到在展现自我的同时尊重他人。

职业形象就像个人职业生涯乐章上跳跃的音符,和着主旋律会给人创意的惊奇和美好的感觉;脱离主旋律会打破和谐,给自己的职业发展带来负面影响。

职业形象具体要求包括仪容整洁、着装得体、举止端庄、言谈温雅。

项目知识检测

● 基本训练

一、简答题

(1)个人礼仪有哪些基本要求?

(2)怎样做到"站有站相,坐有坐相"?

(3)正确运用手势应该注意哪些问题?

(4)男士穿西装应该注意遵循哪些礼仪原则?

二、知识应用

1.判断题

(1)仪容仪表在人际交往的最初阶段并不重要,语言才最重要。(   )

(2)对一个国家来说,个人礼仪是一个国家文化与传统的象征。(   )

(3)在西方,男子夜间可以穿晨礼服。(   )

(4)正式场合下女士可以穿皮裙。(   )

(5)正式场合佩戴首饰不必讲究质地、做工。(   )

2.选择题

(1)人与人交往的基础是(   )。

A.文化　　　　　B.文明　　　　　C.个人修养　　　　　D.个人礼仪

(2)下面一些礼仪常识运用正确的是(   )。

A. 初次见面可以穿着随意
B. 穿西服时一般要加马甲
C. 要不断用手理头发,以保持仪容整齐
D. 裤装要比裙装更正式

(3)正式交往场合,我们的仪表仪容要给人的感觉是( )。
A. 随意、整齐、干净 B. 漂亮、美观、时髦 C. 端庄、大方、美观

(4)跷二郎腿的坐姿( )。
A. 不符合规范,因为会显得草率而轻浮
B. 男士可以,女士不可以
C. 只要注意上边的小腿往回收,脚尖向下,女士也可以采用
D. 没有太多的讲究

(5)作为商务人员,你的着装也是时刻受人关注的,作为男士,应该( )。
A. 穿黑色西装,以显示成熟稳重
B. 合理穿着西装,但最好不要是黑色的
C. 穿西装并一定要配白袜子,以显示整洁
D. 穿休闲服即可,以显时尚

● 情景模拟训练

训练目的:掌握仪容礼仪、仪表礼仪和仪态礼仪。

训练方法:

(1)两人一组,相互进行着装服饰诊断,指出对方的优点和缺点;
(2)进行站姿、坐姿、走姿、蹲姿的现场表演;
(3)对镜检查自己在个人卫生方面需要进行哪些改进,并画一个得体的工作妆。

训练场所:教室、寝室。

训练工具:服饰、化妆工具、板凳。

● 综合案例

案例1:小节误大事

风景秀丽的某海滨城市的朝阳大街,高耸着一座宏伟的楼房,楼顶上"远东贸易公司"六个大字格外醒目。某照明器材厂的业务员金先生按原计划,手拿企业新设计的照明器样品,兴冲冲地登上六楼,脸上的汗珠未及擦一下,便直接走进了业务部张经理的办公室,正在处理业务的张经理被吓了一跳。"对不起,这是我们企业设计的新产品,请您过目,"金先生说。张经理停下手中的工作,接过金先生递过的照明器,随口赞道:"好漂亮呀!"并请金先生坐下,倒上一杯茶递给他,然后拿起照明器仔细研究起来。金先生看到张经理对新产品如此感兴趣,如释重负,便往沙发上一靠,跷起二郎腿,一边吸烟一边悠闲地环视着张经理的办公室。当张经理问他电源开关为什么装在这个位置时,金先生习惯性地用手搔了搔头皮。好多年了,别人一问他问题,他就会不自觉地用手去搔头皮。虽然金先生做了较详尽的解释,张经理还是有点半信半疑。谈到价格时,张经理强调:"这个价格比我们预算的高出较多,能否再降低一些?"金先生回答:"我们经理说了,这是最低价格,一分也不能再降了。"张经理沉默了半天没有开口。金先生却有点沉不住气,不由自主地拉松领带,眼睛盯着张经理。张经理皱了皱眉:"这种照明器的性能先进在什么地方?"金先生又搔了搔头皮,反反复复地说:"造型新、寿命长、节电。"张经理借

故离开了办公室,只剩下金先生一个人。金先生等了一会儿,感到无聊,便非常随便地抄起办公桌上的电话,同一个朋友闲谈起来。这时,门被推开,进来的却不是张经理,而是办公室秘书。

问题:金先生的问题出在哪儿?

<h3 style="text-align:center">案例2:总统的拒绝理由</h3>

林肯的一位老朋友听说林肯要重组内阁,便向他推荐了一位人才。见面这天,林肯准时来到约定的酒店,但朋友介绍的才子却迟到了。

这位才子到来后,只见他穿着一件皱巴巴的西装,领带上面有星星点点的油渍,头发凌乱地披散着,鞋子上面沾满灰尘。这人见了林肯,并没有表现出对总统起码的尊重,也没有就迟到向林肯表示歉意。

林肯虽然对眼前这个人很失望,但他还是礼貌性地和他谈了一会儿话。谈话中,林肯明显感受到,此人虽然有一些才华,但过于骄傲和狂妄。于是,他礼貌地和那个人握手告别了。

朋友见到林肯,迫不及待地询问结果,林肯直率地说:"他不太适合做内阁成员,并不是他的学识不够,而是他连最基本的礼仪都不懂,而且他的着装实在是太随意了……"朋友有些不理解,林肯平静地说:"如果一个人在仪表上都不加修饰,那么他再有才华也不会给人以好感,尤其是当人过了一定的年龄,就更应该注重他的个人仪表。我想,没有人愿意与一个言辞傲慢、衣着邋遢、不修边幅的人共事吧?"

问题:

1. 请指出林肯拒绝的理由。
2. 通过这位才子的形象,评析商务人士在形象塑造方面应具备的基本礼仪。
3. 请分析商务人士形象的外在美与内在美的相互关系。

第三章 人际交往礼仪

知识目标
◎ 熟知日常人际交往礼仪、校园人际交往礼仪和涉外交往礼仪；
◎ 掌握正确的人际交往礼仪，建立良好的社交形象。

技能目标
◎ 能根据不同的交际场合、情境和对象，在交往中恰当地称呼、问候他人，用正确的姿势握手，介绍自己和他人；
◎ 能在社交场合愉快地与别人交谈；
◎ 能根据不同的场合和情境，正确运用电话和信函；
◎ 能根据不同的场合和环境，正确安排中西餐和使用中西餐餐具；
◎ 能有针对性地根据受礼方的有关情况选择礼品；
◎ 能根据不同的场合和环境，掌握校园文明礼仪要求和规范；
◎ 能根据不同的场合和环境，掌握涉外文明礼仪要求和规范；
◎ 培养社会交往的能力，加强自身修养。

思政目标
◎ 培育并践行社会主义核心价值观；
◎ 传播优秀商业文化与中国传统文化，培养文化自信。

引导案例

人际交往受挫 大一新生欲退学

在长春某重点高校念热门专业的大一学生小蕾几次找到老师要求退学。"小蕾写得一手好文章，还弹得一手好钢琴。入校不久，她就因文笔出众，被校内文学团体破格吸收为会员。"小蕾的老师告诉记者，听说她要退学，大家都很吃惊。小蕾要退学的理由主要是觉得同学们瞧不起她，总在背后议论她，以至于她感觉"大家都挺虚伪的，一回到寝室，就胸口发闷"，甚至觉得"活着没意思"。老师们也描述说，"当小蕾讲到这点时，就变得烦躁不安，最后竟然泪流满面"。

（案例来源：https://www.chinanews.com/2002-11-19/26/244935.html，有改动。）

这一案例表明：小蕾想要退学的根本原因是在大学人际交往中感到不适，甚至产生深深的受挫感。"人际交往不畅"仍然是困扰许多大学新生的重要问题。人对环境的适应，主要是对人际关系的适应。有了良好的人际关系，人才有了支持力量，有了归属感和安全感，心情才能愉快。

因此，我们不仅要积极参加社交活动，而且要重视学习基本的人际交往礼仪。"勿以善小而不为"，"千里之行，始于足下"，我们要改变那种认为日常交往很平常、没什么好学的错误思想，学好人际交往礼仪，融入社会，掌握及遵循人际交往的规律，这样才能建立良好的人际关系，创造有利的学习、工作、生活环境，在社会生活和交往中取得成功。

本章内容主要介绍社交过程中日常人际交往礼仪、校园人际交往礼仪和涉外交往礼仪。

第一节 人际交往的含义及特点

在现代社会，我们的人生离不开交往。正如卡耐基曾说过：一个人的成功，只有百分之十五是由于他的专业技术，而百分之八十五则要靠人际关系和他的做人处世能力。一位哲人也曾说过："没有交际能力的人，就像陆地上的船，永远到不了人生的大海。"

一、人际交往的含义

人际交往也称社会交往，是指人与人之间通过一定方式进行接触，从而在心理上和行为上产生相互影响的过程。它包括动态和静态的两种含义，动态的含义指人与人之间物质和非物质的相互作用过程，即狭义的人际交往；静态的含义指人与人之间通过动态的相互作用建立起来的情感联系，即人际关系。战国时期的思想家荀子曾精辟地指出"人生不能无群"。人际交往可以使人在交往中找到一份慰藉，寻求一份乐趣，享受一份快感，达到一份和谐。良好的交往，是我们追求的目标，而人与人之间的关系又常常处于矛盾之中，而且人际交往中产生矛盾冲突也是难以避免的。如：交往中为利益产生摩擦、冲突，造成痛苦、不幸、灾难；交往中因性格、情趣的不协调而发生矛盾，导致人际关系紧张。因此，经常注意改善和及时协调、润滑是保护良好人际关系的要求。

二、人际交往的特点

1. 交往对象的广泛性与多样性

人际交往的具体对象可以是任何事物，即一方可以"出售"所有形式的事物，另一方可以用所有形式的事物进行"支付"，只要这些事物含有对方所需要的使用价值。

2. 交往内容的模糊性和多变性

人际交往的内容一般比较模糊而且复杂多变。例如，人与人在生活上的相互关心与体贴，在精神上的相互鼓励与安慰，在工作上的相互支持与帮助等。

3. 交往程序的灵活性和多样性

人际交往活动一般没有严格的规定程序，都是根据双方的具体需要来灵活确定，主要以便利、快捷、高效为原则。军事战争、外交活动、政治渗透、文化交流、思想沟通等都是人际交往的具体形式,有着复杂多样的运行程序。

4. 交往时间的异步性和持久性

人际交往可以跨越较大的时间距离,即一方在做出"贡献"后,往往需要经过相当长的时间才能得到"回报"。

5. 交往约束力的宽泛性

规范人际交往行为的约束力有政治、经济和文化等多方面的力量,既有强度大、启动快、作用时间短的军事力量,也有强度小、启动慢、作用时间长的文化感染力和道德规范约束力。

6. 交往主体的宽泛性

人际交往可以发生在亲戚、邻居、同事、朋友(或敌人)、家庭成员甚至陌生人之间,其交往规模往往取决于两者关系的亲疏远近、信任程度以及两者利益互补性的强弱。

三、人际交往的基本技巧

(1)记住别人的姓或名,主动与人打招呼,称呼要得当,让别人觉得礼貌相待、倍受重视,给人以平易近人的印象。

(2)举止大方、坦然自若,使别人感到轻松、自在,激发交往动机。

(3)培养开朗、活泼的个性,让对方觉得和你在一起是愉快的。

(4)培养幽默风趣的言行,幽默而不失分寸,风趣而不显轻浮,给人以美好的享受。与人交往要谦虚,待人要和气,尊重他人,否则事与愿违。

(5)做到心平气和、不乱发牢骚,这样不仅自己快乐、有涵养,别人也会心情愉悦。

(6)要注意语言的魅力:安慰受创伤的人,鼓励失败的人,祝贺真正取得成就的人,帮助有困难的人。

(7)处事果断、富有主见、精神饱满、充满自信的人容易激发别人的交往动机,博得别人的信任,产生使人乐意与之交往的魅力。

四、人际交往的原则

(1)平等的原则:社会主义社会人际交往,首先要坚持平等的原则,无论是公务还是私交,都没有高低贵贱之分,要以朋友的身份进行交往,才能深交。

(2)相容的原则:主要是心理相容,即人与人之间的融洽关系,与人相处时的容纳、包涵以及宽容、忍让。主动与人交往,广交朋友,交好朋友,不但交往与自己相似的人,还要交往与自己性格相反的人,求同存异、互学互补,处理好竞争与相容的关系,更好地完善自己。

(3)互利的原则:指交往双方的互惠互利。人际交往是一种双向行为,故有"来而不往非礼也"之说,只有单方获得好处的人际交往是不能长久的。所以要双方都受益,不仅是物质的,还有精神的,所以交往双方都要讲付出和奉献。

(4)信用的原则:交往离不开信用。信用指一个人诚实不欺、信守诺言。古人有"一言既出,驷马难追"的格言,现在有以诚实为本的原则,不要轻易许诺,一旦许诺,要设法实现,以免失信于人。

(5)宽容的原则:表现在对非原则性问题不斤斤计较,能够以德报怨,宽容大度。人际交往中往往会产生误解和矛盾,我们要谦让大度、克制忍让,不计较对方的态度,不计较对方的言辞,并勇于承担自己的行为责任,做到"宰相肚里能撑船"。

案例分析3-1

一棵树和一片森林

据说唐玄奘剃度之初,在法门寺修行,法门寺是个香火鼎盛、香客络绎不绝的名寺,每天晨钟暮鼓,香客如流。玄奘想静下心神,潜心修行,但法门寺法事应酬太频繁,自己虽青灯黄卷,苦苦习经多年,但谈经论道远远不如寺里的僧人。有人劝玄奘说:"法门寺是誉满天下的名寺,水深龙多,纳集了天下许多名僧,你若想在僧侣中出人头地,不如到一些偏僻小寺中阅经读卷,这样你的才华便很快显露了。"玄奘思忖良久,觉得这话很对,便决定辞别师父离开这吵吵嚷嚷、高僧济济的法门寺,寻一个偏僻冷落的深山小寺去。

于是玄奘就打点了经卷包裹,去向方丈辞行。方丈明白玄奘的意图后,问玄奘:"烛光和太阳哪个更亮些?"玄奘说:"当然是太阳了。"方丈说:"你愿意做烛光还是太阳呢?"玄奘认真思忖了很久,郑重地回答:"我愿意做太阳!"于是方丈微微一笑,说:"我们到寺后的林子去走走吧。"法门寺后是一片郁郁葱葱的森林。方丈将玄奘带到不远处的一个山头上,这座山头上树木稀疏,只有一些灌木和零星的三两棵松树,方丈指着其中最大的一棵说:"这棵树是这里最高的,可它能做什么呢?"玄奘围着树看了看,这棵松树乱枝纵横,树干又短又扭曲,玄奘说:"它只能做煮饭的薪柴。"

方丈又信步带玄奘到另一片郁郁葱葱、密密匝匝的林子中去,林子遮天蔽日,棵棵松树秀颀挺拔。方丈问玄奘说:"为什么这里的松树每一棵都这么修长挺直呢?"玄奘说:"都是为了争着承接天上的阳光吧。"方丈郑重地说:"这些树就像芸芸众生啊,它们长在一起,就是一个群体,为了一缕阳光,为了一滴雨露,它们都奋力向上生长,于是棵棵可能成为栋梁。而那远离群体零零星星的三两棵,一团团的阳光是它们的,许许多多的雨露是它们的,在灌木中它们鹤立鸡群,没有树木和它们竞争,所以它们就成了薪柴呀。"

玄奘听了,便明白了。玄奘惭愧地说:"法门寺是这片莽莽苍苍的大林子,而山野小寺就是那棵远离树林的树了。方丈我不会离开法门寺了。"

在法门寺这片森林里,玄奘苦心潜修,后来成为一代名僧,他的枝叶不仅穿过云层,伸进了天空,而且承接了西天辉煌的佛光。

(案例来源:https://www.jianshu.com/p/5fd878fae55f,有改动。)

思考:你是愿意在团队中鹤立鸡群、孤芳自赏,还是多和优秀的人交往,产生共生效应,激发自己的才能和创造力,不断自我成长呢?

分析:在自然界中存在着一种奇妙的共生效应,一株植物单独生长时,往往植株矮小、长势较弱,缺乏旺盛的生命力。而众多植物在一起生长时,却能生长得郁郁葱葱、挺拔茂盛。这篇心灵美文,旨在帮助我们认识到人类社会的共生效应,理解竞争对我们成长的重要性,我们应学会在竞争中共同进步,在竞争中求发展。

第二节　日常人际交往礼仪

一、会面礼仪

在社交活动中,和任何人打交道,会面礼仪都是必不可少的,它包括称呼、问候、握手和介绍。

(一)称呼礼仪

案例分析3-2

著名传记作家叶永烈在写陈伯达传记时,必须采访陈伯达,怎么称呼陈伯达,这个问题在采访前夜让叶永烈辗转反侧。称他陈伯达同志,不合适,因为陈伯达当时是在监服刑的犯人;叫他老陈,也不行,因为陈伯达已经是84岁的老人了,而自己才48岁。突然他灵机一动,称呼他陈老,最恰当不过。

称呼,是指人在日常交往活动中,所采用的彼此之间的称谓语。如何称呼对方体现了双方之间的亲疏关系、了解程度及对对方的尊重程度。称呼应合乎常规,礼貌、亲切、得体,要照顾被称呼者的个人习惯,入乡随俗。不同的场合的称呼,要求也不一样:生活中的称呼应亲切、自然、准确和合理;工作场合的称呼应庄重、正式、规范;外交交往中,应根据不同的国情、民族、宗教和文化,选择称呼,政务交往中可以称呼职务。得体的称呼能更好地搞好关系,不当的称呼则会让对方不高兴,影响彼此关系。

1. 常用称呼

1)使用通称

"同志""先生""女士"是不区分被称呼人的职务、职业、年龄等而广泛使用的通称。交往双方初次接触时,一般用通称,称呼对方"先生""女士"为宜。

2)使用尊称

"先生"除了是一个通称,也是一种尊称,称呼德高望重的老前辈或是令人钦佩的师长也用"先生"。这个尊称,不分男女。"宋庆龄先生""冰心先生"就属于这种情况。如果遇到结识不久的朋友,而且对方年长于己、学有所长,可以"老师"相称。

3)称呼姓名

一般的同事、同学关系以及平辈的朋友、熟人均可以以姓名相称。长辈对晚辈可以直呼名字,但是晚辈不可以这样做。为了表示亲切,可以只呼其姓,不称其名,但在被称呼者姓前分别加上"老""大""小"字。年长者称"老",年幼者称"小"。通常在亲友、恋人、同学间只呼其名,不呼其姓。

4)称呼职衔

对知识界、科技界人士,如教授、医生、律师、法官、博士等,可以直接以此类学衔或职称相称,也可在职衔前加上姓氏或姓名。对军界人士,则以称其具体的职务、军衔为宜。

5)称呼职务

在工作场合中,可以以职务相称。可以仅仅称呼职务,如主任、经理等,也可以在职务前加上姓氏,如刘主任。对于极为正式的场合,可以在职务前加上姓名,如李晓梅行长。

6)称呼职业

可以直接以职业作为称呼,如老师、会计、律师、医生等。在一般情况下,也可以加上姓氏或姓名。

7)称呼亲属

对本人的亲属应采用谦称,称辈分高于自己的亲属,可以在称呼前加"家",如家父、家母;称辈分比自己低的亲属,可在称呼前加"舍",如舍妹;称自己的儿女,可以在称呼前加"小",如小女。对他人的亲属,应采用敬称。对长辈,应在称呼前加"尊",如"尊母";对平辈或晚辈,宜在称呼前加"贤",如"贤妹";也可以在其亲属的称呼前加"令",如"令堂""令爱"。

对亲属的称呼如图 3-1 所示。

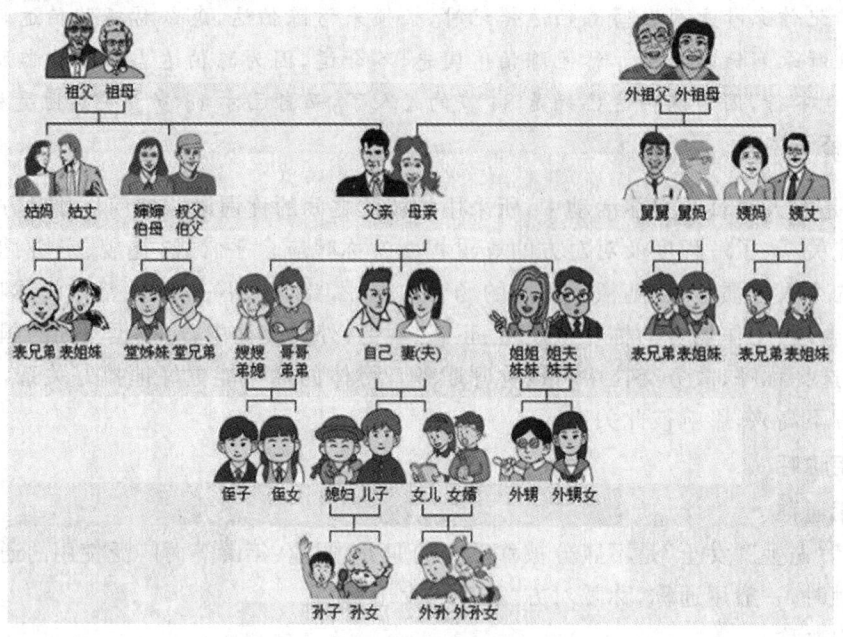

图 3-1 对亲属的称呼

2. 称呼的禁忌

1)使用错误的称呼

常见的错误的称呼主要是粗心大意导致的,主要有两种。一是误读,念错姓名。因此,对于不认识的字,应提前做好准备;如果是临时遇到,应虚心请教。二是误会,对被称呼人的情况做出错误判断,如将未婚女性称为"夫人",而使双方尴尬。

案例分析3-3

有一次,有一位先生为他的外国朋友定做生日蛋糕,并要求写一份贺卡。蛋糕店小姐接到订单后,询问先生说:"先生,请问您的朋友是小姐还是太太?"这位先生也不清楚朋友是否结婚了,想想一大把年纪了,应该是太太吧,于是就跟小姐说,写太太吧。蛋糕做好后,蛋糕店将蛋糕送到了指定地点,敲开门,有礼貌地询问:"您好,请问您是怀特太太吗?"女士愣了愣,不高兴地说:"咦,错了!"就把门关上了。蛋糕店工作人员打电话向订蛋糕的先生再次确认,地址没错,于是再次敲开了门,说道:"没错,怀特太太,这正是您的蛋糕!"谁知此时,这位女士大叫道:"告诉你错了,这里只有怀特小姐,没有怀特太太!""啪"的一声,门关上了。

2) 使用不通行的称呼

有些称呼,具有一定的地域性,比如北京人爱称人"师傅",山东人爱称人"伙计",中国人把配偶和孩子称为"爱人"和"小鬼"。但是在南方,"师父"(音同"师傅")等于"出家人","伙计"是"打工仔",而外国人则将"爱人"理解为婚姻中的第三者,"小鬼"理解为"鬼怪"。

3) 使用不恰当的称呼

在正式场合使用不恰当的称呼,如"哥们""姐们""死党""闺密"等,虽然听起来亲切,但是不符合场合。

案例分析3-4

在广告公司上班的王先生与公司门卫的关系处得很好,平时进出公司大门时,门卫都对王先生以"王哥"相称,王先生也觉得此种称呼很亲切。这天王先生陪同几位来自香港的客人进入公司,门卫看到王先生一行人,又热情地打招呼道:"王哥好!几位大哥好!"谁知随行的香港客人觉得很诧异,其中一位还面露不悦之色。

4) 使用绰号作为称呼

不能自作主张地给对方起绰号,也不能随意以道听途说的绰号来称呼对方,更不能拿别人的姓名乱开玩笑。

(二) 问候礼仪

见面问候是我们向他人表示尊重的一种方式。见面问候虽然只是打招呼、寒暄或是简单的三言两语,却代表着我们对他人的尊重。

1. 问候的内容

问候内容分为两种,分别适用于不同的场合:

直接式问候,就是直接以问好作为问候的主要内容。它适用于正式的交往场合,特别是在初次接触的陌生商务及社交场合,如"您好""大家好""早上好"等。

间接式问候,就是以某些约定俗成的问候语,或者在当时条件下可以引起的话题,来替代直接式问候,主要适用于非正式、熟人之间的交往。比如"最近过得怎样?""忙什么呢?""您去哪里?"等。

2. 问候的次序

在正式场合,问候一定要讲究次序。

- 一对一的问候:一对一,两人之间的问候,通常是位低者先问候,即身份较低者或年轻者首先问候身份较高者或年长者。
- 一对多的问候:如果同时遇到多人,特别是在正式会面的时候,这时既可以笼统地加以问候,比如说"大家好",也可以逐个加以问候。当一个人逐一问候多人时,既可以由"尊"而"卑"、由"长"而"幼"地依次而行,也可以由"近"而"远"依次而行。

3. 问候语

• 与客人见面,应主动说:"您好,欢迎来到这里。""女士们、先生们,欢迎你们的光临!""您好,张齐先生,我们一直恭候您的光临!""您好,见到您很高兴!"还要注意在不同的时间问候客人,如:"早上好,先生,您有什么事要吩咐吗?""晚上好,要我帮忙吗?"

• 与客人道别时,可以说:"再见!""再会!""谢谢光临,欢迎再来!""祝您一路平安。"

• 与外国客人见面时,应用外语按照外宾习俗来问候。如初次见面用"How do you do",而不用"您吃饭了吗?""您上哪儿去呢?"这类中国人常用的问候语。同时注意,不同国家有自己特殊的问候语。

 知识链接 常用文明用语

①您好。② 请坐。③请问。④请稍候。⑤对不起。⑥请原谅。⑦很抱歉。⑧没关系。⑨不客气。⑩谢谢。⑪请不要着急。⑫对不起,让您久等了。⑬您请进。⑭请出示您的证件。⑮我会尽量帮助您。⑯为您服务是我应该做的。⑰有不懂的地方您尽管问。⑱非常感谢您的配合。

 情境训练3-1

训练目的:掌握称呼和问候的基本规范。

训练程序:

1. 学生分组;

2. 小组研究讨论,自行设置社交、工作情境(推销商品、服务顾客、签订合同、宴请等);

3. 模拟称呼训练。

训练场所:教室。

训练工具:桌椅等。

(三)握手礼仪

 案例分析3-5

方舟公司总经理(女)一行五人,前往宏运公司参观考察,宏运公司总经理办公室主任刘韬负责接待工作。见面时,刘韬因考虑到方舟公司总经理职务比他高,又是位女士,见面时不敢贸然先伸手与对方握手。结果,弄得对方很尴尬。

分析:正式社交场合,握手时应遵循先尊后卑的原则,由地位高者、妇女先伸手,地位低者和男士一般不贸然伸手。但案例中宏运公司的刘主任作为主人,应首先伸出热情的手,表示对方舟公司总经理一行人的欢迎之意。不然,则显得有失礼节。

握手是全世界最通用的礼节,也是社交场合中见面时最普通和最经常使用的礼节。握手是在相见、离别、恭喜或致谢时相互表示情谊、致意的一种礼节,双方往往是先打招呼,后握手致意。它不用说话就能显示出热情、友好的待人之道,如果应用得当,它能进一步增添别人对你的信赖感,它也在不经意间体现了你的教养。

1. 握手的由来

握手,是人类在长期交往中逐渐形成的一种重要礼节,最早可以追溯到"刀耕火种"的原始时代。那时,人们以木棒或石块为武器,进行狩猎或战争。狩猎中遇到不属于本部落的陌生人,或敌对双方准备和解时,双方就要放下手中的武器,伸出手掌,让对方摸一下手心,以示友好。这种习惯后来演变成现代握手礼。

2. 握手的顺序

一般来说,握手遵循"先尊后卑"的原则,并根据握手人的社会地位、年龄、性别和身份来确定。上下级握手,下级要等上级先伸出手;长幼握手,年轻者要等年长者先伸出手;男女握手,男士等女士伸出手后,方可伸手握之;宾主握手,主人应向客人先伸出手,而不论对方是男是女。

一个人需要和多人握手时,先后顺序是:由尊而卑,即先年长者后年幼者,先长辈后晚辈,先女士后男士,先已婚者后未婚者,先上级后下级。

总之,社会地位高者、年长者、女士、主人享有握手的主动权。朋友、平辈见面,先伸出手者则表现出更有礼貌。

3. 握手的方法

握手时,距对方约一步远,上身稍向前倾,两足立正,伸出右手,四指并拢,虎口相交,拇指张开下滑,向受礼者握手,一般握两三下就行,并要将时间控制在 3 秒左右。平等而自然的握手姿态是两手的手掌都处于垂直状态,这是一种最普通也最稳妥的握手方式(见图 3-2)。

图 3-2 握手的方法

4. 握手注意事项

(1)握手时双目应注视对方,微笑致意或问好。与人握手时不要看第三者或心不在焉。

(2)握手时不要一句话不说,也不可长篇大论、点头哈腰、过分客套。

(3)不要用左手,即使你是左撇子,也要用右手;有些国家习俗认为人的左手是脏的,所以这个错误不能犯。

(4)在握手前先脱下手套,摘下帽子、墨镜,女士,特别是在晚会上穿着晚礼服的女士可以戴着手套。

(5)如果需要和多人握手,握手时要讲究先后次序,由尊而卑,即先年长者后年幼者,先长辈再晚辈,先老师后学生,先女士后男士,先已婚者后未婚者,先上级后下级。

(6)多人相见时,注意不要交叉握手,也就是当两人握手时,第三者不要把胳膊从上面架过去,急着和另外的人握手。

(7)在一般情况下拒绝与对方握手的举动都是无礼的。但手上有水或不干净时,应谢绝握手,同时必须解释并致歉。

(8)握手时不能将另外一只手插在衣袋里,不要将对方的手拉过来、推过去,或剧烈抖动,不要仅仅握住对方的手尖,不能握手之后立即擦手。

(9)除了残疾人、老人、身体欠佳者,不能坐着和人握手。

 知识链接　握手的方式和性格特点

常言道"十指连心",通过握手可以判断一个人的性格特点。

(1)对等式握手。该方式是标准的握手方式,意义比较单纯,有礼貌。采用此种方式握手的人比较友好,也可能是遵守游戏规则的平等的竞争对手。

(2)控制式握手。用掌心向下或向左下的姿势握住对方的手,显得傲慢,也暗示想获得主动。这类人一般说话干净利落,办事果断,极度自信。

(3)谦恭式握手。谦恭式握手也叫乞讨式握手。采用这种握手方式的人,往往性格软弱,处于被动劣势地位。

(4)双握式握手。用右手紧握对方右手的同时,再用左手加握对方的手背、前臂或肩部。这是在表达自己的热情、诚实、可靠,显示对对方的信赖和友谊。

(5)死鱼式握手。握手时过于软弱无力,给人一种毫无生命力的感觉。这种人如不是生性懦弱,就是冷漠无情,待人接物消极傲慢。

(6)抓指尖式握手。握手时轻轻碰一下对方的指尖,给人一种冷冰冰的感觉。一般女士与男士握手采用此种方式,以表示自己的矜持与稳重,也暗含保持一定距离的意思。

(7)抠手心式握手。两手相握之后,不很快松开,轻轻按压,双掌相互缓缓滑开,让手指在对方手心适当停留。这是表达对对方的一种依恋和爱意,往往用于恋人之间。

 情境训练 3-2

训练目的:正确地握手。

训练场景:

1.夏天,天气很热,光线很强,小陈戴着墨镜正在街上行走,路遇自己的好朋友小王,小陈很高兴,立即走上前与小王握手。

2.在公司年会上,王强、张博文、陈小刚、李云(女)相遇了,他们一一握手。

训练场所:街上、教室。

训练工具:墨镜。

（四）介绍礼仪

案例分析3-6

广州商品交易会上，各方厂家云集，企业家们济济一堂。华信公司的徐总经理在交易会上听说伟业集团的崔董事长也来了，想利用这个机会认识这位久仰大名但素未谋面的商界名人。午餐会上，他们终于见面了。徐总彬彬有礼地走上前去："崔董事长，您好，我是华信公司的总经理，我叫徐刚，这是我的名片。"说着，便从随身带的公文包里拿出名片，递给了对方。崔董事长显然还沉浸在之前与人谈话的过程中，他顺手接过徐刚的名片，回应了一句"你好"并草草看过，放在了一边的桌子上。徐总在一旁等了一会儿，并未见这位崔董事长有交换名片的意思，便失望地走开了。

分析：自我介绍和名片的传递都有一定的礼仪规范，在日常交往中，若不遵守，则有可能达不到自己的目的，并使自己的形象大大受损。案例中的徐总明显在自我介绍的时候太冒昧，导致崔董的不满。

在社会交际礼仪中，介绍是一个非常重要的环节，是人际交往中与他人进行沟通的一种最基本的方式。通过介绍，可以缩短人们之间的距离，帮助扩大社交的圈子，促使彼此不熟悉的人进行更多的沟通和更深入的了解。

双方在相互介绍之后，往往会互换名片作为帮助了解对方的手段。名片是现代人社交的通行证和交往的联谊卡。

根据介绍者的位置，介绍可以分为自我介绍（见图3-3）和为他人介绍。

图3-3　自我介绍

1. 自我介绍

1）自我介绍的具体形式

• 应酬式：适用于公共场合和一般性的社交场合，这种自我介绍最简洁，往往只包括姓名一项即可。如："你好，我叫张雯。""你好，我是张雯。"

• 工作式：适用于工作场合，它包括本人姓名、任职单位及其部门、职务或从事的具体工作等。如："你好，我叫张雯，是华美达酒店的客房部经理。""我叫张雯，在武汉大学读书。"

• 交流式：适用于社交活动中，表示希望与交往对象进一步交流与沟通，它可以包括介绍者的姓名、工作、籍贯、学历、兴趣及与交往对象的某些熟人的关系。如："你好，我叫张雯，在腾讯公司工作。我是王伟的同学，都是武汉人。"

- 礼仪式：适用于讲座、演出、庆典、仪式等一些正规而隆重的场合，包括姓名、单位、职务等，同时还应加入一些适当的谦辞。如："各位来宾，大家好！我叫张雯，是武汉大学的学生。我代表学校全体学生欢迎大家光临我校，希望大家……"
- 问答式：适用于应试、应聘和公务交往。问答式的自我介绍，应该是有问必答，问什么就答什么。

2) 介绍时机

如遇到下列情况，自我介绍就是很有必要的：
- 在社交场合，与不相识者相处；
- 在聚会场合，与陌生人相处；
- 公关活动中有业务联系；
- 访谈活动；
- 利用大众传媒进行自我推荐、自我宣传；
- 利用社交媒体与他人进行联络；
- 应聘、应试时。

3) 介绍的基本程序

先向对方点头致意，得到回应后，再向对方介绍自己的姓名、身份和单位，同时递上事先准备好的名片。一般以半分钟为宜。

4) 自我介绍的注意事项
- 自我介绍宜简短，以半分钟为宜，如无特殊情况最好不要长于一分钟。
- 自我介绍时应充满自信、落落大方、笑容可掬、态度诚恳，自然、亲切、友好、随和。要敢于正视对方的双眼。
- 实事求是，富有特色，不要夸夸其谈。

2. 为他人介绍

为他人介绍（见图 3-4），又称第三者介绍，它是经第三者为不认识的双方引见、介绍的一种介绍方式。

图 3-4　为他人介绍

1) 介绍者的姿势

标准姿势站立，右臂肘关节略屈并前伸，手心向上，五指并拢，手指指向被介绍者，眼睛看着被介绍者的对方。

2)介绍顺序

思考3-1

一位客户到公司,公关经理在机场接到这位客户后,要安排他和公司总经理见面,应该先介绍谁?

问题实质:替别人介绍的前后顺序问题。问题重要性:顺序错了,会让别人认为你没素质,或故意为之。

在工作场合,男女平等,不分男女,不分老幼,不看职位高低,而是依据宾主介绍——从主、客角度来介绍,先介绍主人,后介绍客人,给客人优先知情权。

在为他人做介绍时,依然遵守"尊者有优先知情权"的规则:先确定双方地位的尊卑,然后先介绍位卑者,后介绍位尊者。具体来说:
- 先介绍职位低的人,后介绍职位高的人;
- 先介绍年少者,后介绍年长者;
- 先介绍男性,后介绍女性;
- 先介绍亲近的人,后介绍初次见面的人;
- 先介绍未婚者,后介绍已婚者;
- 先介绍同事职员,后介绍客户;
- 先介绍个人,后介绍集团或其他人;
- 先介绍主人,后介绍来宾;
- 先介绍后来者,后介绍先到者。

3)介绍的礼仪
- 介绍的时候被介绍者双方都应该站起来,相互致意;
- 同性之间的礼节一般都是握手,异性时女性行注目礼或面带微笑比较好;
- 在介绍时要准确地记忆对方的姓名,在交谈中叫出对方的姓名可以增加亲近感;
- 如不清楚对方的姓名,可悄悄通过他人确认;
- 将名片放在方便取用的地方,并尽可能多准备一些;
- 向对方说"你好,我是××",同时恭敬地将名片递给对方;
- 避免个人性的话题及政治、宗教、金钱等话题。

4)介绍的注意事项
- 介绍时一定要弄清彼此的关系,明确介绍的目的;
- 介绍时要注意言辞有礼,遵循平等的原则;
- 介绍时可适当风趣;
- 应避免使用推销式的介绍;
- 介绍时应避免嬉皮笑脸、仪态不端;
- 介绍时要注意时间和内容的调整;
- 介绍的内容根据不同的场合和情境加以调整;
- 介绍时,如果有名片,应先递名片再做介绍。

思考3-2

张云和朋友赵文一起去听李教授的一个校内公开讲座,赵文对讲座很感兴趣,想与李教授有进一步交流,由于李教授曾经给张云所在班级上过课,认识张云,因此赵文想让张云在讲座结束后把自己介绍给李教授。如果你是张云,你会怎样介绍两人认识呢?

答:在为他人做介绍时,依然遵守"尊者有优先知情权"的规则,即先确定双方地位的尊卑,然后先介绍位卑者,后介绍位尊者。

3. 名片礼仪

现代名片是一种经过设计、能表示自己身份、便于交往和开展工作的卡片,名片不仅可以用作自我介绍,而且还可用作祝贺、答谢、拜访、慰问、赠礼附言、备忘、访客留话等。所以,在人际交往中,交换名片已经成为基本的礼仪(见图3-5)。

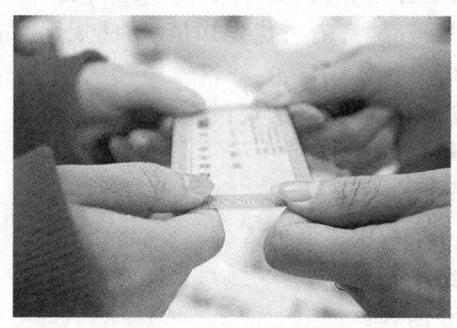

图 3-5　交换名片

1)递送名片

• 做好准备。参加正式活动,应将名片放在容易取出的地方,如放在专门的名片夹、公文包或上衣口袋里。

• 尊卑有序。地位低的人、晚辈或男士先向地位高的人、长辈或女士递名片,然后再由后者回赠名片。假如对方先递上名片,自己则不必谦让,大方收下,再予回赠。当对方不止一人时,应按照职务高低的顺序递送名片,也可以由近而远或顺时针方向进行。

• 掌握时机。一般是见面时递名片,也可以在交往中觉得有进一步联系的必要时递送。在未确定对方来历时,不要轻易递名片,也不能"批发式"散发名片。

• 注意姿态。递送名片时,应起身站立,面带微笑,注视对方,双手拿住名片上端两边,名片上的字顺向对方,身体稍前倾,恭敬地递给对方,并说些礼貌的话语,如:"你好,我是李红,这是我的名片,请多多关照,希望保持联络。""初次见面,请多多关照。""非常高兴认识您。"

正确的递名片姿势如图3-6所示。

图 3-6　正确的递名片姿势

2) 接受名片
- 起身迎接。当对方递送名片时,要立即放下手中的事情,起立,双手接过名片,并点头致谢。
- 一定要看。接过名片后,不要立即收起来,也不要随便玩弄或摆放,应当着对方的面仔细阅读,尽快记住对方是何人,以示尊重。必要时,可以把名片上的姓名、职务、头衔轻声读出来,以示重视。不认识的字应当面请教,不可随便读出。
- 慎重收藏。看完名片后,应郑重地收好名片,切忌随意往口袋一塞或漫不经心地放置在一边。
- 回赠对方。拿到对方名片后,应及时回赠对方名片,以示尊重。

3) 索要名片
- 交易法。索取对方名片时先将自己的名片递给对方。"非常高兴认识你,这是我的名片,请多指教。"
- 明示法。一般是向同年龄、同级别、同职位的人索要名片的方法。如果和对方很熟,担心联系方式有变,可以明确表示想要他的名片。"老王,好久不见了,我们交换一下名片吧,这样联系更方便。"
- 谦恭法。一般是向长辈、领导、上级或名人等人索要名片的方法。"汪老,您的报告对我很有启发,希望有机会向您请教,以后怎样向您请教比较方便?"

知识链接 名片的起源

名片来源于交往,而且是文化时代的交往,因为名片离不开文字。

原始社会没有名片,因为那时人烟稀少,人们生存艰难,甚少有交往;而且文字还没有正式形成,早期的结绳记事也只存在于同一部落内部,部落之间没有往来。

奴隶社会虽然出现了简单的文字,但也没有出现名片。奴隶社会经济不发达,奴隶没有受教育的权利;少量世袭奴隶主,形成小的统治群体,因为统治小圈子不大变更,再加上识字不广泛,也没有形成名片的条件。

名片最早出现,始于封建社会。战国时期中国开始形成中央集权统治的国家,随着铁器等先进生产工具的使用,经济也得到发展,从而带动文化发展,以孔子为代表的儒家与其他流派形成百家争鸣的气象。各国都致力于扩展国土,扶持并传播本国文化,战争中出现大量新兴贵族。特别是秦始皇统一中国,开始了伟大的改革,统一全国文字,分封了诸侯王。咸阳成了中国的核心,各路诸侯王每隔一定时间就要进京述职,诸侯王为了拉近与朝廷当权者的关系,经常的感情联络也很有必要,于是开始出现了名片的早期名称"谒"。所谓谒,就是访问者把名字和其他介绍文字写在竹片或木片上,作为给被拜访者的见面介绍文书,也就是现在的名片。在中国的古代,名片不叫名片,而叫名帖,最早的名片叫谒,现在的"谒见"一词或许就源于此。谒起源于秦汉时期,那时候纸张尚未发明,因此名帖就用竹子削成,上面写着自己的姓名,主要起着拜见通名的作用,到东汉末期开始叫"刺"。蔡伦发明造纸术以后,纸张逐步用得多了,于是就开始用纸张做名帖,叫名纸等。唐宋时期叫门状,是官僚阶层呈状时所用。明清时期又有一种叫手本的名帖,是下属见上司以及学生见老师时所用。因而名片在早期,只用于少数特权阶层的交往,只有到近代,名片才开始走向布衣化。早期名片与近现代名片的主要区别是用手写而不是印刷。

情境训练3-3

训练目的:掌握正确的介绍方式。

训练场景:

1. 假如我是一名被邀请去贵公司开讲座的教授,你是来接我的办公室主任,在你的公司,你怎么把我介绍给你们的总经理?

2. 天文公司的经理和经理助理一行二人应邀到金凯公司参加一个活动,在金凯公司大门等待的是金凯公司的经理和礼宾工作人员。双方见面时,应分别由谁来介绍?介绍的顺序是怎样的?

训练场所:教室。

训练工具:无。

二、交谈礼仪

案例分析3-7

早晨一上班,研发部的小田来找秘书小李,他怒气冲冲地说:"我们部与美国公司合作项目的批文怎么还不下来?你们当秘书的办事,怎么就这么拖拖拉拉?这个项目要是黄了,你来负这个责。"其实这个报告小李早就交给孙总了,但这几天孙总天天开会,根本没时间看。

面对这种情况,小李应该怎么办?有以下几种选择:

1. "你吵什么吵?问清楚事情原因了吗?对我发火?"
2. "小田,你别急,你听我和你说……"
3. "报告我早就送给孙总了,至于他什么时候答复不是我的责任。"
4. "我早就把报告送给孙总了,不要总是拿秘书来出气好不好?"

分析:秘书是单位领导和基层员工沟通的桥梁,工作中稍不注意就会把小事"化"大,所以秘书的一言一行都要注意得体。面对案例中的情况,秘书小李首先应冷静听对方把话说完,再根据情况给对方一个合理并满意的解释。要注意的是,这个时候切不能将矛头指向领导,也不能对同事进行抱怨,应避免这样的回答:"报告我早就送给孙总了,至于他什么时候答复不是我的责任。""我早就把报告送给孙总了,不要总是拿秘书来出气好不好?"所以,第二种选择是最好的,先让小田平静下来,然后告诉他:"孙总这两天很忙,但他一直记得你们这事呢,而且还说,等稍微空下来,就马上搞你们这事。合作的事是咱们单位的大事,他能不管吗?你放心好了。"

交谈是人们彼此之间交流思想情感、传递信息、进行交际、开展工作、建立友谊、增进了解的最为重要的一种形式(见图3-7)。没有交谈,人与人要进行真正的沟通几乎是不可能的。交谈也是人的知识、阅历、才智、教养和应变能力的综合体现。俗话说"听其言而观其行",言为心声,只有通过交谈,交往对象彼此之间才能够了解对方,并且被对方所了解。

图 3-7 交谈

1. 交谈的声音

说话的声音要适度,也就是能让所有听你讲话的人听清楚,而又不干扰与此无关的人。办公室里还有其他人的时候,谈话双方一定要压低声音。楼道中与人打招呼、聊天不能大声,以免影响他人。在公务场合和公共场合,大喊大叫总是不合适的、失态的。当你对某人的做法实在不满意甚至感到气愤时,要先控制自己的情绪,不要高声大叫,以低沉的嗓音说出的话往往比大声叫喊更具震撼力。

2. 交谈的目光

在说话时不可忽略目光的作用。要用自己的目光帮助表情达意,也可以通过他人的眼神了解其情绪和感觉。在说话时,说话人眼睛应该看着对方,表现出诚意、专注,这是对他人的尊重。目光注视的范围因场合的不同有所变化,有公务注视、社交注视和亲密注视之分。

3. 交谈的举止

• 在公务场合、社交场合,坐姿要端正。头懒散地靠在沙发背上,大腹便便地撇着腿坐着,类似的姿态都是不合适的。

• 谈话时可以用适当的手势加强语气,帮助表达。谈话范围越小,手势的幅度就越小,频率不要过高,以免让人觉得心烦,影响注意力。

• 注意控制手的小动作。在谈话中不要用笔敲击桌子、笔记本,或像表演杂技一样把笔放在手指上不停地旋转,或者玩弄钥匙串、掏耳朵、剪指甲,等等,这些多余的动作都会影响到听者的注意力。

4. 交谈的内容

在交谈中,每个人都会有一种表现的欲望,希望把自己的想法或者了解的事实告诉对方,因此很多人习惯把自己的思想、经历和感受作为交谈的主要内容。交谈中我们应注意选择可以谈论的内容和忌谈的内容。

1)宜选择的内容

• 目的性内容,即交谈双方业已约定,或者其中某一方前期准备好的内容。求人帮助、征求意见、传递信息、讨论问题、研究工作一类的交谈,往往都属于内容既定的交谈。目的性内容适用于正式交谈。

• 内涵性内容,即内容文明、优雅,格调高尚、脱俗的话题,如文学、艺术、哲学、历史、地理、建筑等。内涵性内容适用于各类交谈,但要求面对知音,忌讳不懂装懂或班门弄斧。

• 时尚性内容,即谈论起来令人轻松愉快、身心放松、饶有情趣、不觉劳累厌烦的话题,如文艺演出、流行时装、美容美发、体育比赛、电影电视、休闲娱乐、旅游观光、名胜古迹、风土人情、名人轶事、烹饪小吃、天气状况等。时尚性内容适用于非正式交谈,允许各抒己见、任意发挥。

• 时代性内容,即以此时、此刻、此地正在流行的事物作为谈论的中心。时代性内容适合于各种交谈,但变化较快,在把握上有一定难度。

• 对象性内容,指交谈双方,尤其是交谈对象有研究、有兴趣、有可谈之处的主题。须知:话题选择之道,在于应以交谈对象为中心。

2)忌谈论的内容

• 非议国家、党和政府;
• 涉及行业和国家机密;
• 随便非议交往对象内部事务;
• 背后说领导、同事、同行;
• 格调不高的话题;
• 个人隐私(年龄、婚姻状况、收入支出、身体状况、家庭住址、私人电话、宗教信仰、个人经历等);
• 他人的毛病;
• 倾向错误、悲痛之事等。

知识链接 交谈时的礼貌用语

1. 问候礼貌用语

①您好。②早安。③午安。④晚安。

2. 告别礼貌用语

①再见。②晚安。③祝您愉快!④祝您一路平安!

3. 应答礼貌用语

①不必客气。②没关系。③这是我应该做的。④非常感谢。⑤谢谢您的好意。

4. 表示道歉的礼貌用语。

①请原谅。②打扰了。③失礼了。④实在对不起。⑤谢谢您的提醒。⑥是我的错,对不起。⑦请不要介意。

5. 交谈的技巧

语言交流随着时间、场合、对象的不同,表达出各种各样的信息和丰富多彩的思想感情。

案例分析3-8

在一艘游艇上,来自各国的一些实业家边观光边开会,突然,船出事了,慢慢下沉。船长命令大副:"赶快通知那些先生们,穿上救生衣,马上从甲板上跳海。"几分钟后大副回来报告:"真急人,谁也不肯往下跳。"于是,船长亲自出马,说来也怪,没多久,这些实业家们都顺从地跳下海去。"您是怎样说服他们的呀?"大副请教船长,船长说:"我告诉英国人,跳海是一种运动;对法国人说,跳海是一个别出心裁的游戏;在俄国人面前,我就认真地表示,跳海是革命的壮举;对美国人说,我已经为他买了巨额保险。"

1)态度诚恳、语气和蔼、表达得体

思考3-3

下面几句话表达的意思是否相同?给你的感受是否相同?
1."你知道吗?你明白吗?"和"你一定知道,你一定明白。"
2."你觉得这样不好!那你说出更好的来!"和"这样也许不是最好,但我实在想不出更好的办法来,也许你有?"

有时候我们说话想要表达的意思是相同的,但是因为态度、语气和表达方式的不同,让受众的感受有天壤之别。

2)善于言辞

基辛格在《白宫岁月》中写道:"我平生所遇到的人中,印象最深刻的不过两三人,周恩来就是其中之一。他温文尔雅、聪慧过人、机巧敏捷、无比耐心,谈话间举重若轻地点破了我们之间的关系的要旨,仿佛除此之外,我们别无其他明智的选择。"

3)善用幽默

幽默是指说话有趣且意味深长,它是智慧与知识的综合体,它须入情入理,还需要一定的素质和修养,而不是毫无意义的插科打诨,也不是没有分寸的卖关子。

案例分析3-9

一天,达尔文先生应邀参加一个晚宴。刚落座,邻座的一位美貌女子想挖苦一下他,故意问道:"您说人是从猿猴变来的,那么您也是?"这时,同桌的人都饶有兴趣地看着他们,达尔文笑着说:"对呀,人是猿猴变的。只不过,我是一个普通的猴子变的,而您是一只迷人的猴子变的。"

4)善用情感

美国心理学家哈特曼曾做过一个实验,实验的内容是在一次竞选活动中,用不同的方式为同一个竞选者进行竞选宣传,在第一个选区散发具有强烈情绪色彩的传单,另外一个选区则是条理清楚、说理透彻的传单。选举的结果是,在第一个选区竞选者获得了较多的选票。显然这说明情绪因素优于理智因素。

5)适当的恭维与赞美

适当的恭维与赞美会令对方喜悦,赞美的态度要诚恳,赞美的语言要得体,赞美的时机要合适。

6)学会倾听

"人长着两只耳朵却只有一张嘴,就是让我们多听少说。"一个好的谈话者就是一个好的倾听者。

7)丰富词汇量

语言是一门应用的艺术,平时要多留意听取良师益友的精辟言辞,关注新闻媒体的时事报道,多阅读书报,加强文学素养。

知识链接　交谈的注意事项

交谈时,应遵循"五要"和"五不要"。

1. 要双向沟通,不要始终独白:既然交谈讲究双向沟通,那么在交谈中就不要目中无人,要礼让他人,要多给对方发言的机会,让大家都有交流的机会。不要一人始终侃侃而谈,不给他人讲话的机会。

2. 要活跃气氛,不要导致冷场:不允许在交谈中从头到尾保持沉默,使交谈冷场,破坏现场的气氛。不论交谈的内容与自己是否有关,自己是否有兴趣,都应热情投入,积极合作。万一交谈中因他人之故冷场"暂停",切勿"闭嘴"不理,而应努力"救场"。可转移旧话题,引出新话题。

3. 要学会倾听,不要随意插嘴:出于对他人的尊重,在他人讲话时,尽量不要在中途予以打断。这种做法不仅干扰了对方的思绪,破坏了交谈的效果,而且会给人以自以为是、喧宾夺主之感。确需发表个人意见或进行补充时,应待对方把话讲完,或是在对方同意后再讲。不过,插话次数不宜多,时间不宜长,与陌生人的交谈则最好不要打断或插话。

4. 要言论自由,不要与人抬杠:抬杠,指喜欢与人争辩,喜欢固执己见、强词夺理。在一般性的交谈中,应允许各抒己见,言论自由,不作结论,重在集思广益、活跃气氛、取长补短。若以"杠头"自居,自以为一贯正确,无理辩三分,得理不让人,非要争个面红耳赤、你死我活,会大伤和气,是有悖交谈主旨的。

5. 要赞美他人,不要否定他人:若对方所述无伤大雅,无关大是大非,一般不宜当面否定。对交往对象的所作所为,应当求大同、存小异,若不触犯法律,不违反伦理道德,不有辱国格人格,不涉及生命安全,一般没有必要判断其是非曲直,更没有必要当面对其加以否定。

情境训练 3-4

训练目的:掌握交谈的技巧。

训练场景:

1. 星都小区是一个非常安静的小区,风景很好。一个月前,星都小区的隔壁搬来了一家工厂,扰乱了小区的正常生活。每天都从这家工厂传出很大的噪声,小区的居民向工厂反映情况,可总得不到回应。居民们忍不住了,派了几个代表去工厂里协商解决这个问题,工厂里的一个接待人员接待了星都小区的代表们。

假如你是工厂接待人员,该怎么与小区代表进行交谈?

请两个同学一组,分别扮演小区代表和工厂接待人员。

2. 张波是你们新来的同学,酷爱音乐,只是来班上好几天了都不愿意和同学们交谈。如果你是你们班的班长,很想和张波交朋友,应该如何与他进行交流沟通?

训练场所:教室。

训练工具:座椅。

三、电话礼仪

案例分析3-10

张洁是海潮公司新聘的前台接待人员。这天一大早,张洁正在忙着手中的活,突然电话响起来了,张洁拿起电话就说:"您好,这里是海潮公司,请问您找谁?"当发现对方打错电话时,她的语气一变,说了句"打错了"便挂了电话。不久,电话又响起来了,她接过电话,发现还是之前那个人打过来的,便提高了声音说:"不是告诉过你打错了吗?怎么还打过来?"不等对方说话,就把电话挂了。没几分钟,电话又打来了,还是那个人,张洁火了:"你这个人怎么回事,告诉你打错了还打过来,烦不烦啊,不要再打了,这儿没你要找的人!"

分析:在实际工作过程中,上述情况会经常遇到,作为接待人员,代表的是公司形象,无论对方是否打错,打错了几次,都不能发脾气,而应客气地告诉对方"我这里的电话是……您看是不是打错了?"这样对方才不至于多次打错电话而影响你的工作。

在所有的现代联络手段中,电话毋庸置疑是人们的首选。我们通过电话向外界传递信息,与对方沟通感情,保持联络。我们要正确地利用电话,更要自觉维护好自己的"电话形象"——自觉自愿做到知礼、守礼、待人以礼。

电话礼仪主要包括拨打电话和接听电话的礼仪(见图3-8)。

图3-8 接打电话

1. 拨打电话礼仪

拨打电话时,我们应遵循以下几点。

1)时间适宜

我们应注意两点,一是何时通话为佳,二是通话多久为宜。

按照惯例,通话的最佳时间,一是双方预先约定的时间,二是对方方便的时间。除非是比较紧急的事情,不要在他人休息时间内打电话。例如,每日上午7点之前、晚上10点之后以及午休的时间、节假日等。打公务电话,尽量要公事公办,不要在他人的私人时间,尤其是休假时间,去麻烦对方。

通话时间以短为宜,尽量简短明了地说明事情。

打电话时还应善解人意,多多体谅别人,还要注意对方的反应。如若对方不方便接电话,应说声"对不起"。

2)内容简练

通话时应从以下几方面做到内容简练,尽量缩短通话时间。

事先准备:打电话前要厘清思路,想清楚要表达的意思。

简明扼要:通话时应开门见山,简明扼要地表明意思。

适可而止:话说完,就可终止通话。

3)表现文明

通话过程中应语言文明、态度文明、举止文明。

• 语言文明:通话时,不能使用"脏、乱、差"的语言,而要讲电话基本文明用语。接通电话要说"您好",问候对方后,应自报家门。终止通话前,应说一声"再见"。

• 态度文明:打电话时应注意态度,要文明有礼,不要厉声呵斥、粗暴无礼,也不能低三下四、阿谀奉承。如若需要总机转接,应不忘说声"谢谢"。拨错号码应表示歉意,说句"抱歉,我打错了",不要一言不发、挂断了事。

• 举止文明:打电话时,最好双手拿话筒,并起身站立。不要在通话时把话筒夹在脖子上、抱着电话随意走动,不要趴着、仰着、坐在桌角上或是高架双腿与人通话。通话时声音应适中,并轻拿轻放话筒。

2. 接听电话礼仪

1)接听及时

电话铃声响起,应尽快予以接听。在电话礼仪中,有一条"响铃不过三声"原则。

2)应对谦和

接电话后,要自报家门,并首先向对方问好。不论何种情形,都应聚精会神地接听电话。替对方叫其他人接电话时,应说"请稍等"。转接电话应说:"好的,马上为您转接过去,请稍等。"如果对方要找的人不在,可以礼貌地说:"某某不在,估计某某时间能回来,您是再打来电话还是留言呢?"对方如果留言,应准确记录、及时转达,并为事主保密。当接到错拨的电话时,应善待并解释清楚。

3)主次分明

接听电话时,应以电话为自己活动的中心,不要与其他人交谈、看文件、看电视、吃东西等。

3. 手机礼仪

1)方便他人为先

更换了手机号码,应尽早告知交往对象。在约定的联络时间,不要随便关机。

2)遵守公共秩序

不要在公共场合,旁若无人地使用手机;在需要保持安静的公共场所,应使手机关机或处于静音状态;不能用手机偷拍他人。

3)自觉维护安全

不要在驾驶汽车的时候使用手机通话;不要在飞机飞行期间或油库周围使用手机。

4）放置到位

把手机放置在常规位置,如随身携带的公文包内,或是上衣口袋内。如在会议等公务场合,可将手机暂时交给会务人员代管,也可以放在不起眼的地方,如背后、手袋里,但不要放在桌上。

5）接打的声音适度

不管是接电话还是打电话,讲话的声音要适度,不能大声嚷嚷,特别是在公共场所更要注意,不要妨碍和影响别人,以免引起大家的侧目和反感。如果遇到有些地方手机信号不好而导致无法通信的时候,可以先挂机,过一会儿再联络,千万不要大声喊叫,干扰别人,引起别人的反感。

 情境训练 3-5

训练目的:掌握电话礼仪,提高通话技巧,使所说的话听起来更热情、悦耳。2人为一组,设定不同的场景(如听电话、转接电话、电话留言等),进行现场模拟演示,时间控制在5分钟以内。

训练场景:

1.当你在上班时,突然接到一位好久没联系的老朋友的电话,这时你会怎么做?

2.模拟保险推销员电话推销保险。

3.模拟有电话找你的同事,同事不在座位上。

4.模拟跟客户打电话说到一半时手机没电。

5.模拟你正在电话里和一个客户谈生意,另一部电话突然响起。

训练场所:教室。

训练工具:手机。

四、信函礼仪

案例分析3-11

亲爱的小雯:

展信好。

你的来信已经收到,得知你近况很好,我很开心。

你让我帮忙买的书我已买好,随信一并寄出。

天气转暖,但你不要放松保养自己的身体,尤其是你的关节炎还是要多当心,早晚加件衣服,注意保暖。

我这里一切正常。本学期我报了英语四级,还有三个月就要考试了,现正在加紧复习,由于我的底子薄,也不知能不能一次通过,祝福我吧!

好了,要熄灯了,就此搁笔。

此致

进步!

挚友：小红

2021年3月1日

分析：这是一封写给友人的信。全文层次清楚，先说朋友最关心的事，然后再叙述自己的情况。语言简明扼要，格式规范，用语符合朋友的身份。

信函礼仪包括传统的纸质信函礼仪和电子邮件礼仪。

1. 纸质信函礼仪

尽管现在大家越来越多地使用电子邮件，但传统的纸质信函仍然是工作交往中的重要通信方式之一。

1）书信的格式

中文书信一般包括称谓、启词、正文、结束语、落款几个部分。称呼用语要礼貌，文体字迹要清晰，陈述内容要简洁，语法词汇要正确，格式书写要完整。

称谓应当恰当、准确，体现出对收信人的尊重。称谓写在信文的开头，单独成行，顶格书写。

启词是信文的首句，在称谓的下一行，空两格书写。启词可以是问候语、祝贺语、承接语。

正文是信文的主体，在启词的下一行空两格书写。为表示对对方的礼貌和尊敬，正文宜先写对方最关注的事情，最后写自己的事情。

结束语表示信文已经结束，并对收信人礼貌致意或表示祝福。结束语要分两行写。

落款分为署名和日期两部分。署名写在结束语下一行的右下方。工作信函的署名一定要写全名，这样显得正式。如果用电脑打印信文，署名部分最好手写。日期写在署名的下一行，署名的下方。一般应写清楚写信的年、月、日。

2）求职信的格式

求职信的基本格式和普通书信一样，主要包括收信人称谓、正文、落款和附件四个方面。

求职信的称谓一般是单位有实权录用你的人，要求严肃谨慎，不可过分亲近，可在职务前加上"尊敬的"，如"尊敬的人事部经理"，还可以称呼"贵单位"，忌用"某某老前辈""某某师兄"等。

正文包括问候语、求职原因、自我宣传、联系方式、鸣谢和祝颂语。问候语以简洁、自然为宜，可直接写"您好"即可，并单独成行，以示礼貌。求职信最好开门见山地说明你求职的原因。同时，在求职信里，还要简明扼要地介绍自己与所求职位有关的学历水平、经历、成绩等，以及能胜任职务的各种能力，这也是求职信的核心部分。求职信中还要写明自己的通信地址、联系电话等，方便别人联系你。最后，感谢别人阅读并考虑你的求职。求职信的祝颂语要热诚，一般就是"此致敬礼"。

落款包括署名和日期，署名后可酌情加敬辞，如"您真诚的朋友王红敬上""学生王红敬上"；日期用阿拉伯数字书写，年、月、日全写上。

附件包括学历证书、获奖证书、职称证书、实习单位鉴定和评语等，并在下方注明。

求职者在写求职信时，应态度诚恳、措辞得当，切忌狂妄自大、不着边际；应实事求是、不落俗套，切忌弄虚作假、言之无物；应言简意赅、字迹工整，切忌废话连篇、书写潦草。

2. 电子邮件礼仪

电子邮件（E-mail），又称电子函件或电子信函，是建立在计算机网络上的一种通信形式。

使用电子邮件进行对外联络,不仅方便快捷,而且大大降低了通信费用,目前已经在很大程度上取代了传统的书信,成为工作交流的常用通信方式之一。

发送电子邮件时也应遵守一定的礼仪规范。

1)合理设置

设置好邮件主题、发件人和自动回复。电子邮件的邮件主题最好写清对方单位简称、对方姓氏加上职务,方便收件人辨识。如果可能,最好将发件人设置成单位名称再加上自己的名字。邮件的自动回复内容最好有自己的落款、姓名、单位名称。

2)认真撰写电子邮件

撰写电子邮件应正确表达,对邮件中的字字句句都要慎重,要字斟句酌,注意地址和主题准确无误,内容简洁明了,语言明白晓畅、通俗易懂。发送之前要再三核对,避免电子邮件出错。

3)及时回复

定期查看自己的邮箱,新邮件一般要在一天之内予以回复。如果不能及时解决,也要告诉对方已收到邮件。如因公事或其他原因没有及时回邮件,应尽快给予回复。

 知识链接　求职信

贵公司:

　　您好!

　　感谢您在百忙之中批阅我的简历。

　　我是武汉职业技术学院商学院工商企业管理专业的一名学生,即将面临毕业。

　　三年来,在师友的教益及个人的努力下,我具备了扎实的专业基础知识,系统地掌握了人力资源六大模块等有关理论,具备较好的英语听说读写译等能力,能熟练操作计算机办公软件。同时,我利用课余时间广泛地涉猎了大量书籍,不但充实了自己,也培养了自己多方面的技能。

　　此外,我还积极地参加各种社会活动,抓住每一个机会锻炼自己。大学三年,我深深地感受到,与优秀学生共事,使我在竞争中获益;向实际困难挑战,让我在挫折中成长。

　　毕业后我欲到贵公司工作,不知是否有人力资源助理等相关岗位的空缺。现将个人简历及相关材料一并附上,企盼您真诚的选择。我的通信地址是武汉市××区××路××号,联系电话:××××××××,E-mail:shen@163.com。

　　祝愿贵公司事业蒸蒸日上!

　　此致

敬礼

×××敬上
2021年4月5日

附:

1.个人简历一份

2.身份证复印件一份

3. 学历证书复印件一份

4. 获奖证书复印件两份

情境训练 3-6

训练目的：掌握书信礼仪及 E-mail 礼仪。

训练程序：

1. 请给父母写一封家书，注意书信礼仪。

2. 请在教师节以 E-mail 的形式给你的辅导员写一封信，祝贺他教师节快乐，并注意相关礼仪。

训练场所：教室、寝室。

训练工具：笔、纸、计算机。

五、馈赠礼仪

案例分析3-12

小王的同事小李刚刚生下宝宝，小王从家里找出自己三年前生孩子时朋友送的宝宝衣服礼盒，既没检查也没包装就送到小李家去了，送给小李时还说是她才买的。小李及其家人看着又破又旧的礼盒，顿时阴沉下脸。

分析：馈赠礼品的选择有一定的规则需要遵循，否则不但达不到效果，而且会适得其反。案例中的小王拜访前未做充分的准备：没有认真思考拜访的意图，没有诚心诚意地准备礼品。虽然她所送礼品是适宜的，但又破又旧，所以只能是糟糕的拜访结果。

1. 馈赠的含义

馈赠是人们在交往过程中通过礼物来表达对对方的尊重、敬意、友谊、纪念、祝贺、感谢、慰问、哀悼等情感与意愿的一种交际行为（见图 3-9）。它是商务活动中不可缺少的交往内容。随着交际活动的日益频繁，馈赠礼品因为能起到联络感情、加深友谊、促进交往的作用，越来越受到人们的重视。

图 3-9　馈赠

2. 馈赠的六要素

得体的馈赠要考虑六个方面的问题:送给谁(who),为什么送(why),送什么(what),何时送(when),在什么场合送(where),如何送(how)。也就是要考虑馈赠对象、馈赠目的、馈赠内容、馈赠时机、馈赠场合、馈赠方式六个要素,简称馈赠"5个W一个H"规则。

1)馈赠对象

馈赠对象即馈赠客体,是赠物的接受者。馈赠时要考虑到馈赠对象的性别、年龄、职位、身份、性格、喜好、数量等因素。

2)馈赠目的

馈赠目的即馈赠动机。任何馈赠都是有目的的,或为表达友谊,或为祝颂庆贺,或为酬宾谢客,或为慰问哀悼。馈赠动机应高尚,以表达情谊为宜。

3)馈赠内容

馈赠内容即馈赠物,是情感的象征或媒介,包括赠物和赠言两大类。赠物可以是一束鲜花、一张卡片或一件纪念品。赠言则有多种形式,如书面留言、口头赠言、临别赠言、毕业留言等。馈赠时,应考虑赠物的种类、价值的大小、档次的高低、包装的式样、蕴含的情义等因素。

4)馈赠时机

馈赠时机即馈赠的具体时间和情势,主要应根据馈赠主客体的关系和馈赠形式来把握。

5)馈赠场合

馈赠场合即馈赠的具体地点和环境,主要应区分公务场合与私人场合,根据馈赠的内容和形式来选择适当的场合。

6)馈赠方式

馈赠方式主要有亲自赠送、托人转送、邮寄运送等。

3. 送礼礼仪

1)礼品的选择

(1)了解馈赠对象的有关情况。送礼的对象多种多样,由于各自的阅历、爱好不同,对物品的喜好也各不相同,因此在送礼前必须了解受礼者的年龄、性格特征、身份地位、民族习惯等情况,并针对不同对象的不同情况,选择不同的礼品,满足各自不同的需求。

(2)明确送礼的目的。送礼前,要了解因何事送礼,以便选择合适的礼品,取得良好的效果。不同的目的,选择的礼品是不一样的。

(3)尊重禁忌。由于各国的历史、文化、风俗习惯及宗教信仰方面的影响,不同国家、不同民族的人对同一礼品的态度是不同的,或喜爱或忌讳或厌恶。

2)礼品的包装

精美的包装是礼品的组成部分,它使礼品外观更具有艺术性和高雅的情调,也显示了赠礼人的情趣和心意。注意包装的材料、容器、图案、造型、商标、文字、色彩的选择和使用,应符合政策法规和习俗惯例,不要触碰受赠方的宗教、民族禁忌。

3)赠礼的时机

送礼时机要视实际情况灵活掌握。

(1)传统的节日。春节、中秋节等,都可以成为馈赠礼品的黄金时间。

(2)喜庆之日。晋升、获奖、厂庆等日子,应考虑赠送礼品以示庆贺。

(3)企业开业庆典。在参加某一企业开业庆典活动时,要赠送花篮、牌匾或室内装饰品以示祝贺。

(4)酬谢他人。当自己接受了别人的帮助,事后可送些礼品以回报感恩。

4)赠礼的场合

一般来说,在大庭广众之下,可以送大方、得体的书籍、鲜花一类的礼物。与衣食住行有关的生活用品不宜在公开场合相赠。

5)赠送时的礼仪

礼品最好亲自赠送。如果因故不能亲自赠送,要委托他人转交或邮寄时,应附上一份礼笺,注上姓名,并说明赠礼缘由。

赠礼时,态度要平和友善,举止大方,双手把礼物送给受礼者,并简短、热情、得体地加以说明,表明送礼的原因和态度。

4. 受礼礼仪

1)接受礼仪

作为受礼人,双手接过礼品时要表达谢意,而不能显得无动于衷,或随手放在一旁。如果条件允许,受礼者还可当面打开欣赏一番。这样做符合国际惯例,它表示看重对方,也很重视对方赠送的礼品。

"礼尚往来"是我们中国人世代相传的传统美德。接受别人的馈赠后,除办丧事等特殊情况不宜立即还礼,一般都要尽快还礼,或等适当机会给予回赠。

2)拒礼礼仪

拒收礼品时,应保持礼貌、从容、自然、友好的态度,先向对方表达感谢之情,再向对方详细说明拒收的原因,以免对方难堪。以下几种礼品应拒绝接受:并不熟悉的人送的极其昂贵的礼品;隐含着违法乱纪行为的礼品;接受后或许会受到对方控制的礼品。

 知识链接　花语

当我们以花为媒来传递友谊时,要注意运用正确的"花语"(见图3-10),以免出现尴尬。

图3-10　花语

以下是几种常见的植物的寓意:荷花——纯洁;红玫瑰——爱情;百合——圣洁、幸福;康乃馨——健康长寿;勿忘我——永志不忘我;菊花——长寿高洁;红掌——大展宏图;金鱼草——繁荣昌盛;粉风信子——倾慕、浪漫;万年青——友谊;兰花——优雅;剑兰——步步高升;松柏——坚强;橄榄枝——和平;梅花——刚毅不屈;竹子——正直;红茶花——质朴、美德;牵牛花——爱情;丁香花——谦逊。

情境训练3-7

训练目的:掌握馈赠礼仪。

训练场景:华龙公司的一位退休老职工被车撞伤后住院,公司委托工会主席刘璐璐、秘书张雯去医院看望并送一份礼品。请按馈赠礼仪的要求选择合适的礼品,并分别扮演角色,演示探望的情景。

训练场所:教室。

训练工具:礼品。

   ## 第三节　校园人际交往礼仪

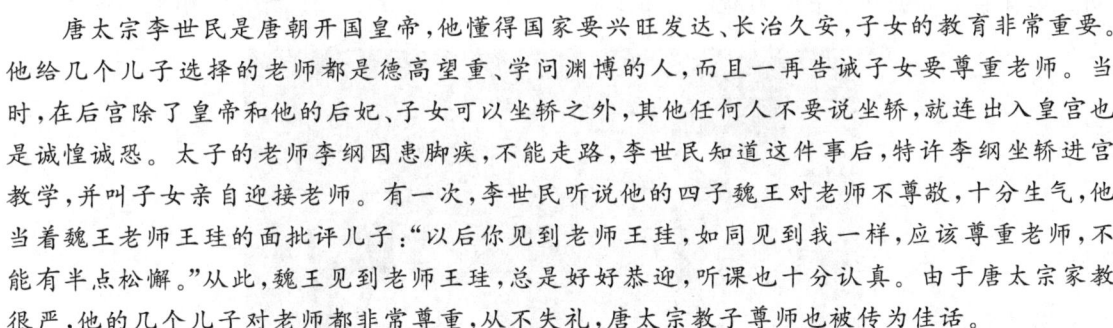

唐太宗李世民是唐朝开国皇帝,他懂得国家要兴旺发达、长治久安,子女的教育非常重要。他给几个儿子选择的老师都是德高望重、学问渊博的人,而且一再告诫子女要尊重老师。当时,在后宫除了皇帝和他的后妃、子女可以坐轿之外,其他任何人不要说坐轿,就连出入皇宫也是诚惶诚恐。太子的老师李纲因患脚疾,不能走路,李世民知道这件事后,特许李纲坐轿进宫教学,并叫子女亲自迎接老师。有一次,李世民听说他的四子魏王对老师不尊敬,十分生气,他当着魏王老师王珪的面批评儿子:"以后你见到老师王珪,如同见到我一样,应该尊重老师,不能有半点松懈。"从此,魏王见到老师王珪,总是好好恭迎,听课也十分认真。由于唐太宗家教很严,他的几个儿子对老师都非常尊重,从不失礼,唐太宗教子尊师也被传为佳话。

分析:老师是学生感悟人生、获得知识、学有所成的引路人。古语云:"师同父母","滴水之恩必当涌泉相报"。为此,作为深受老师教诲的学生,在与老师交往的过程中应严格遵守有关礼仪规范,热爱与尊重老师,尊重老师的劳动,虚心接受老师的批评教育。

一、校园学习礼仪

1. 课堂礼仪

1)课前

听到预备铃响后,同学应迅速走进教室,准备好课本、练习本、文具等学习用品并摆放整齐,安静端坐,恭候老师的到来。同时为老师做好课前准备,例如擦干净黑板、讲台等。

2）课上

课上同学坐姿要端正，认真听讲，积极思考。老师提问，学生应该站起来回答，答不上来的问题应该说："对不起，我还没考虑好。"有疑问时，应先举手，经老师允许后起立发言，不应边举手边说话或坐在座位上冲口而出。说话声音要清脆，音量大小适中。态度要严肃，表情要大方，不要故意做出引人发笑的举止。对老师讲述的内容有异议时，最好下课后单独找老师交换意见，共同探讨。若非提不可也要注意场合和方式，态度要诚恳，谦虚恭敬，不可扰乱课堂秩序，影响授课计划。课堂上没有得到允许是不能随便讲话的，更不能随意离开座位和表现出一些粗鲁无礼的行为，一个缺乏礼貌的人是不会进步的。

关闭手机是课堂上的基本礼仪，上课时应关闭手机或调为振动，更不应该在课堂上接听电话。不要带食物进教室，上课的时候也不能吃东西。

如果犯了错误，应虚心接受老师的批评教育，认真地改正自己的缺点和错误。若与老师发生矛盾，不要顶撞老师，更不要在课下发泄对老师不满的情绪，散布无礼言辞。对老师的相貌和衣着不要指指点点、品头论足，要尊重老师的人格和习惯。

听到下课铃响时，若老师还未宣布下课，学生应当安心听讲，不要忙着收拾书本或把桌子弄得乒乓作响。老师宣布下课时，全体同学应起立，与老师互道"再见"，待老师离开教室后，学生方可离开。下课后要把饮料包装或者需要丢弃的物品随身带离教室。

3）课间

课间休息时不得在教室里打闹。可放松身体，坐在座位上休息；也可到走廊里远眺，让眼睛放松一下。课间举止要文明，严禁在走廊里乱跑乱撞、追逐打闹、大声喊叫。

在走廊遇到老师时，要主动打招呼（见图3-11），并给老师让路，点头示意说："老师您请。"如厕时讲究卫生，小便入池，便后洗手。送作业到老师办公室时要先敲门，得到老师允许后再进。要抓紧时间做好下节课的准备工作。

图3-11　课间和老师问好

2. 图书馆礼仪

1）保持安静，勿大声喧哗

进入图书馆要保持安静，不可以高声谈笑，不可大声吵闹喧哗，走路要轻，入座要轻，翻看书籍要轻。

2）自觉排队，不抢占座位

在借还图书时，要按先后次序排队，不要争先恐后，更不要插队。进入图书阅览室，按需就座，不应抢占别人的座位。

3）保持卫生，爱护环境

在图书馆阅读时，不要乱扔纸屑，不随地吐痰，不大声咳嗽，不吃零食或嚼口香糖，不影响他人阅读、破坏学习气氛、弄脏图书。爱护图书馆里的公共财物和设备，不摇动桌椅，不在桌、台上乱刻乱画。自己的纸笔要记得带走，废弃的纸张应自觉扔到馆内的垃圾篓或带到馆外扔到垃圾箱内，自觉把桌椅复归到原位。

4）逐册取阅，爱惜图书

对开架图书应逐册取阅，不要同时占有多本，造成借阅多、看不完的尴尬。要爱惜图书，不在书上乱涂乱画。阅后应立即放回原处，以免影响其他人阅读。离馆时，要把书刊放回原处，不能随便放在桌子上。借出阅读的图书读完后要及时归还。无论书中的资料对你有多么重要，都不能将书中有精美插图、精彩段落的书页撕下来，更不能将公共图书占为己有，私下将图书馆的图书带出馆外。

二、校园生活礼仪

大学同学来自五湖四海，他们在思想观念、价值标准、生活方式和生活习惯上都有明显的差异，因此，我们要学会与同学相处，学会尊重彼此的差异，学会处理同学间的矛盾和冲突，相互关心，相互帮助，以礼相待，这样友谊才能长久。

1. 校园交往礼仪

要善于交友，真诚待人，不自卑自傲，相互尊重。应注意对待同学的礼仪礼貌，这是你获得良好同学关系的基本要求。同学间可彼此直呼其名，但不能用"喂""哎"等不礼貌用语称呼同学。在有求于同学时，须用"请""谢谢""麻烦你"等礼貌用语。

借用学习和生活用品时，应先征得同意后再拿，用后应及时归还，并要致谢。对于同学遭遇的不幸、偶尔的失败、学习上暂时的落后等，不应嘲笑、冷笑、歧视，而应该给予热情的帮助。对同学的相貌、体态、衣着不能评头论足，也不能给同学起带侮辱性的绰号，绝对不能嘲笑同学的生理缺陷。在这些事关自尊的问题上一定要细心加尊重，同学忌讳的话题不要去谈，不要随便议论同学的不是。

与异性之间的相处，应以礼相待，做到彼此平等、互相尊重，像兄弟姐妹一样互相照顾。在公共场合，注意礼仪修养，不能讲粗话、脏话和庸俗的语言，不宜打打闹闹，交往中身体的接触要有分寸。在体力劳动方面，男生要主动关心、帮助和照顾女同学。

同学之间难免会有一些意见上的分歧和磕磕碰碰，应克制自己、尊重别人，心平气和地讲道理，不能任性妄为，也不能辱骂同学，更不能以武力解决矛盾。

2. 宿舍礼仪

大学生都是生活在宿舍这个大家庭里，学习、生活及其他活动都是集体进行的。

1)恭而有礼

在公共场所用水或晒衣时,要先人后己、礼让三分。

2)尊重集体和集体的生活秩序

不随便使用、翻弄或移动别人的东西;个人用品安放在一定的地方,如遗失物品,不胡乱猜疑别人;平时在宿舍里不高声谈笑,夜间就寝后上下床动作要轻,并尽可能用微型手电简单照明,以免影响别人休息;听音乐或看视频时尽量使用耳机,或尽量把音量调低。

3)关心他人,重视公共安全

如有同学病了,要主动关心和照顾;公共场所的清洁卫生,要自觉维护和主动打扫;一般不随便去其他宿舍串门,也不随便把外人带进宿舍;用电、用火都要随时注意安全。

4)遵守作息时间

起床、入寝、自修、吃饭、熄灯等,都应按照学校规定的作息时间进行。

5)爱惜公共财物

要随手关灯,节约用水,不浪费粮食,不损坏集体宿舍的各种设备,如无意中损坏了公物,要主动承认并自觉赔偿。

6)维护宿舍的环境卫生

- 要保持寝室整洁,定期擦洗地板、桌子、衣柜和门窗,定期打扫寝室。
- 被褥要折叠得整齐美观,衣服、鞋帽要整齐地放置在一定的地方。
- 换下的衣服、鞋袜要及时清洗和晾干,未洗之前不可乱丢,要安置在隐蔽的地方。
- 毛巾要挂整齐,脸盆等洗漱用具应有规律地安放在一定的地方。
- 重要书籍、簿册或手机等用品,不能乱丢乱放,要安全可靠地放在自己的书桌内或者衣柜内。
- 点心、食品和碗筷等,不仅要安放整齐,还要注意密封和遮蔽,以确保卫生。对已变质的食物,要及时处理掉。
- 寝室内簸箕、扫帚等公用物品,用后要及时放回原处,不随便乱放。开门、关窗要轻,并注意随手关灯。
- 借用他人的东西,必须得到物主的同意,用后要及时归还。东西若有损坏,应该照价赔偿。
- 在寝室内,应与在别的地方一样,不可乱叫同学的绰号,不可讲粗话和下流的话。

3. 就餐礼仪

1)遵守秩序,依次排队

遵守食堂秩序,按规定时间就餐,互相礼让,按次序排队购买饭菜,不要拥挤、插队,更不应打闹、起哄和出现其他不文明行为。

2)尊重餐饮人员,以礼相待

尊重餐饮人员,注意使用礼貌的称呼和礼貌的语言,如"师傅""请""麻烦你""谢谢""对不起"等。如遇工作人员繁忙时,应耐心等待,不要敲柜台、餐具,或挥舞手臂,也不能不停地叫着"师傅,师傅",更不能因为做的菜不合口味或认为炊事人员分饭菜不合理而与他们发生争执。打完饭菜后,应礼貌地向工作人员道谢。

3)讲究卫生,节约粮食

爱护食堂卫生,不随地吐痰,不乱扔杂物,不把骨头、菜屑到处乱丢。吃完饭后将骨头、菜屑与剩饭剩菜一起倒在指定的地方。就餐时如要打喷嚏、咳嗽,应用纸巾掩住口鼻。购买饭菜应以吃饱为度,不要超量购买,以免吃不完造成浪费(见图3-12)。

图 3-12　光盘行动

4)文明用餐,吃相文雅

文明就餐,不互相喂食。用餐动作文雅,夹菜时不要碰到邻座,不要把盘里的菜洒到桌上,不要把汤打翻,咀嚼食物时应小声,不要发出较大的"吧唧吧唧"的咀嚼声,喝汤应用汤匙一勺一勺送入口中,每次送入口中的食物量应适当。

三、校园集会礼仪

1. 准时到场

会前准时到场,以保证大会准时开始。到场后,快速把队伍整理好,保持良好的精神面貌。与会者不得勾肩搭背、任意谈笑、相互嬉闹。服从会场工作人员的安排,按指定地点入座,切不可一窝蜂争抢好座位。班级之间要发扬风格,互谅互让。

2. 保持安静

集会开始后,与会者不可随便走动和发出声响,以免影响报告人的情绪,影响其他人听讲,影响班级的集体荣誉。迟到会场者,应悄悄入场,坐在后排的座位上,而不可大摇大摆地走到前面。总之,要尽量避免分散别人的注意力。若因上厕所等原因必须暂时离开会场,应弯腰悄悄出去,尽量减少对别人的干扰。

3. 文明观赛

做文明观众,自觉维护赛场秩序,为双方队员鼓掌加油,不起哄闹事;不把食品带入赛场,垃圾放进垃圾桶。

4. 遵守规则

上台领奖要用双手接物,行礼后面向台下,按指定台口退出。在开会的过程中,不能打瞌睡,没有特殊的原因,也不能中途退席。在精彩处报以掌声,但绝不可起哄。

5. 有序退场

集会结束离开会场时,要服从会场工作人员的指挥,按顺序退场,切忌一哄而散、争先恐后,使门口拥挤堵塞,造成混乱和事故。

情境训练 3-8

训练目的:掌握校园人际交往礼仪。
训练场景:
1. 处理宿舍纠纷;
2. 参加毕业典礼;
3. 在食堂就餐;
4. 在图书馆自习。
训练场所:教室。
训练工具:餐具、书籍等。

第四节　涉外交往礼仪

案例分析3-14

中国某知名公司的品牌经理接待来到中国的英国某公司代表,并与其洽谈一笔生意。见面时,中方为表诚意,亲手送上用孔雀图案作为装饰的纪念品。但因文化差异,英国人将孔雀视为禁忌,在这种情况下,英方不知该不该收下礼物,气氛很是尴尬。

分析:涉外礼仪就是人们参与国际交往或从事涉外活动时必须遵守的行为规范的总称。在实际交往中,各国或地区往往有自己的特点和风俗习惯,我们在对外交往中除发扬我国优良传统,注意礼貌、礼节之外,还应尊重各国家、各民族的风俗习惯,了解他们不同的礼仪要求,这样我们才能得心应手、游刃有余地与不同文化背景的人进行有效沟通,在国际商务活动中取得成功。

一、涉外交往礼仪的基本原则

1. 不卑不亢

在参与涉外交往活动时,应时刻意识到自己是国家、民族、单位组织的代表,要做到不卑不亢。自己的言行应当端庄得体,堂堂正正。在外国人面前,既不应该表现得畏惧自卑、低三下四,也不应该表现得狂妄自大、放肆嚣张,应表现得既谨慎又不拘谨,既主动又不盲动,既注意慎独自律,又不能手足无措、无所事事。

2. 入乡随俗

入乡随俗即尊重当地的风俗习惯,遵守当地的商业惯例。我们在进行涉外活动时,应提前对对方国家的文化、宗教、风土人情等进行了解,并了解客户的日常喜好和禁忌。例如,英国人有在工作时间饮茶、休息的习惯,曾经有几家在英国投资的美国公司试图说服英国雇员放弃这一习惯,结果引起英国雇员的强烈不满,并警告说这将导致工作效率下降,最后公司不得不放弃这一想法。

这些风俗习惯若不注意,会使人误以为对他们不尊重或闹出笑话。新到一个国家或初次参加活动,应多了解、多观察,不懂或不会做的事,可仿效别人。

3. 女士优先

女士优先原则(ladies first)起源于欧洲中世纪的骑士时代,是欧洲传统的重要社交礼仪之一,经过各个时代的传承和发展,这一传统的欧洲社交礼仪逐渐成为国际公认的重要礼仪之一,并成为现代社会社交礼仪重要的组成部分(见图3-13)。它主要适用于成年的异性进行社交活动之时。

图3-13　女士优先

"女士优先"的含义是:在一切社交场合,每一名成年男子,都有义务主动自觉地以自己的实际行动,去尊重女性、照顾女性、保护女性,而且还要想方设法、尽心竭力地去为女性排忧解难。倘若因男士的不慎,使得女性陷入尴尬、困难的处境,便意味着男士的失职。社会上一致认为,唯有尊重女性的男士,才具有绅士风度和骑士风范。反之,则会被认为是毫无教养的鲁莽野汉。

 知识链接　女士优先的由来

女士优先最初是和欧洲中世纪骑士制度联系在一起的,跟女士优先最相关的词条,就是"骑士精神"。骑士,是欧洲中世纪时受过正式的军事训练的骑兵,后来演变为一种荣誉称号,用于表示一个社会阶层。在纷乱的局势中,每个国家的国王和贵族都需要一些在战争中具有压倒性优势的兵种,为此他们会悉心培育一些年轻人,让他们成为骑士,听命于自己。

最开始的骑士对女性不要说"优先",甚至连基本的尊重也未必存在。与古代战争中常见的武士、军人一样,他们热衷于烧杀抢掠,尽可能地搜刮战利品。后来,随着中世纪欧洲教会势力的扩大,他们提出了一系列道德守则来约束骑士,这便是最早的"骑士精神"。

当时的高级贵族命令骑士不得攻击平民,那时妇女被划定到平民中,并没有特别优待。而骑士精神在后人的印象中真正改头换面,还需要感谢中世纪晚期的吟游诗人和文学家。在他们笔下,骑士追求的目标变成了荣誉与爱情。他们忠贞、勇敢而浪漫,相恋对象通常是某个贵妇人。这种爱情带有强烈的理想色彩,被称为"骑士之爱"或"典雅爱情"。比如,西班牙作家塞万提斯的名著《堂吉诃德》,就戏仿了这种"骑士之爱"。主人公堂吉诃德在决定做骑士游走四方之前,第一要务就是给自己选定了一个心上人。

这种被文学美化后的骑士精神,并没有随着中世纪的结束而远去,而是一直延续到今天,传到了现代的东方。

4. 守约遵时

这是国际交往中极为重要的礼貌。参加各种活动,应按约定时间到达。过早抵达,会使主人因准备未毕而难堪;迟迟不到,则让主人和其他客人等候过久而失礼。因故迟到,要向主人和其他客人表示歉意。万一因故不能应邀赴约,要有礼貌地尽早通知主人,并以适当方式表示歉意。与人约会不能失约,不能超时。失约和超时是很不礼貌的行为。承诺别人的事情不能遗忘,必须讲信用,按时做好。

5. 以右为尊

涉外商务活动中一般遵守"以右为尊"的原则,即依照国际惯例,对多人进行排列时,右高左低,以右为尊,以左为卑。大到政治磋商、商务往来、文化交流,小到私人接触、社交应酬,都是以右为尊。

6. 尊重隐私

案例分析3-15

小张到了美国后,还像在国内一样对别人特别热情,问长问短。与外国同事聊天时,时不时地问:你住在哪儿呀?每个月工资多少啊?结婚了吗?小孩多大?……弄得对方非常尴尬。

凡涉及对方收入支出、年龄大小、恋爱婚姻、身体健康、家庭住址、个人经历、信仰政见等均属于个人隐私,与对方交谈时要避免涉及这些隐私。

二、涉外交往礼仪的基本要求

1. 着装礼仪

在对外交往活动中,着装礼仪的基本要求是得体而应景。

1)得体

得体是指涉外人员应使自己的衣着合适。一是要了解并遵守着装的正确方法。例如穿着西装时,应将位于上衣左袖袖口处的商标、纯羊毛标志等先行拆除。双排扣西装上衣的衣扣,应当全部系上;单排两粒扣西装上衣的衣扣,应当只系上边的那粒衣扣;单排三粒扣西装上衣的衣扣,则应当系上边的两粒衣扣,或单系中间的那粒衣扣。二是要了解并遵守着装的搭配技巧。着装必须遵守"三色原则",所谓"三色原则",是指全身上下的衣着颜色,应当保持在三种以内。穿裙装的女士,最好穿连裤袜或长筒袜。

2)应景

我们须注意按照所处的具体场合,选择与其相适应的服装。根据涉外礼仪的规范,在国际交往中,涉外人员所接触的各种具体场合大体可以分作三类,即公务场合、社交场合和休闲场合。

公务场合,指的就是涉外人员处理公务的场合。在公务场合,涉外人员的着装应当重点突出庄重、保守的风格。

我国的涉外人员目前在公务场合的着装,最为标准的,主要是深色套装、套裙或制服。具体而言,男士最好身着藏蓝色、灰色的西装套装或中山装,内穿白色衬衫,脚穿深色袜子、黑色皮鞋。穿西装套装时,务必要系领带。

女士的最佳衣着是:身着单一色彩的西服套裙,内穿白色衬衫,脚穿肤色长筒丝袜和黑色高跟皮鞋。有时,穿着单一色彩的连衣裙亦可,但是尽量不要选择以长裤为下装的套装。

在社交场合,涉外人员的着装应当重点突出时尚、个性的风格,既不必过于保守从众,也不宜过分地随便邋遢。

在休闲场合,涉外人员的着装应当重点突出舒适、自然的风格。衣着没有必要过于正式,尤其应当注意,不要穿套装或套裙,也不必穿制服。

2. 谈话礼仪

涉外交往中,在与对方谈话时表情要自然,语言和气亲切,表达得体。谈话时可适当做些手势,但动作不要过大,更不要手舞足蹈,用手指点他人,谈话时的距离要适中。

涉外交往在谈话时,内容不宜涉及疾病、死亡等不愉快的事情,也不要提起一些荒诞离奇、耸人听闻、淫秽的话题。不应径直询问对方的履历、工资收入、家庭财产等私人生活方面的问题。对方不愿回答的问题不应究根寻底,对对方反感的问题应表示歉意或立即转移话题。在谈话中一定不要批评长辈、身份高的人,不要议论当事国的内政,不要耻笑讽刺对方或他人,不要随便议论宗教问题。

谈话中要使用礼貌用语,如:你好、请、谢谢、对不起、打搅了、再见,等等。在我国,人们相见习惯说"你吃饭了吗?""你到哪里去?"等,但有些国家不喜欢说这些话,甚至习惯上认为这样说不礼貌。在西方,一般见面时先说"早安""晚安""你好""身体好吗?""最近如何?""一切都顺利吗?""好久不见了,你好吗?""夫人(丈夫)好吗?""孩子们都好吗?""最近休假去了吗?"对新结识的人常问:"你这是第一次来我国吗?""到我国来多久了?""这是你第一次在国外任职吗?""你喜欢这里的气候吗?""你喜欢我们的城市吗?"分别时常说:"很高兴与你相识,希望再有见面的机会。""再见,祝你周末愉快!""晚安,请向朋友们致意。""请代问全家好!"等。在社交场合,还可谈论天气、新闻、工作、业务等。

3. 举止礼仪

案例分析3-16

美国总统约翰逊20世纪60年代曾访问泰国,在受到泰国国王接见时,跷起了二郎腿,脚尖向着泰王,而这种姿势,在泰国是被视为具有侮辱性的。更糟糕的是,在告别时,约翰逊竟然用美国得克萨斯的礼节紧紧拥抱了泰国王后。在泰国,除了国王外,任何人均不得触及王后。就因为不注意泰国的风俗、礼仪,想当然地依照本国、本民族的风俗、礼仪去我行我素,约翰逊的此次出访产生了不少遗憾。

分析:约翰逊总统显然没有注意到泰国和美国在礼仪和习俗上的不同。约翰逊总统觉得很正常甚至是表示礼貌的行为举止,却违背了泰国的风俗习惯,成为非常不恰当的行为。作为国家领导人,这样的错误轻则成为笑柄,重则引起外交争端。

在与外国人交往的时候,举止要落落大方,端庄稳重,表情自然诚恳,蔼然可亲。

站立时,身子不要歪靠在一旁,不半坐在桌子或椅背上。坐时,腿不摇,脚不跷。坐在沙发上时不要摆出非常懒散的样子。在公共场合不要随意地趴在桌子上、躺在沙发上。走路脚步要轻,遇急事可加快步伐,不可慌张奔跑。谈话时,手势不要过多,不要放声大笑或高声喊人。在图书馆、博物馆、医院、教堂等公共场所,都应保持安静。在隆重的场合,如举行仪式、听演讲、看演出等,要保持肃静。

4. 进办公室、住所礼仪

到外国人办公室或住所,均应预先约定、通知,并按时抵达。如无人迎候,进门先按铃或敲门,经主人应允后方可进入。如无人应声,可稍等片刻后再次按铃或敲门(但按铃时间不要过长)。无人或未经主人允许,则不得擅自进入。

因事急或事先并无约定但又必须前往时,则应尽量避免在深夜打搅对方;如万不得已,非得在休息时间约见对方时,则应在见到约见人后立即致歉,说"对不起,打搅了",并说明打搅的原因。

5. 住宿礼仪

在为外国来宾安排住宿的具体过程中,首先,必须充分了解外宾的生活习惯,尊重其特有的风俗,满足其特殊的要求。不同的国家有不同的风俗,每一个人也有自己独特的生活习惯。一般而论,外宾对于个人卫生都十分重视。对于他们而言,随时可以洗热水澡的浴室,单独使用的、干净清洁的卫生间,都是居所应具备的基本条件。其次,必须让外国来宾感觉到"宾至如归"。我们要做到体贴入微、善解人意,但是应当注意,对外宾的关心、照顾应以不妨碍对方私生活为准,并应以不限制对方个人自由为限。

知识链接　各国交往礼仪

1. 法国交往礼仪

法国人爱好社交,善于交际,诙谐幽默,天性浪漫,他们在人际交往中大都爽朗热情。法国人也渴求自由,他们虽然讲究法制,但是一般纪律较差,约会必须事先约定,并且准时赴约,但也要对他们可能的姗姗来迟有所准备。法国人具有骑士风度,尊重妇女。在人际交往中,法国人所采取的礼节主要有握手礼、拥抱礼和吻面礼。

2. 英国交往礼仪

英国人很有幽默感,他们善于自嘲,但决不会对别人的不幸幸灾乐祸;隐私对于英国人来说十分重要,个人问题,例如婚姻、恋爱关系、财政、健康等话题应当避免;谈正事时,英国人喜欢直接切入主题,表达意见也不愿拐弯抹角;到英国人家中做客,应准时赴约,并应准备一些小礼物送给主人,早到会被认为是不礼貌的。餐后应留下来进行社交谈话,如果一吃完就告辞是非常不礼貌的。

3. 美国交往礼仪

美国人比较随便,他们不喜欢用先生、夫人或小姐这类称呼,他们认为这类称呼过于郑重其事。美国男女老少都喜欢别人直呼自己的名字,并把这视为亲切友好的表示。握手是最普通的见面礼。在美国社会中,人们的一切行为都以个人为中心,个人利益是神圣不可侵犯的。人们日常交谈,不喜欢涉及个人私事。社交场合,女士优先。

4. 韩国交往礼仪

韩国人在称呼上多使用敬语和尊称,很少直接称呼对方的名字;要是对方在社会上有地位头衔,韩国人一定会屡用不止。韩国人在一般的情况下喜欢吃辣和酸。在社会集体和宴会中,男女分开进行社交活动,甚至在家里或在餐馆里都是如此。韩国人普遍忌"四"字。因韩语中"四"与"死"同音,传统上认为是不吉利的。

5. 新加坡交往礼仪

新加坡人举止文明,处处体现着对他人的尊重。在社交场合,新加坡人与客人相见时,一般都施握手礼。到新加坡从事商务活动的最佳月份是3月到10月,以避开圣诞节及华人的新年。

(资料来源:http://www.ruiwen.com/liyichangshi/1328140.html,有改动。)

 情境训练 3-9

训练目的:掌握涉外交往礼仪。

训练场景:某外国贸易团(每组设定的国别不同)今天将乘飞机到A公司考察访问,A公司安排了几位同志负责接待。模拟接机、见面、谈话、乘车安排及送行的全过程。

训练场所:教室。

训练工具:服饰、鲜花、名片、礼品等。

项目知识检测

● 基本训练

一、简答题

(1)为他人介绍的先后顺序是怎样的?
(2)使用手机时有什么基本要求?
(3)在图书馆、自习室应注意哪些礼仪?
(4)和外国友人交谈时需要注意哪些问题?
(5)商务涉外礼仪有哪些禁忌?

二、知识应用

1. 判断题

(1)当别人介绍你的时候说错了你的名字,不要去纠正,免得对方难堪。(   )

(2)接过名片时要马上阅读名片上的内容,互换名片后,应将名片放入名片夹中。(　　)
(3)当你不想要对方的礼物时,一定要解释其中的原因。(　　)
(4)涉外商务赠送礼物,给印度人送礼不能送与牛皮相关的东西。(　　)
(5)与熟悉的客户打电话可以使用方言。(　　)

2.选择题
(1)交谈是一种很有技巧的商务活动形式,交谈得好会对商务活动有很大的促进作用,因此在商务活动中,你应该(　　)。
A.在交谈中充分发挥你的能力,滔滔不绝
B.在交谈中多向对方提问,越多越好,越彻底越好,以获得更多的商务信息
C.在交谈中应表情自然,语气和蔼可亲,要注意内容,注意避讳一些问题
D.交谈发生争执时,一定要坚持自己的观点

(2)日常生活中,了解一些进出门的礼仪是十分有益的。以下关于进出门的礼仪正确的是(　　)。
A.男士一定要为女士开门,以显示自己的绅士风度
B.主人在前为客人开门,以显示自己的好客之意
C.自己为自己开门,不必考虑别人,体现日益加快的生活节奏
D.没有严格的要求

(3)接电话时,如果自己不是受话人,可以怎样做?(　　)
A.马上把电话放下
B.听筒未放下,就大声喊受话人来听电话
C.告诉对方:"请您稍等一下,我马上把他找来。"
D.问对方是谁、有何事,然后再把受话人叫来

(4)在欧美国家,如遇到上司生病,你应该(　　)。
A.除打电话慰问外,还要带上礼品到所在医院或家中表示慰问
B.一般不随便到病人家中或医院去探望
C.打电话祝愿病人能够早日康复,并向他详细介绍公司最近发生的一切事情
D.就当没有发生

(5)如何恰当地介绍别人是商务人员必备的礼仪技巧,能够正确地掌握先后次序是十分重要的。通常在介绍中,下面不符合礼仪的是(　　)。
A.首先将职位低的人介绍给职位高的人
B.首先将女性介绍给男性
C.首先将年轻者介绍给年长者
D.首先将下级介绍给上级

● 情景模拟训练

训练1
训练目的:掌握日常人际交往礼仪和涉外交往礼仪。
训练场景:
某贸易公司将于感恩节期间与美国的一家公司洽谈有关业务,并计划赠送美国公司代表感恩节的礼品,请演练该贸易公司营销经理刘某从到访至告辞的整个过程。

训练场所:教室。
训练工具:服饰、鲜花、名片、礼品等。
训练2
训练目的:掌握日常人际交往礼仪和校园人际交往礼仪。
训练场景:
会计专业的两名学生要去学校英语教研室做问卷调查,请演练从和老师预约开始至离开老师办公室的全过程,包括预约、进门、称呼、招呼、握手、自我介绍、交谈、致谢及告辞等内容。
训练场所:教室。
训练工具:问卷等。

● 综合案例

案例1:一间改变命运的房间

很多年以前,在一个暴风雨的晚上,有一对老夫妇走进一家旅馆的大厅要求订房。

"很抱歉,"柜台里一位年轻的服务生说,"我们这里已经被参加会议的团体包下了,往常碰到这种情况时,我们都会把客人介绍到另一家旅馆,可是这次很不凑巧,据我所知,附近的旅馆都已经客满了。"

看到这对老夫妇一脸的遗憾,服务生赶紧说:"先生,太太,在这样的夜晚,我实在不敢想象你们离开这里却又投宿无门的处境,如果你们不嫌弃的话,可以在我的房间里住一晚,那里虽然不是豪华套房,却十分干净。我今天晚上要在这里加班。"

这对老夫妇因为给服务生增添了麻烦而感到很不好意思,但他们还是谦和有礼地接受了服务生的好意。

第二天一大早,当老先生下楼来付住宿费的时候,那位服务生依然在当班,他婉言拒绝了老先生,说:"我的房间是免费提供给你们的,我昨天晚上在这里已经挣取了额外的钟点费,房间的费用本来就包含在里面了。"

老先生说:"你这样的员工是每一个旅馆老板梦寐以求的,也许有一天我会为你盖一座旅馆。"

年轻的服务生听了笑了笑,他明白老夫妇的好心,但他只当它是一个笑语。

又过了几年,那个柜台服务生依然在那家旅馆上班。有一天,他忽然接到老先生的来信,信中清晰地叙述了他对那个暴风雨之夜的记忆。老先生邀请柜台服务生到曼哈顿去和他见一面,并附上了往返的机票。

几天以后,服务生来到了曼哈顿,在第五大道和三十四街之间一座豪华的建筑物前见到了老先生。老先生指着眼前的建筑物说:"这就是我专门为你盖的饭店,我以前曾经说过的,你还记得吗?"

这家饭店就是美国著名的渥道夫·爱斯特莉亚饭店的前身,这个年轻的服务生就是该饭店第一任总经理乔治·伯特。乔治·伯特怎么也没有想到,自己用一夜真诚换来的竟是一生辉煌的回报。

问题:分析这则案例中的接待工作之道,并分析接待工作和塑造自身形象的关系。

案例2:跨文化趣话

3个人结伴旅行,分别是中国人、印度人和美国人。一天,他们来到一个大瀑布前,3个人都感到很惊讶,却发出了不同的感慨。中国人长期受强调与大自然和谐相处的儒家文化的影响,从自然美的角度去欣赏这一瀑布,感叹道:"多么壮观的景色啊!"印度具有宗教神学传统,想到的是神的力量。面对从天而降的瀑布,印度人不禁肃然起敬,说:"神的力量真大啊!"美国人则从经济的角度去看待事物,另有一番感慨地说:"多么可惜啊!这里本可以建一座大型水力发电站的。"

问题:以上案例反映了什么问题?

第四章 商务礼仪

知识目标
◎掌握商务接待礼仪和程序、电话礼仪注意事项；
◎掌握仪式礼仪原则；
◎了解洽谈礼仪内容；
◎理解商务礼仪的重要性。

技能目标
◎在工作中运用商务礼仪知识。

思政目标
◎具备在商务活动中为对方考虑的品质；
◎不拿不当利益。

引导案例

商务活动中的谈判

某市文化单位计划兴建一座影剧院。一天，公司王经理正在办公，家具公司李经理上门推销座椅，一进门便说："哇！好气派。我很少看见这么漂亮的办公室。如果我也有一间这样的办公室，我这一生的心愿就满足了。"李经理就这样开始了他的谈话。然后他又摸了摸办公椅扶手说："这不是香山红木么？难得一见的上等木料呀。"

"是吗？"王经理的自豪感油然而生，接着说："我这整个办公室是请深圳装潢厂家装修的。"于是亲自带着李经理参观了整个办公室，介绍了计算比例、装修材料、色彩调配。在整个参观过程中，王经理显得兴致勃勃，自我满足之情溢于言表。

如此，李经理自然可拿到王经理签字的座椅订购合同。同时，互相都得到一种满足。

这一案例表明：在商务谈判中应注意语言的表达技巧。礼节性的交际语言可以很好地增进谈判双方的了解、沟通感情、融洽友好气氛。而专业性的语言体现了谈判者措辞的严谨性、规范性、专业性，可以赢得他人的好感，体现自身的能力。李经理对王经理办公室的赞美，赢得了王经理的好感，同时使谈判气氛非常融洽。李经理对办公室的夸奖，既有赞美，同时也体现了自己对家具知识的了解。双方成功签订协议，都获得了自身的满足，是成功的社交事件。

第一节 商务礼仪概述

一、商务礼仪的含义及作用

商务礼仪(business etiquette),通常指的是礼仪在商务行业之内的具体运用,主要泛指商务人员在自己的工作岗位上所应当严格遵守的行为规范。商务礼仪的核心是一种行为的准则,用来约束我们日常商务活动的方方面面。商务礼仪的核心作用是体现人与人之间的相互尊重。我们可以用一种简单的方式来概括商务礼仪——它是商务活动中对人的仪容仪表和言谈举止的普遍要求。

在商务活动中,为了体现相互尊重,需要通过一些准则去约束人们在商务活动中方方面面的行为,这其中包括仪表礼仪、言谈举止、书信来往、电话沟通等,从商务活动的场合又可以分为办公礼仪、宴会礼仪、迎宾礼仪等。

商务礼仪的作用,一言以蔽之,内强素质,外塑形象。第一,提升个人的素养。第二,方便个人的交往应酬。我们在商业交往中会遇到不同的人,如何与不同的人进行交往是要讲究艺术的。比如夸奖人也要讲究艺术,不然的话即使是夸人也会让人感到不舒服。第三,有助于维护企业形象。在商务交往中,个人代表整体,个人形象代表企业形象,个人的所作所为就是本企业的典型活体广告。一举一动、一言一行,此时无声胜有声。

二、商务礼仪的基本特征及原则

1. 商务礼仪的基本特征

(1)规范性。商务礼仪的规范是一种舆论约束,它与法律约束不同,法律约束具有强制性。比如,替别人介绍的先后顺序,不分男女,不分老少,工作中是平等的,先介绍主人,后介绍客人,客人有优先了解权,这是客人至上的体现。

(2)对象性,即区分对象,因人而异,跟什么人说什么话。比如,引导者和客人的顺序,客人认识路时,领导和客人走在前面;不认识路时,引导者要在左前方引导。再如,宴请客人时优先考虑的问题是什么?便宴优先考虑的应该是菜肴的安排。要问对方不吃什么,有什么忌讳。不同民族有不同的习惯,我们必须尊重客人的民族习惯。

西方人有"六不吃":
- 不吃动物内脏;
- 不吃动物的头和脚;
- 不吃宠物,尤其是猫和狗;
- 不吃珍稀动物;
- 不吃淡水鱼,认为淡水鱼有土腥味;
- 不吃无鳞无鳍的鱼(如鳝)、蛇等。

除了民族禁忌之外,还要注意宗教禁忌。比如:穆斯林禁忌动物的血;佛教禁忌荤腥、韭菜等。

针对不同的对象要安排不同的内容,洋的要安排土的,土的要安排洋的,商务上讲叫"吃特色、吃文化、吃环境"。

(3)技巧性。如何问客人喝什么饮料?要问封闭式的问题。总经理和董事长在台上的标准位置怎样排列?三项基本原则:前排的人地位高于后排;中央高于两侧;而左右的确定,涉外交往和商务交往是讲国际惯例的,国际惯例为右高左低。

2. 商务礼仪的 3A 原则

商务礼仪的 3A 原则,是商务礼仪的立足之本,是美国学者布吉尼教授提出来的。3A 原则实际上强调的是在商务交往中处理人际关系最重要的问题。

第一原则,接受对方。这一原则告诉我们在商务交往中不能只见到物而忘掉人,强调人的重要性,要注意人际关系的处理,不然就会影响商务交往的效果。接受对方,要宽以待人,不要为难对方,让对方难堪。比如在交谈时有"三不要":不要打断别人;不要轻易地进行补充;不要随意更正对方,因为事物的答案有时不止一个。一般而言,在不涉及原则性问题的情况下,要尽量接受对方。

第二原则,重视对方。要看到对方的优点,不要专找对方的缺点,更不能当众指正。重视对方的技巧:一是在人际交往中要善于使用尊称,如称行政职务、技术职称;二是记住对方,比如接过名片要看,记不住时,千万不可张冠李戴。

第三原则,赞美对方。对交往对象应该给予一种赞美和肯定,懂得欣赏别人的人实际上也是在欣赏自己。赞美对方也有技巧:一是实事求是,不能太夸张;二是适应对方,要夸到点子上。

第二节　商务接待礼仪

商务接待一般建立在商业谈判或者商业合作基础上,它的礼仪规格比较高。

一、接待前充分准备

(1)了解清楚来宾的基本情况,包括所在单位、姓名、性别、职务、级别、一行人数,以及到达的日期和地点。

(2)根据客户的具体情况确定具体的接待规格。

(3)日程安排。根据对方意图和实际情况,拟出接待日程安排方案,报请领导批示。

(4)接待日常生活安排。根据来宾的身份和其他实际情况,安排具体接待人员、住宿、接待用车、饮食。

(5)工作安排。根据来宾的工作内容进行工作安排。如来宾要进行参观或学习交流,则应根据对方的要求,事先安排好参观行程,通知相关交流人员,准备交流材料,筹备好相关情况介绍、现场演示等各项准备工作。

二、接待中的服务工作

1）迎接来宾

根据来宾的身份和抵达的日期、地点，安排有关领导或接待人员到车站、机场迎接。

2）来宾日程

来宾到达并住下后，双方商定具体的活动日程，尽快将日程安排印发有关领导和部门，按此执行，并安排有关领导看望来宾，事先安排好地点及陪同人员。

3）宴请

掌握宴请的人数、时间、地点、方式、标准，并提前通知酒店；精心编制宴会菜单，做好宴会设计；摆放席位卡，并核对确认；接待人员提前一小时到宴会厅，督促检查有关服务；陪餐领导先到达宴会地点；接待人员主动引导来宾入席、离席；严格按拟定宴会菜单上菜、上酒水等，特殊情况按主陪领导意图办理，准确把握上菜节奏，不宜过快或过慢。

4）商务会见、会谈安排

明确商务工作会见的基本情况、目的以及会见（谈）人的职位、姓名等基本信息；提前通知我方有关部门和人员做好会见（谈）准备；确定会见（谈）时间，安排好会见（谈）场地、座位；双方进入会议室后，由主持人开场，介绍双方领导、会议主题和会议议程；双方领导先后致辞；发言人员就会议内容进行发言或讨论；相关领导作总结发言；主持人宣布会议结束。

5）记录和报道

来宾如有重要身份，或活动具有重要意义，则应事先安排记录人员做好记录并安排宣传人员负责报道。

6）商务参观、考察安排

提前准备好一切相关物资、车辆；提前通知协调有关领导和随行陪同人员；相关领导提前至大门口迎接宾客的到来；宾客到达下车后，双方领导交换名片，初步认识；双方进入展示大厅，进行沙盘讲解后，将宾客带至项目参观；双方进入会议室就项目或其他话题进行座谈；安排好相关人员对接待过程中的突发情况进行现场处理。

7）休闲娱乐活动

征求来宾意见，根据来宾的喜好和习惯安排活动项目。

安排活动场地、确定活动时间；安排电影、健身、体育等娱乐活动，举办文艺晚会，接待之前应做好相关准备工作；根据来宾兴趣灵活掌握活动时间长度；根据领导指示或来宾要求，做好游览风景区和名胜古迹的安排。

三、商务接待礼仪

1. 介绍的礼节

介绍的手势：五指并拢，手心向上，指向被介绍人。

介绍的顺序：先将位卑者介绍给位尊者，将男士介绍给女士，将年轻的介绍给年长的，将自己公司的同事介绍给别家公司的人员或客户，将职位稍低者介绍给职位高者，将非官方人士介绍给官方人士。如果身边各有一人,先介绍右边的,再介绍左边的。

2. 握手的礼仪

握手时,距对方约一步远,上身稍向前倾,两足立正,伸出右手,四指并拢,虎口相交,拇指张开下滑,向受礼者握手(见图4-1)。

图4-1 握手的礼仪

掌心向下握住对方的手,显示着一个人强烈的支配欲,无声地告诉别人,他此时处于高人一等的地位。应尽量避免这种傲慢无礼的握手方式。相反,掌心向上握手显示出一个人的谦卑和毕恭毕敬。平等而自然的握手姿态是两手的手掌都处于垂直状态。这是一种最普通也最稳妥的握手方式。

戴着手套握手是失礼行为。男士在握手前应先脱下手套,摘下帽子,女士可以例外。当然在严寒的室外也可以不脱,比如双方都戴着手套、帽子,这时一般也应先说声"对不起"。握手时双方互相注视、微笑、问候、致意,不要看第三者或显得心不在焉。

除了关系亲近的人可以长久地把手握在一起外,一般握两三下就行。不要太用力,但漫不经心地用手指尖"蜻蜓点水"式去点一下也是无礼的。一般要将时间控制在三五秒钟。如果要表示自己的真诚和热烈,也可较长时间握手,并上下摇晃几下。

握手时两手一碰就分开,时间过短,好像在走过场,又像是对对方存有戒心。而时间过久,特别是拉住异性或初次见面者的手长久不放,显得有些虚情假意,甚至会被怀疑为"想占便宜"。

长辈和晚辈之间,长辈伸手后,晚辈才能伸手相握。上下级之间,上级伸手后,下级才能接握。男女之间,女方伸手后,男方才能伸手相握;当然,如果男方为长者,遵照前面说的方法。

如果需要和多人握手,握手时要讲究先后次序,由尊而卑,即先年长者后年幼者,先长辈再晚辈,先老师后学生,先女士后男士,先已婚者后未婚者,先上级后下级。

交际时如果人数较多,可以只跟相近的几个人握手,向其他人点头示意,或微微鞠躬就行。为了避免出现尴尬场面,在主动和人握手之前,应想一想自己是否受对方欢迎,如果已经察觉对方没有要握手的意思,点头致意或微微鞠躬就行了。

在公务场合,握手时伸手的先后次序主要取决于职位、身份。而在社交、休闲场合,则主要取决于年龄、性别、婚否。

在接待来访者时,这一问题变得特殊一些:当客人抵达时,应由主人首先伸出手来与客人相握;而在客人告辞时,就应由客人首先伸出手来与主人相握。前者是表示"欢迎",后者就表示"再见"。这一次序颠倒,很容易让人产生误解。

应当强调的是,上述握手时的先后次序不必处处苛求于人。如果自己是尊者、长者或上级,而位卑者、年轻者或下级抢先伸手时,最得体的就是立即伸出自己的手进行配合,而不要置之不理,使对方当场出丑。

当你在握手时,不妨说一些问候的话,语气应直接而且肯定,并在说到重要字眼时,紧握着对方的手,来加强对方对你的印象。

握手的场合也有讲究,在如下几种情况下,应该握手:遇到较长时间没见面的熟人;在比较正式的场合和认识的人道别;在以本人作为东道主的社交场合,迎接或送别来访者时;拜访他人后,在辞行的时候;被介绍给不认识的人时;在社交场合,偶然遇上亲朋故旧或上司的时候;别人给予你一定的支持、鼓励或帮助时;表示感谢、恭喜、祝贺时;对别人表示理解、支持、肯定时;得知别人患病、失恋、失业、降职或遭受其他挫折时;向别人赠送礼品或颁发奖品时。通常,上述所列举的情况都是适合握手的场合。

3. 交换名片的礼仪

如果是坐着,尽可能起身接受对方递来的名片;辈分较低者,率先递出个人的名片;到别处拜访时,经上司介绍后,再递出名片;接受名片时,应以双手去接,并确定其姓名和职务;接受名片后,不宜随手置于桌上;经常检查名片夹或皮夹,不可递出污旧或皱褶的名片;名片夹或皮夹置于西装内袋,避免由裤子后方的口袋掏出;尽量避免在对方的名片上书写不相关的东西;不要无意识地玩弄对方的名片;上司在时不要先递交名片,要等上司递上名片后才能递上自己的名片。

4. 引导的礼仪

接待人员带领客人到达目的地,应该有正确的引导方法和引导姿势。

(1) 在走廊的引导方法。接待人员在客人两三步之前,配合步调,让客人走在内侧。

(2) 在楼梯的引导方法。当引导客人上楼时,应该让客人走在前面,接待人员走在后面;下楼时,应该由接待人员走在前面,客人在后面。上下楼梯时,接待人员应该注意客人的安全。

(3) 在电梯的引导方法。引导客人乘坐电梯时,接待人员先进入电梯,等客人进入后关闭电梯门;到达时,接待人员按"开"的按钮,让客人先走出电梯。

(4) 客厅里的引导方法。当客人走入客厅时,接待人员用手指示,请客人坐下,看到客人坐下后,才能行点头礼然后离开。如客人错坐下座,应请客人改坐上座(一般靠近门的一方为下座)。

案例分析4-1

接待礼仪案例

小郑刚参加工作不久,公司举办了一次大型的产品发布会,邀请国内很多知名企业人士参加。小郑被安排在接待工作岗位上。接待当天,小郑早早来到机场,当等到来参加发布会的人时,他便开口说:"您好!是来参加发布会的吗?请报出您的单位及姓名,以便我们安排就餐与住宿。"小郑有条不紊地做好了记录。后来在会场,小郑帮客人引路。小郑一直小心翼翼,虽然自己一向走路很快,但是他放慢步伐,很注意与客人的距离不能太远,一路带着客人。电梯上下,小郑也是走在前面,做好带路工作。原本认为很简单的事情,却几次被上司批评。

分析:在迎接礼仪中,小郑与客人的职位和身份并不相当,他应主动向客人做出礼貌的解释。而小郑没有做出任何解释,容易引起客人的误会。接到客人后要主动打招呼,握手表示欢迎,同时说些寒暄辞令、礼貌用语等,而小郑没有事先了解要接待的客人的相关信息,张口就问,十分不礼貌。在引导客人时,应主动配合客人步伐,保持一定距离。在出电梯时,应改为客人先走出电梯,自己在后面,以保证客人安全,而小郑出电梯时自己走在前面,这也是不恰当的。小郑既破坏了客人的心情,也被上级批评了,因此是失败的社交事件。

5. 乘车礼仪

1)小轿车

小轿车的座位,如由司机驾驶,以后排右侧为首位,左侧次之,中间座位再次之,前排右侧殿后。

如果由主人亲自驾驶,以驾驶座右侧为首位,后排右侧次之,左侧再次之,而后排中间座为末席。

主人夫妇驾车时,则主人夫妇坐前座,客人夫妇坐后座。男士要服务于自己的夫人,宜开车门让夫人先上车,然后自己再上车。

主人亲自驾车,坐客只有一人,应坐在主人旁边。若同坐多人,中途坐前座的客人下车后,在后面坐的客人应改坐前座,此项礼节最易疏忽。

女士登车不要一只脚先踏入车内,也不要爬进车里,需先站在座位边上,把身体降低,让臀部坐到位子上,再将双腿一起收进车里,双膝一定保持合并的姿势。

2)吉普车

吉普车无论是主人驾驶还是司机驾驶,都应以前排右座为尊,后排右侧次之,后排左侧为末席。上车时,后排位低者先上车,前排尊者后上。下车时前排客人先下,后排客人再下车。

3)旅行车

在接待团体客人时,多采用旅行车接送客人。旅行车以司机座后第一排即前排为尊,后排依次为小。其座位的尊卑,依每排右侧往左侧递减。

四、接待流程及标准

接待申请—确定接待级别—联系接待单位—安排接待人员—机场(车站)接车—安排住宿—营销中心参观—领导接见—餐饮安排—提出、收集合作事项—处理、确定合作事项—领导会谈—机场(车站)送车—电话回访。

1. 接待申请

业务、市场部员工在了解到客户即将到访时通知行政办,要求进行客户接待的安排,如出差在外应及时以电话方式通知,并落实客户的联系方式、随行人数,确定是否需用车到机场或火车站接送。

2. 确定接待级别

根据来访人员级别和重要性的不同,可按相关标准安排接待。

(1)普通人员级别。

适合人员:经销商业务类考察人员、技术人员、家装公司设计师、厂家中层管理者、普通意向经销商等。

住宿标准:按对方人员要求,公司不负担住宿费用。

餐饮标准:午餐简便,消费控制在300元以下,晚餐消费控制在400元以下。

接待陪同人员:公司基层业务员、某地域经理。

接待车辆:小轿车或的士。

以上标准是以两名客人为基准,如超过两名客人,则餐饮标准另加50元/人。

(2)高级人员级别。

适合人员:终端消费企业领导、合作经销商、厂家高层管理人员、出口公司负责人等。

住宿标准:按对方人员要求,公司不负担住宿费用。

餐饮标准:午餐简便,消费控制在500以下元,晚餐消费控制在500元以下。

接待陪同人员:某地域经理、市场督导。

接待车辆:小轿车、商务车或的士。

感情接待:对此类人员,公司高层干部可安排做一次或两次家中接待,接待人员陪同,以增加彼此间的感情(视双方合作情况而定)。

其他接待项目:公司安排带客人到本地主要景点游玩或晚上娱乐,费用控制在700元以下;必要时,可于客人临行时赠送纪念品(视双方合作情况而定)。

以上标准是以两名客人为基准,如超过两名客人,则餐饮标准另加100元/人,娱乐费用另加200元/人。

(3)特级人员级别。

适合人员:主要市场经销商领导(包括内销、出口)、主要市场政府人员、本地行业相关部门负责人、厂家特邀领导、公司特邀领导、其他特殊人员等。

住宿标准:四星级酒店以上,房价控制在400~700元/间,公司负担全程费用。

餐饮标准:午餐简便,消费控制在1000元以下,晚餐消费控制在1000元以下。

接待陪同人员:某地域经理、市场督导、营销总经理、股东。

接待车辆:商务车或租用高级用车。

其他接待项目:公司安排带客人到本地主要景点游玩或晚上娱乐,费用控制在1200元以下;必要时,可于客人临行时赠送纪念品(视双方合作情况而定)。

以上标准是以两名客人为基准,如超过两名客人,则餐饮标准另加100元/人,娱乐费用另加250元/人。

第三节　商务电话及传真礼仪

一、接电话礼仪

(1)及时接电话。

一般来说,在办公室里,电话铃响3遍之前就应接听,3遍后就应道歉:"对不起,让您久等了。"如果受话人正在做一件要紧的事情不能及时接听,代接的人应代为解释。如果既不及时接电话,又不道歉,甚至极不耐烦,就是极不礼貌的行为。尽快接听电话会给对方留下好印象,让对方觉得自己被看重。

(2)确认对方身份。

对方打来电话,一般会主动介绍自己。如果没有介绍或者你没有听清楚,就应该主动问:"请问您是哪位?我能为您做什么?您找哪位?"但是,人们习惯的做法是,拿起电话听筒盘问一句:"喂!哪位?"这在对方听来,陌生而疏远,缺少人情味。接到对方打来的电话,拿起听筒应首先自我介绍:"您好!我是某某某。"如果对方找的人在旁边,应说"请稍等",然后用手掩住话筒,轻声招呼你的同事接电话。如果对方找的人不在,应该告诉对方,并且问:"需要留言吗?我一定转告!"

(3)讲究艺术。

接听电话时,应注意使嘴和话筒保持4厘米左右的距离;要把耳朵贴近话筒,仔细倾听对方的讲话。

最后,应让对方自己结束通话,然后轻轻把话筒放好。不可"啪"的一下扔回原处,这极不礼貌。最好是在对方之后挂电话。

(4)调整心态。

拿起电话听筒的时候,一定要面带笑容。不要以为笑容只能表现在脸上,它也会藏在声音里。亲切、温情的声音会使对方马上对我们产生良好的印象。如果绷着脸,声音会变得冷冰冰。

接打电话的时候不能叼着香烟、嚼着口香糖;说话时,声音不宜过大或过小,吐字应清晰,保证对方能听明白。

(5)用左手接听电话,右手准备纸笔,便于随时记录有用信息。

案例分析4-2

电话接听的案例

接线生:早安,这里是Tech 2000,请问您要和谁通话呢?

客户:我想了解贵公司办公室系列的产品。

接线生:我帮您转接业务代表。

业务代表:您好,我是汤姆·霍普金斯,请问需要什么服务呢?

客户:我想了解贵公司办公室系列的产品,你们有目录可以寄给我吗?

业务代表:当然可以啦,请问您大名是?

客户:我叫马丁·吉蒂,你能寄给我有关各种产品和价格的资料吗?

业务代表:可以的,请问贵公司的名称和地址?

客户:我这里是唐马氏集团,地址在某某某,邮编是85251。

业务代表:对不起,邮递区号是?

客户:85251。

业务代表:马丁小姐,谢谢您。请问您是怎么找到我们公司的呢?

客户:是在报纸上的广告看到的。

业务代表:请问您是对我们所有的产品有兴趣,还是在找某些项目的产品?
客户:我想了解你们所有的产品及价格,如果我能有目录那就太好了。
业务代表:我很乐意提供目录给您,事实上我今天下午会在您附近,我可以把目录直接拿给您吗?
客户:我不急着今天要目录,如果你要来也可以。
业务代表:马丁小姐,我知道您的时间宝贵,我今天下午的时间很有弹性,什么时候拜访您最好呢?今天下午两点还是四点呢?看您认为什么时间最好?
客户:我并不想约时间见面,我只是想先看看目录。
业务代表:没关系,只要您先给我一些资料,让我了解怎么样满足您的需求,也许我可以附上一些样品,让您看看我们的品质,因为您真的无法从照片上看出产品的品质,您同意吗?
客户:有道理,品质当然重要了,事实上价格是我们进货比较大的考量。
业务代表:我有个想法,您可以选出贵公司常用的一些产品,我把几个样品和价格带去给您。根据经验,我们如果越了解你们的需求,就越能够处理好你们所关心的事。当然,也能给您提供更好的服务。我想我可以花点时间和您见面,就长期来看这能节省我更多的时间。
客户:那就请您四点来好了。

情景测试练习

作为服务人员来说,更多的是接电话,接电话的时候必须做到心中有数、操作有度。

以下是某企业的电话礼仪测试实例。该企业提供了六个业务电话号码,随机打了四部电话,其中两个电话是这样的情景:

情景一:

电话响了二十几秒后,有人接起电话说"你好",然后就没有声音了。测试人员也没有说话,但在听着电话。又过了五六秒,对方"啪"的挂了。

情景二:

电话响了两声后,有人接起电话:"你好,××公司。"
测试人员:"找一下市场部的李华,谢谢。"
工作人员:"市场部?错了。"
"啪"的挂了电话。

另外有一部没有人接,只有一部电话基本符合礼仪规范。

以下是接电话礼仪测试题,可以对照自己平时接电话的实际表现,做一下评估:

(1)电话一响立即接听或者响过四五声再从容地接起来。(   )
(2)如果不是本部门的电话,就没必要理,免得耽误正常的工作。(   )
(3)如果是其他同事的业务电话,要立即大声喊他来接。(   )
(4)手头工作实在太忙的时候,可以不接电话或是直接把电话线拔掉。(   )
(5)如果两部电话同时响起来,只能接一部,另一部不用管它了。(   )
(6)快下班的时候,为了能更好地解答客户咨询,让客户改天再打电话来。(   )

(7)接客户电话的时候,要注意严格控制时间长度,牢记"三分钟"原则。(　　)

(8)如果电话意外中断了,即使知道对方是谁也不应该主动打过去,而是等对方打过来。(　　)

(9)接到打错的电话,不用理会,马上挂掉,不能耽误工作时间。(　　)

(10)在和客户谈事情的时候,如果手机响了,应该避开客户到其他地方接听。(　　)

说明:如果你有两道以上的题答错了,说明到了要注意自己电话形象的时候了。如果错了四道以上,你的电话形象已经影响到企业形象、公司业务,改变刻不容缓,否则你的企业只能很快改变接电话的人。

以上十道题的答案,全是"×"。

二、传真礼仪

商界人士在利用传真对外通信联络时,必须注意下述三个方面的礼仪问题。

第一,必须合法使用。国家规定:任何单位或个人在使用自备的传真设备时,均须严格按照电信部门的有关要求,认真履行必要的使用手续,否则即为非法之举。

具体而言,安装、使用传真设备前,须经电信部门许可,并办理相关的一切手续,不准私自安装、使用传真设备。

安装、使用的传真设备,必须配有电信部门正式颁发的批文和进网许可证。如欲安装、使用自国外直接带入的传真设备,必须首先前往国家所指定的部门进行登记和检测,然后方可到电信部门办理使用手续。使用自备的传真设备期间,按照规定,每个月都必须到电信部门交纳使用费用。

第二,必须得法使用。使用传真设备通信,必须在具体的操作上力求标准而规范。不然,也会令其效果受到一定程度的影响。本人或本单位所用的传真机号码,应被正确无误地告之自己重要的交往对象。一般而言,在商务名片上,传真号码是必不可少的一项重要内容。对于主要交往对象的传真号码,必须认真地记好,为了保证万无一失,在有必要向对方发送传真前,最好先向对方通报一下。这样做既提醒了对方,又不至于发错传真。发送传真时,必须按规定操作,并以提高清晰度为要旨。与此同时,也要注意使其内容简明扼要,以节省费用。单位所使用的传真设备,应当安排专人负责。无人在场而又有必要时,应使之处于自动接收状态。为了不影响工作,单位的传真机尽量不要同办公电话采用同一条线路。

第三,必须依礼使用。商界人员在使用传真时,必须维护个人和所在单位的形象,必须处处不失礼数。

在发送传真时,一般不可缺少必要的问候语与致谢语。发送文件、书信、资料时,更是要谨记这一条。出差在外,有必要使用公共传真设备,即付费使用电信部门设立在营业所内的传真机时,除了要办好手续、防止泄密之外,对于工作人员亦须以礼相待。

人们在使用传真设备时,最为看重的是它的时效性。因此,在收到他人的传真后,应当在第一时间采用适当的方式告知对方,以免对方惦念不已。需要办理或转交、转送他人发来的传真时,千万不可拖延时间,耽误对方的要事。

第四节　商务拜访礼仪

拜访是指亲自或派人到朋友家或与业务有关系的单位去拜见访问某人的活动。人与人之间、社会组织之间、个人与企业之间都少不了这种拜访。拜访有事务性拜访、礼节性拜访和私人拜访三种,而事务性拜访又有商务洽谈性拜访和专题交涉性拜访之分。但不管哪种拜访,都应遵循一定的礼仪规范。在商务交往过程中,相互拜访是经常的事,如果懂得商务拜访礼仪,无疑会为拜访活动增添色彩。

一、拜访前的准备

有句话说得好:不打无准备之仗。商务拜访前同样需要做好充分准备。

1. 预约不能少

拜访之前必须提前预约,这是最基本的礼仪。一般情况下,应提前三天给拜访者打电话,简单说明拜访的原因和目的,确定拜访时间,经过对方同意以后才能前往。

2. 明确目的

拜访必须明确目的,出发前对此次拜访要解决的问题应做到心中有数。例如,你需要对方为你解决什么,你对对方提出什么要求,最终你要得到什么样的结果等,这些问题的相关资料都要准备好,以防万一。

3. 礼物不可少

无论是初次拜访还是再次拜访,礼物都不能少。礼物可以起到联络双方感情、缓和紧张气氛的作用。所以,在礼物的选择上还要下一番苦功夫。既然要送礼就要送到对方的心坎里,了解对方的兴趣、爱好及品位,有针对性地选择礼物,尽量让对方感到满意。

4. 自身仪表不可忽视

肮脏、邋遢、不得体的仪表,是对被拜访者的轻视。被拜访者会认为你不把他放在眼里,对拜访效果有直接影响。一般情况下,登门拜访时,女士应着深色套裙、中跟浅口深色皮鞋,配肤色丝袜;男士最好选择深色西装配素雅的领带,外加黑色皮鞋、深色袜子。

二、拜访过程

商务拜访中,一个人的行为举止既体现他的道德修养、文化水平,又能表现出他与别人交往的诚意,更关系到一个人形象的塑造,甚至会影响到企业的形象。粗鲁无礼、矫揉造作的举止,无疑有损于良好的形象。相反,端庄含蓄的行为,给人稳健的印象;热情礼貌,则会使人赏心悦目。所以,在商务拜访中应该使自己成为举止优雅的形象代言人。

1. 具备较强的时间观念

拜访他人可以早到却不能迟到,这是一般的常识,也是拜访活动中最基本的礼仪之一。早些到可以借富裕的时间整理拜访时需要用到的资料,并正点出现在约定好的地点。而迟到则是失礼的表现,不但是对被拜访者的不敬,也是对工作不负责任的表现,被拜访者会对你产生不好的看法。

值得注意的是,如果因故不能如期赴约,必须提前通知对方,以便被拜访者重新安排工作。通知时一定要说明失约的原因,态度诚恳地请对方原谅,必要时还需约定下次拜访的日期、时间。

2. 先通报后进入

到达约会地点后,如果没有直接见到拜访对象,拜访者不得擅自闯入,必须经过通报后再进入。一般情况下,前往大型企业拜访,首先要向负责接待的人员交代自己的基本情况,待对方安排好以后,再与被拜访者见面。当然,生活中不免存在这样的情况:被拜访者身处某一宾馆,如果拜访者已经抵达宾馆,切勿鲁莽直奔被拜访者所在房间,而应该由宾馆前台接待,打电话通知被拜访者,经同意以后再进入。

 知识链接　商务拜访敲门礼仪

敲门是商务拜访中的礼仪细节,敲门的好坏直接关系到拜访的成功与否,更是关系公司形象或者个人素养的不可估量的细节因素。正确的敲门礼仪不仅是对他人的尊重,更是对自己的尊重。敲门最适当的做法应该是先敲三下,没有反应,隔一会儿,再敲。敲门的声音要有节奏而且要控制适当,不要太重,不能用拳头捶门,不能用手掌砸门,更不能用脚踢门。敲门后听到里面有人过来,自觉地后退几步,以便里面的人开门。这样做的好处是方便别人看清楚来访者是谁,要不要开门。即使门是开着的,也应该有礼貌地敲门,以便提醒对方有来访者。

3. 举止大方,温文尔雅

见面后,打招呼是必不可少的。如果双方是初次见面,拜访者必须主动向对方致意,简单地做自我介绍,然后热情大方地与被拜访者行握手之礼。如果双方已经不是初次见面了,主动问好致意也是必需的,这样可显示出你的诚意。说到握手不得不强调一点,如果对方是长者、职位高者或女性,自己绝对不能先将手伸出去,这样有抬高自己之嫌,同样可视为对他人的不敬。

见面礼行过以后,在主人的引导之下,进入指定房间,待主人落座以后,自己再坐在指定的座位上。

 知识链接　就座礼仪

就座基本要求:在正式社交场合,要求男性两腿之间可有一拳的距离,女性两腿并拢无空隙。两腿自然弯曲,两脚平落地面,不宜前伸。在日常交往场合,男性可以跷腿,但不可跷得过高或抖动;女性大腿并拢,小腿交叉,但不宜向前伸直。如果主人是长者或有一定的地位,应等主人坐下或招呼坐下后方可落座。

优雅坐姿:要想坐姿优雅,入座时就要轻柔和缓,就座时不可以扭扭歪歪,两腿过于叉开;不可以高跷起二郎腿,若跷腿时悬空的脚尖应向下。坐下后不要随意挪动椅子、腿脚不停地抖动。女士着裙装入座时,应用手将裙装稍稍拢一下,不要坐下后再站起来整理衣服。在正式场合与人会面时,不可以一开始就靠在椅背上。就座时,一般坐满椅子的三分之二,不可坐满椅子,也不要坐在椅子边上过分前倾。

4. 开门见山,切忌啰唆

谈话切忌啰唆,简单的寒暄是必要的,但时间不宜过长。因为被拜访者可能有很多重要的工作等待处理,没有很多时间接见来访者,这就要求谈话要开门见山,简单地寒暄后直接进入正题。

当对方发表自己的意见时,打断对方讲话是不礼貌的行为。应该仔细倾听,将不清楚的问题记录下来,待对方讲完以后再请求对方就不清楚的问题给予解释。如果双方意见产生分歧,一定不能急躁,要时刻保持沉着冷静,避免破坏拜访气氛,影响拜访效果。

5. 把握拜访时间

在商务拜访过程中,时间为第一要素,拜访时间不宜拖得太长,否则会影响对方其他工作的安排。如果双方在拜访前已经约定了拜访时间,则必须把握好已规定的时间;如果没有对时间问题做具体要求,那么就要在最短的时间里讲清所有问题,然后起身离开,以免耽误被拜访者处理其他事务。

三、拜访结束

拜访结束时,如果谈话时间过长,起身告辞时,要向主人表示打扰之歉意。出门后,回身主动与主人握别,说"请留步",待主人留步后,走几步再回首挥手致意"再见"。

商务拜访是当今流行的一种办公形式,也是对礼仪要求较多的活动之一。掌握好上述礼仪要领,将有助于商务工作顺利进行。

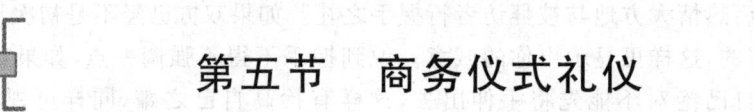

第五节　商务仪式礼仪

仪式,是指人们在人际交往中,特别是在一些比较盛大、比较热烈、比较庄严、比较隆重的场合,为了激发出席者的某种情感,或是为了引起其重视,而郑重其事地按合乎规范与惯例的程序,按部就班地举行某种活动的形式。

仪式礼仪规定:在对外交往中,郑重其事地举行某种仪式,换言之也就是举行所谓典礼,要酌情而定、规模适度、宁少毋滥。如下三条规则是我们在筹划典礼时所必须遵守的:第一,典礼要适度;第二,典礼要隆重;第三,典礼要俭省。

一、商务庆典

商务庆典是各种商务庆祝仪式的统称。在商务活动中,商务人员参加庆祝仪式的机会是很多的,既有可能奉命为本单位组织一次庆祝仪式,也有可能应邀出席外单位的某一次庆祝仪式。

组织筹备一次商务庆典,如同进行生产和销售一样,先要对它做出一个总体的计划。商务人员如果受命完成这一任务,需要记住两大要点:其一,要体现出庆典的特色;其二,要安排好庆典的具体内容。

商务庆典既然是庆祝活动的一种形式,那么它就应当以庆祝为中心,把每一项具体活动都尽可能组织得热烈、欢快而隆重。不论是举行庆典的具体场合、庆典进行过程中的某个具体场面,还是全体出席者的情绪、表现,都要体现出红火、热闹、欢愉、喜悦的气氛。唯独如此,庆典的宗旨——塑造本单位的形象、显示本单位的实力、扩大本单位的影响,才能够真正地得以贯彻落实。

商务庆典所具有的热烈、欢快、隆重的特色,应当在其具体内容的安排上,得到全面的体现。

1. 商务庆典的分类

就内容而论,在商界所举行的庆祝仪式大致可以分为四类:

第一类,本单位成立周年庆典。通常,它都是逢五、逢十进行的,即在本单位成立五周年、十周年以及它们的倍数时进行。

第二类,本单位荣获某项荣誉的庆典。当单位本身荣获了某项荣誉称号、单位的"拳头产品"在国内外重大展评中获奖之后,这类庆典基本上均会举行。

第三类,本单位取得重大业绩的庆典。例如千日无生产事故、生产某种产品的数量突破10万台、经销某种商品的销售额达到1亿元,等等,这些来之不易的成绩,往往都是要庆祝的。

第四类,本单位取得显著发展的庆典。当本单位建立集团、确定新的合作伙伴、兼并其他单位、分公司或连锁店不断发展时,自然都值得庆祝一番。

商务庆典具体来说有下面几种类型。

1)周年庆典

周年庆典即为企业成立周岁庆典,一般而言,它都是逢五、逢十进行的,即在本单位成立五周年、十周年以及它们的倍数的时候进行。

2)庆功典礼

庆功典礼是指因单位或成员获得某项荣誉,取得某些重大成就、重大业绩、重大进展而举行的庆祝活动。如某市荣获"国家卫生城市"称号,某企业荣获"建设部评定装饰施工一级和设计甲级企业",某轿车厂"第100万辆轿车下线",某电视机厂"超大屏幕彩色电视机开发研制成功"等。

3)奠基庆典

奠基庆典是指重大工程项目,如楼宇、道路、桥梁、河道、水库、电站、码头、车站等建设项目正式开工时,举行的破土动工的仪式。这类庆典起庆祝、纪念的作用。

4)开业庆典

开业庆典是指单位机构成立创建、企业开始正式营业时隆重举行的庆祝仪式。这类典礼的目的是扩大宣传,树立组织机构的形象。

5)竣工庆典

竣工庆典是指某一工程项目建成完工时举行的庆贺仪式,包括建筑物落成、安装完工、重大产品成功生产等。这类典礼一般在竣工现场举行。

2. 商务庆典的礼仪

参加庆典时,不论是主办单位的人员还是外单位的人员,均应注意自己的举止表现。其中,主办单位人员的表现尤为重要。

1) 要仪容整洁

参加庆典的本单位人员,仪容一定要干净整洁,男士应刮胡须,女士应化淡妆。

2) 要服饰规范

有统一式样制服的单位,应要求以制服作为本单位人士的庆典着装。无制服的单位,应规定届时出席庆典的本单位人员必须穿着礼仪性服装,即男士应穿深色的中山装套装,或穿深色西装套装,配白衬衫、素色领带、黑皮鞋;女士应穿深色西装套裙,配长筒肤色丝袜、黑色高跟鞋,或者穿深色的裤装套装。此外,近年来颇为流行以旗袍作为礼服,在很多庆典场合也很受欢迎。

3) 要遵守时间

无论是本单位的最高负责人,还是级别最低的员工,都不得姗姗来迟、无故缺席或中途退场。如果庆典的起止时间已有规定,则应当准时开始、准时结束。

4) 要表情庄重

在举行庆典的整个过程中,都要表情庄重、全神贯注、聚精会神。庆典之中一般都安排了升国旗、奏国歌、唱"厂歌"的程序,一定要依礼行事。起立,脱帽,立正,面向国旗或主席台行注目礼,都要认认真真,表情庄严肃穆。

5) 要态度友好

主要是对来宾态度要友好。遇到了来宾,要主动热情地问好。对来宾提出的问题,要立即予以友善的答复。当来宾在庆典上发表贺词时,或是随后进行参观时,要主动鼓掌表示欢迎或感谢。

6) 要行为自律

在出席庆典时,主办方人员在举止行为方面应当注意的问题有:不要在庆典举行期间到处乱走、乱转;不要找周围的人说"悄悄话"、开玩笑;不要有意无意地做出对庆典毫无兴趣的姿态。

7) 要发言简短

本单位员工在庆典中发言,应注意以下四个问题:

(1) 上下场时要沉着冷静。走向主席台时,应不慌不忙,在开口讲话前应平心静气。

(2) 要讲究礼貌。在发言开始,勿忘说一句"大家好"或"各位好"。在提及感谢对象时,应目视对方;在表示感谢时,应郑重地欠身施礼。对于大家的鼓掌,则应以自己的掌声来回礼。在讲话末了,应当说一声"谢谢大家"。

(3) 发言一定要在规定的时间内结束,宁短勿长。

(4) 应当少做手势。

二、商务签字仪式

商务签字仪式,是商务活动中的合作伙伴经过洽商或谈判,就彼此之间进行商务合作、商品交易或某种争端达成协议或订立合同后,由各方代表正式在有关的协议或合同上签字的一种庄严而隆重的仪式。

举行商务签字仪式应注意以下几个环节。

1. 待签文本的准备

1）对待签文本的准备要慎重严肃

洽谈或谈判结束后,双方应指定专人按谈判达成的协议做好待签文本的定稿、翻译、校对、印刷、装订、盖印等工作。文本一旦签字就具有法律效力,因此,对待签文本的准备应当慎重严肃。

2）核对各种批件要认真

在准备文本的过程中,除要校对谈判协议条件与文本的一致性以外,还要核对各种批件,主要是检查项目批件、许可证、设备分交文件、订货卡等是否完备,审核合同内容与批件内容是否相符等。审核文本,必须对照原稿件,做到每字不漏,对审核中发现的问题,要及时互相通报,通过再谈判达成一致意见,并相应调整签约时间。在协议或合同上签字的有几个单位,就要为签字仪式提供几份文本。如有必要,还应为各方提供一份副本。与外商签署有关的协议、合同时,按照国际惯例,待签文本应同时使用宾主双方的母语。待签文本通常应装订成册,并以真皮、仿皮或其他高档质料作为封面,以示郑重。其规格一般是大八开,所使用的纸张务必高档,印刷务必精美。作为主办方,应为文本的准备提供准确、周到、快速的服务。

2. 签字人员的安排

在举行签字仪式之前,有关各方应预先确定好参加签字仪式的人员,并向有关方面通报。客方尤其要将自己一方出席签字仪式的人数提前通报给主方,以便主方安排。签字者的人选要视文件的性质来确定,可由最高负责人签,也可由具体部门负责人签,但双方签字人的身份应该对等。参加签字的有关各方事先还要安排一名熟悉签字仪式详细程序的助签人员,并商定好签字的有关细节。其他出席签字仪式的陪同人员,基本上是双方参加谈判的全体人员,按一般礼貌做法,人数最好大体相等。为了表示重视,双方也可对等邀请更高一层的领导人出席签字仪式。

3. 签字场地的布置

举行签字仪式的场地,一般视参加签字仪式的人员规格、人数多少及协议中的商务内容的重要程度来确定。多数是选择在客人所住的宾馆、饭店,或东道主的会客厅、洽谈室。无论选择在何处举行,都应征得对方的同意。

签字场地的布置:一般是在签字厅内设置长方桌作为签字桌,桌面覆盖深绿色台布（但要注意双方的颜色忌讳）,桌后放置两张椅子作为双方签字人的座位,主左客右。座前陈列各自保存的文本,上端分别放置签字时使用的文具,如签字笔、吸墨器等。如与外商签署协议或合同,还应将各自一方的国旗布置在该方签字者的正前方。如签署多边性协议,各方的国旗则应依一定的礼宾顺序插在各方签字者的身后。

4. 签字仪式的程序

签字仪式的程序礼仪性极强。所有参加签字仪式的人员都应注意自己的仪表、仪态,穿着打扮要整洁、得体,举止要大方、自然,既不能严肃有余,也不能过分喜形于色。双方出席签字仪式的人员准时步入签字厅后,签字者按主左客右的位置入座。双方其他陪同人员分主客两方各自以职位、身份高低为序,自左向右（客方）或自右向左（主方）排列站立于各签字者之后,或坐在己方签字者的对面。双方助签人员则分别站在己方签字者的外侧,协助翻揭文本,指明签字处,并为业已签署的文件吸墨防涸。

签字时,按国际惯例,遵守轮换制。签字者首先在各自保存的文本的左边首位处签字,然后由助签人员互相传递文本,再在对方保存的文本上签字,最后由双方签字者起立互相交换文本,并相互握手致意,其他陪同人员鼓掌祝贺,仪式达到高潮时宣告结束。

随后礼仪小姐用托盘端上香槟酒,供双方出席签字仪式的人员举杯庆贺。接着请双方最高领导者及客方先退场,然后东道主再退场。整个仪式以半小时为宜。

第六节　商务洽谈礼仪

商务洽谈(见图 4-2)是商务运营中交易或合作的必然前提。

图 4-2　商务洽谈

商界所进行的业务洽谈,又称商务谈判,是重要的商务活动之一。商务洽谈是指在商务活动中,具有利害关系的双方或多方,为谋求一致、进行合作、化解分歧、处理争端、达成协议等而进行的协商活动。

一、商务洽谈原则

良好的商务洽谈应遵循以下原则。

1. 以诚待人

古人有言:"精诚所至,金石为开。"洽谈的首要条件,就是各方的诚意,应坦率地将自己的意图、目标、需要向对方交代清楚。对于洽谈人员来说,最忌讳弄虚作假、口蜜腹剑。商务洽谈提倡的是开诚布公、光明磊落。以诚待人能为洽谈创造和谐轻松的气氛,改变由于误解等原因形成的不友好场面,获得对方的谅解,达到化干戈为玉帛的效果。

2. 信誉至上

信誉至上是洽谈中不可动摇的原则,各方均应严格遵守所达成的协议,履行各自的诺言。洽谈中双方可以亮出自己的利益和要求,必要时可争论一番。但是,如果各方就某些问题经过协商达成协议,各方就有义务和责任严格遵守。

3. 礼敬对方

礼敬对方就是要求洽谈者在整个洽谈过程中,排除一切心理和情绪上的干扰,始终如一地对自己的洽谈对象保持尊重与礼貌。在洽谈会上,文明的语言、诚挚的笑容、友好的态度、得体的举止等,有助于消除双方的隔阂与抵触心理。在洽谈桌上,始终如一地维持君子风度,有利于赢得对方的尊重和好感。

二、洽谈准备的重点

俗话说:"知己知彼,百战不殆。"在洽谈之前,如能对对手有所了解,并有所准备,那么在洽谈中就可以扬长避短,取得好的效果。洽谈的准备工作主要有:

1. 主题和实力分析

既然是洽谈就应该有一个主题,也就是要明确所要协商解决的问题是什么。这个问题,可以是立场观点方面的,也可以是基本利益方面的,还可以是行为方式方面的。主题明确后,应紧密围绕这一中心,分析双方实力:我方的优势是什么,不足在哪里;对方的优势是什么,问题在哪里。并就此制订自己的洽谈战略,反复审核,精益求精。

2. 了解对手

对洽谈对手的了解,应集中于以下方面:对方真正的决策人是谁;洽谈对手的个人资料、谈判风格和谈判经历;洽谈对手在商务活动、人际关系、政治等方面的背景资料;洽谈对手以往谈判成功案例及失败案例等。

3. 挑选成员

洽谈的成功与否固然与议题有关,但另一方面与洽谈人员的素质和修养也密切相关。为使洽谈能圆满成功,参与人员应知识渊博、能言善辩、熟知洽谈策略、反应机敏、充满自信、刚毅果断、有理有节。同时,在洽谈前要多做案头准备工作,精心细致地研究各种资料及应变对策,以便做到胸有成竹、处变不惊。

三、洽谈过程中的礼仪

洽谈是一项双方合作的事项,是双方派出己方代表,在特约的时间、地点进行的一场正规的洽谈,具有特定的规则程序。一般来说,从开始到结束划分为六个阶段。

1. 导入阶段

在洽谈刚开始的导入阶段,一般不会费时较多。主要是让洽谈者通过介绍或自我介绍彼此熟悉。在双方入座后,由各自的主要谈判代表分别向对方介绍己方谈判人员。如果是一方代表同时介绍双方的谈判人员,应先介绍己方人员,然后再介绍他方人员,以示对他方人员的尊重。

介绍与被介绍时应遵循介绍的基本礼仪:双方均要以和善友好的态度出现,行握手礼,面带微笑并说一声"您好",在需要表示庄重或特别客气时,还可略鞠一躬。

接下来双方稍做寒暄。为了营造一个轻松愉快的洽谈气氛,话题应是松弛的、非业务性的,比如社会新闻、生活趣事等。要避免带有攻击性或胁迫性的话题,如:"听说企业发行的股票又升值了?""以你们目前的状况,如果洽谈不能成功,是否会造成很大损失?"

2. 概说阶段

概说阶段的目的,是让对方了解自己的目标和想法,双方做一些双向沟通。谈判代表发言时应当尽可能简短、清晰、准确,避免含混不清和转弯抹角,并且要善于向对方表示友善的情感,言辞和态度尽量不要引起对方的焦虑与愤怒。一方发言时,另一方应认真倾听,尽量不要插话打断别人的发言。这个阶段的主要工作是陈述己方立场,提出己方条件。在这个问题上,双方都应采用审慎的、实事求是的态度,讲究信誉,注重自己的谈判形象。大量实例表明,互相比较信赖的双方,如果有一方总是违反平等互利的原则,耍弄手段,利用他人对自己的信赖谋求谈判桌上的优势,最终必然会导致合作失败。

3. 明示阶段

洽谈中双方代表必定会有一些意见或争议,明示阶段的任务就是把这些问题及早提出,并加以解决。对这些必须解决的问题,双方都应遵循平等互利的原则,相互尊重,以平等协商的态度达成谅解,不允许采用强制、欺骗的手段仗势压人,要时刻注意维护自身与企业的信誉和形象。

4. 交锋阶段

对立,可以说是洽谈的命脉。在交锋阶段,为了达到己方的利益,应该表砚出勇气、自信与毅力,朝着己方的追求目标勇往直前,同时也要牢记坚持礼敬对手、以诚待人的原则与立场。在交锋阶段,双方都会列举大量事实反驳、说服对手,在反驳对方意见时,要避免使用对抗性的、绝对性的语言,如"你们要么接受要么放弃,没有协商的余地"等。如果对手说了过火的语言或提出不合理要求,也应保持沉着冷静的态度.以理服人,"对事不可不争,对人不可不敬",要避免在暴躁的状态下进行人身攻击。

5. 妥协阶段

妥协阶段是洽谈过程中的讨价还价环节,即为了达成一致而进行的让步讨论。在任何一次洽谈中,都没有绝对的胜利者和绝对的失败者。妥协是在求同存异的原则下,通过双方的相互让步来实现的。让步要互惠互利、公平合理、自愿,切忌穷追猛打、以大压小。现代的商界社会,讲究的是伙伴双方的同舟共济,所谓买卖不成仁义在。

6. 协议阶段

经过交锋和协商,双方认为已经基本达到了自己的目的,便表示拍板同意,然后由双方决策人代表己方在协议上签字,这就需要一个签字仪式。主方在安排签字仪式时.首先要做好文本准备工作。文本要用规范的语句加以陈述,要表述准确、内容全面,不允许有歧义和遗漏。同时准备好签字用的文具。签字时应先在己方保存的文本上签名,再在对方保存的文本上签字,然后交换文本,握手言和。协议书一旦签署生效,双方必须认真履行。

 知识链接

出席洽谈会的商界人士最重视的是服装,参加人员衣着得体,不仅体现了个人及所代表的企业形象,也从侧面反映出对会晤的重视及对对方的尊重。男士应穿深色西装配白衬衫,打素色条纹或圆点式领带,穿黑色系带皮鞋配深色袜子。女士则可选择单一色彩的西装套裙,内穿白衬衫、肤色长筒丝袜,配黑色中低跟浅口皮鞋。发式方面,男士应以整洁传统的短发为主;女士则以体现职业女性干练、大方、端庄的发型为首选。同时,女士面部应配以清新淡雅的妆容。

项目知识检测

●基本训练

一、简答题

(1)开业典礼有什么作用?
(2)在不同的商务活动场合,座位的确定应遵循什么原则?
(3)商务洽谈分哪几个阶段?每个阶段应注意什么?
(4)接待有几个级别?如何划分?
(5)签字仪式有哪几个环节?

二、知识应用

1. 判断题

(1)一位外国女士,看到中国古代的落地钟非常漂亮,认为她的中国朋友一定会喜欢,就买了一个送给她的客户。( )
(2)求职电话什么时候打都可以。( )
(3)电视电话会议只要看电视或只要打个电话就可以了。( )
(4)当参与正式宴会时,一定要在主人宣布开饭之后再动手吃饭。( )
(5)拒绝邀请只说声对不起而不交代理由是不礼貌的。( )

2. 选择题

(1)打电话时谁先挂,交际礼仪给了一个规范的做法( )。
  A. 对方先挂   B. 自己先挂
  C. 地位高者先挂电话   D. 以上都不对
(2)在筹划典礼时,所必须遵守的原则是( )。
  A. 典礼要适度   B. 典礼要隆重   C. 典礼要俭省
(3)良好的商务洽谈应遵循以下原则( )。
  A. 以诚待人   B. 礼敬对方   C. 信誉至上
(4)出席洽谈会的商界女士应着( )。
  A. 单一色彩的西装套裙   B. 时髦的超短连衣裙
  C. 舒适的休闲装
(5)接名片应用( )。
  A. 双手   B. 左手   C. 右手

三、技能实训

大学刚毕业的丽华非常羡慕礼仪小姐优雅的走姿,她对着镜子练了好几次,但始终难以把握,请你告诉丽华行走时的姿态是否优雅取决于哪些因素,并进行示范。

●情景模拟训练

(1)假如你是公司的总经理,准备和某国际著名企业建立合作伙伴关系,需要和对方公司进行谈判,会议谈判在你所属公司的大厦举行,谈判及宴会安排在15层多功能厅,有电梯直达。请发挥一下自己的想象力,细述怎样对客户进行邀请,见面的时候如何用礼貌用语、握手、递名片,如何引导客户到达指定地点,如何安排会议谈判座次,如何告别等。
(2)假如今天是你公司的开业典礼,你公司邀请了公司所在地区的几位贵宾参加开业剪彩仪式,开业典礼在公司所在大厦一楼大厅举行。请发挥一下自己的想象力,细述怎样对贵宾进行邀请,接待时如何用礼貌用语,如何握手,如何引导宾客到达指定地点,如何安排贵宾的座次,如何向在座的参与人员介绍贵宾,如何安排贵宾致辞,剪彩仪式结束后如何送别宾客等。

● 综合案例

案例:在曼谷的国际电讯公司

一家外国电讯公司要在泰国曼谷设立一家分公司,在选地址时,看中了一处房价适中、交通方便且游人众多的地段,而这幢楼的对面竖着一尊并不十分高大但非常显眼的如来佛像。有关心者警告公司经理说,贵公司若在此开业,生意会很糟糕的。但公司经理非常自信,认为这不可能,因为公司在中东地区开设的另外几家分公司,业务开展都很红火。所以,公司没听劝阻,就在这里如期开业了。几年来,这家公司果然生意清淡,公司经理终于面对现实,不得不挪动了公司地址,生意这才明显地好起来。经理本人对此始终大惑不解,到处打听原因,得到的解释是,业务不景气的根源在于公司的大楼高度超过了对面的如来佛像两层,也就是说,公司的位置在如来佛像之上。这在一个信仰佛教的国家,是严重犯忌的,没有尊重当地人对佛像的信仰和敬畏,他们自然产生感情上的不快甚至愤怒,当然不愿与公司往来做生意了。

问题:在涉外商务交往中如何理解尊重原则?

第五章 职场礼仪

知识目标
◎ 了解求职面试的礼仪知识；
◎ 了解职场工作礼仪的基本知识。

技能目标
◎ 掌握求职面试的礼仪技巧，提升求职竞争力和求职素质；
◎ 掌握职场工作礼仪技巧，完善职业形象。

思政目标
◎ 培育并践行社会主义核心价值观；
◎ 传播优秀商业文化与中国传统文化，培养文化自信。

引导案例

黄总的用人观

黄总是业内名人。八年来，他带领企业成功转制，前年又带领企业在美国成功上市，成为该行业首家上市的公司。

黄总成功的原因，除了国家宏观政策的支持、他个人的魄力外，用他自己的话说，他有一批非常得力的员工。

黄总认为，作为一名职业人士，首先要有职业意识：积极向上、不断学习、团队合作。只拥有高学历，没有职业意识、职业礼仪，并不是一个合格的人才，其发展潜力、对单位的奉献和价值的创造都不可能实现最大化。

所以，黄总说，他宁愿用一位学历低但有职业意识和职业礼仪的员工，而不愿用虽有高学历但没有职业意识和职业礼仪、个人主义色彩浓厚的员工。

这一案例表明：态度决定行动，人在职场，首先要有积极的工作态度和良好的职场礼仪，才能有良好的职场行为，才能做好工作，才能成为职场中受欢迎的人。

职场礼仪是指人们在职业场所中应当遵循的一系列礼仪规范。了解、掌握并恰当地运用职场礼仪会使你在工作中左右逢源，使你实现职业理想。良好的职场礼仪不仅是个人良好的修养和素质的体现，也是一个企业完善而严谨的企业文化的反映。

第一节　求职面试礼仪

案例分析5-1

失败的面试

张文艺到华龙集团总部面试时，主考官问他对华龙集团了解多少。他想了半分钟后说道："我接到面试通知后，还没来得及查看你们公司的资料，所以不太了解。"主考官对他说："我们招聘的人应该能了解华龙。你还是回去再多了解了解吧。"

李宏大学毕业后，一直期望到某个会计师事务所就职。他一路过关斩将，终于进入两家事务所的最后一轮面试，也就是要去见事务所的合伙人。能在数千人的求职大军中杀出重围实属不易，然而，在见合伙人的时候，他特别紧张，以至于在见A事务所的合伙人时，他竟然叫错了对方的名字，临走时还把包忘在了他的办公室里；在见B事务所的合伙人时，由于是英文面试，他数次说错了单词。结果两家国际一流的会计师事务所都将他拒之门外。

分析："机会永远垂青于那些有准备的人。"案例中的张文艺对用人单位缺乏了解，居然连常规的问题都回答不出；李宏神经过度紧张，缺乏自信，最终和他理想的公司失之交臂。要想在面试中脱颖而出，给招聘人员留下较好的印象，就要克服紧张，建立自信；知己知彼，对自己和用人单位都有客观的认识。求职是一个了解自己和用人单位，向用人单位展示自己能力和素质的过程，只有做了充分的准备，才能凭借自己的实力实现职业理想。

面试是如愿走上心仪工作岗位的必经关卡。求职者能否实现求职目标，关键的一步是与用人单位招聘人员见面并有一定的信息交流。面试是其他求职形式永远无法代替的，因为在人与人的信息交流形式中，面谈是最有效的。在面谈中，面试官对求职者的了解，语言交流只占了30%的比例，眼神交流和求职者的气质、形象、身体语言占了绝大部分，所以求职者应充分掌握求职面试中的礼仪规范，为迈向理想工作岗位做好准备。图5-1所示为求职面试图片。

图5-1　求职面试图片

一、面试前的准备

（一）物件、资料的准备

面试前应准备的物件、资料包括公文包、求职记录笔记本、多份打印好的简历、面试准备的材料、个人身份证、登记照等，所有准备好的文件都应该平整地放在一个牛皮纸的信封里。

公文包：求职时带上公文包会给人以专业人员的印象。公文包不要求买很贵重的真皮包，但应看上去大方典雅，大小应可以平整地放下 A4 纸大小的文件。

笔记本：里面应记录着参加求职面试的时间，各公司名称、地址、联系人和联系方法，以及面试过程的简单记录、跟进记录等。求职记录笔记本应该随时带在身边，以便记录最新情况或供随时查询。

除此以外，还应准备好面试过程中可能会遇到的问题的回答，如自我介绍、公司背景和岗位等相关问题、学习成绩、实践经验、个人评价等。

（二）形象准备

参加面试的服饰要求符合求职者的身份。面试时，合乎自身形象的着装会给人以干净利落、落落大方、有专业人才精神的印象，男生应显得干练大方，女生可化淡妆，这样显得庄重俏丽。

1. 男生面试时的服饰礼仪

西装：准备好一至两套得体的灰色、深蓝色或黑色的西装，面试前西装应熨烫平整、整洁，西装口袋不放东西。

衬衫：以白色或浅色为主，面试前应熨平整，不能给人皱巴巴的感觉。同时，应保持领口、袖口无污迹。

皮鞋：不要以为越贵越好，而要以舒适大方为度。皮鞋以黑色为宜，且面试前一天要擦亮。

领带：男生参加面试一定要在衬衣外打领带，领带以真丝的为好，上面不能有油污，不能皱巴巴，还应紧贴领口，美观大方，平时应准备好与西服颜色相衬的领带。

袜子：袜子必须是深灰色、蓝色、黑色等深色，以便与西装相搭配。

头发：在面试前一天洗干净头发，避免头屑留在头发或衣服上，保持仪容整洁，但发型不应太新潮。

此外，男生要将胡须剃干净，并且在刮的时候不要刮伤皮肤；指甲应在面试前一天剪整齐，保持清洁。

男士求职形象如图 5-2 和图 5-3 所示。

2. 女生面试时的服饰礼仪

套装：每位女生应准备一至两套较正规的套装，以备去不同单位面试之需。套装应大方、得体，花样可根据自己的喜好和用人单位的要求来选择，但原则是必须与准上班族的身份相符，颜色鲜艳的服饰会使人显得活泼、有朝气，素色稳重的套装会使人显得大方干练。

化妆：参加面试的女生可以适当地化点淡妆，包括口红，但不能浓妆艳抹、过于妖娆，不符合学生的形象与身份。

图5-2 男士求职形象1

图5-3 男士求职形象2

发型：发型应文雅、庄重，梳理整齐，长发用发夹夹好，但不能染鲜艳的颜色。

皮鞋：鞋跟不宜过高，过于前卫，夏日最好不要穿露出脚趾的凉鞋，更不宜将脚指甲涂抹成红色或其他颜色，丝袜以肤色为主，不能有破洞，皮鞋应光亮、整洁。

皮包：女生的皮包要能背的，与装面试材料的公文包有所区别，可以只拿公文包而不背皮包，但不能把公文包里的文件全部塞在皮包里而不带公文包。

手表：面试时不宜佩戴过于花哨的手表，给人过于稚气的感觉。面试前应调准时间，以免迟到或闹笑话。

指甲：指甲不宜过长，并保持清洁，涂指甲油须用自然色。

女士求职形象如图5-4所示。女士服饰搭配如图5-5所示。

图5-4 女士求职形象

图5-5 女士服饰搭配

禁忌：男女生都不能在面试时穿休闲类服装，如T恤、牛仔裤、运动鞋，一副随随便便的样子。女生不能穿得过于花枝招展、性感暴露。应聘时不宜佩戴太多饰物。

二、面试中的礼仪

求职者在面试过程中应掌握一定的面试技巧和礼仪，自始至终保持斯文有礼、不卑不亢、大方得体、生动活泼。

（一）守时守约

求职时一定要守时守约，不迟到或违约。迟到和违约都是不尊重主考官的一种表现，也是不礼貌的行为。提前 10～15 分钟到达面试地点效果最好。不管有什么原因,迟到都会被视作缺乏时间观念和约束能力。如因客观原因需要改期面试,或不能如约按时到场,应事先打个电话通知公司,以免其久等。如果已经迟到,不妨主动陈述原因,宜简洁直白,如"对不起,路上塞车太厉害"。这是必备的礼仪。如过早到达面试地点,不能立刻进入面试场所,可在附近的咖啡厅等候,以免影响公司的正常工作。

(二)出入礼仪

被招呼进去面试时,一定要敲门,即使面试房间的门是开着或虚掩着的,也要敲门,千万不要冒失闯入,给人以鲁莽、无礼的印象;敲门时注意敲门声音的大小和敲门的速度,一定要轻轻地、缓慢地敲,待得到允许后再轻轻地进门,入室后转身把门关好,动作要轻,尽量不发出声音,然后缓慢转身面对考官。

面试结束后,与面试官最好以握手的方式道别,离开办公室时,还应把坐过的椅子扶正,然后致谢出门。

(三)关好手机

在面试时,自觉把手机关掉或调到静音。不能在面试时手机作响或接听手机,这是极不礼貌的行为。

(四)握手礼仪

这是与面试官的初次见面,与面试官握手应坚实有力,双眼要直视对方,不要太使劲,不要左右摇晃,而且手应该是干燥、温暖的(见图 5-6)。

(五)双手递物

求职要带上个人简历、证件、介绍信或推荐信等必要的求职资料。见面时,一定保证不用翻找就能迅速找到所需要的资料。如果要送上这些资料时,要把资料的文字正面对着考官,双手奉上(见图 5-7),说:"这是我的相关材料,请您过目。"表现得大方、得体和谦和。

图 5-6　握手礼仪

图 5-7　双手递物

(六)微笑礼仪

真诚的微笑是人际交往的通行证,是推销自己的润滑剂,是礼仪之花、友谊之桥,具有塑造形象、表现性格、协调关系等功能,是求职者与考官之间最好的一种沟通方式,也是最有价值的面部表情。微笑必须是真诚的、发自内心的、自然的,微笑必须适度、得体(见图5-8)。

图 5-8　微笑礼仪

(七)眼神礼仪

面试时应注视面试官,但不能死死瞪着面试官,如果是多人面试,应用目光环视一下几位面试官,求职的目光应是和善友好、清澈坦荡的,表现出坚定和自信。面试说话时不要低着头,要看着对方的眼睛或鼻梁,不要回避视线。

(八)姿态礼仪

站姿是人体最基本的姿势,能反映求职者的外在形象和礼仪修养。面对考官,不论男生还是女生均应采用标准的礼仪站姿,即双腿并拢,两手自然下垂。在求职场合,不要未经许可就自己坐下,要站在原地,等待考官说"请坐"后再落座。

坐的时候不要紧贴着椅背,不要坐满,坐下后身体要略向前倾。一般以坐满椅子的三分之二为宜。不要摆弄双腿,不要交叉双腿,也不能跷二郎腿。千万不能做一些不经意的小动作,如玩手指、折纸、转笔、乱摸头发或耳朵等,显得不严肃,也分散对方的注意力。

面试姿态如图5-9所示。

图 5-9　面试姿态

(九)面试时的谈吐

1. 应对面试官问题的技巧

展示个性,突出个人优点和特长,可以引用老师及同学对自己的评价来进一步证实。多用事实说话,不说空话大话。注意语言逻辑,语言要概括、简洁、有力,通俗易懂,层次分明、重点突出,观点鲜明,论据充分。针对提出的问题,见解独到,分析透彻,论证有力。当不能回答某一问题时,应如实告诉对方,不要含糊其词。语言表达应口齿清楚,发音正确,说普通话,适当控制语速、语调。

2. 面试中的基本礼仪

(1)一旦和用人单位约好面试时间后,一定要提前5~10分钟到达面试地点,以表示求职者的诚意,给对方以信任感,同时也可调整自己的心态,做一些简单的仪表准备,以免仓促上阵,手忙脚乱。为了做到这一点,一定要牢记面试的时间、地点,有条件的同学最好能提前去一趟,以免因一时找不到地方或途中延误而迟到。如果迟到了,肯定会给招聘者留下不好的印象,甚至会丧失面试的机会。

(2)进入面试场合时不要紧张。应先敲门,得到允许后再进去。开关门动作要轻,以从容、自然为好。见面时要向招聘者主动打招呼问好致意,称呼应当得体。在用人单位没请你坐下时,切勿急于落座。用人单位请你坐下时,应道声"谢谢"。坐下后保持良好体态,切忌大大咧咧,左顾右盼,满不在乎,以免引起反感。离去时应询问"还有什么要问的吗",得到允许后应微笑起立,道谢并说"再见"。

(3)对用人单位的问题要逐一回答。对方给你介绍情况时,要认真聆听。为了表示你已听懂并感兴趣,可以在适当的时候点头或适当提问、答话。回答面试官的问题,口齿要清晰,声音要适度,答话要简练、完整。一般情况下不要打断用人单位的问话或抢问抢答,否则会给人急躁、鲁莽、不礼貌的印象。问话完毕,听不懂时可要求重复。当不能回答某一问题时,应如实告诉用人单位,含糊其词和胡吹乱侃会导致面试失败。对重复的问题也要有耐心,不要表现出不耐烦。

3. 面试禁忌

1)夸夸其谈

面试中可以适度包装自己,但千万不能夸夸其谈,更不能主次不分地"以我为主"。求职者在面试环节要诚实,言简意赅,不能过度自吹自擂,喋喋不休会引起面试官的不满。

2)迫不及待地抢话或争辩

有时候求职者为了凸显自己的能力,会试图用语言攻势来征服对方。在面试时根本不管面试官究竟买不买他的账,没说上三句两句话,就迫不及待地拉开"阵势",卖弄口才,力求自己在"语机"上占上风,在事理上征服对方。这主要表现在抢话、插话、争辩等方面。

求职者千万要注意,面试的目的不是在语言上战胜面试官,也不是去开辩论会,而是得到工作机会。你没必要在面试中跟考官较真,让面试官以为你不是来面试的,而是来找碴的,那就大事不妙了。

3)好为人师

所谓的新点子当中或多或少含有忠告成分,而大部分忠告都是批评,批评对于某人而言是难以接受的,尤其是来自陌生人的批评,很难得到欣赏、遵从,更难以产生好感。你是求职者,在面试官面前说这想法、提那建议,你要是不受排斥,那么就证明这个面试官也太没主见了。

在面试官眼里,让求职者谈想法、提建议本身就是一把"双刃剑",一方面考察你的思维,同时也为你挖了一个陷阱,它会立马使你变成"好为人师""好耍嘴皮子"的家伙。所以,在面试中,最忌讳提些带忠告性质的建议。不管你的建议多么中肯、多么优秀,最好留着,到录用后再说,不要在面试时急于卖弄。

4)提低级问题

求职者在面试的后半段都会有向面试官提问的机会,这是展现你综合素质的最佳时机。你可以问一些跟你的专业知识相关的问题,可以问一些企业工作制度的问题,但不要问诸如"午饭怎么解决,公司有食堂,还是自己订外卖"这种问题,低级的甚至是幼稚的问题肯定会让你的面试减分。

5)目中无人

厚积薄发、深藏不露,才是能力资本的真正积淀。纵然你有再大的资本,在应聘时你也是处在屈于人下的地位。在面试官面前大谈自己的阅历有多么丰富,恰恰说明你这个人缺乏教养,根本不把别人放在眼里,谁都敢得罪。

6)乱倒苦水

你只能通过展现自己的能力获得工作机会,妄想通过诉苦来获得工作那是不太可能的。遇到面试时大吐苦水的求职者,HR一般会一言不发地听你抱怨,等你说完,HR会热情而礼貌地跟你说,请您回去等通知吧。

三、电话求职礼仪

(一)接听求职电话礼仪

思考5-1

王伟正逛街,突然接到某公司的电话面试,此时的他应如何应对?
答:"不好意思,我正在外面,环境比较吵闹,是否能过10分钟给您打回去呢?"

注意求职电话要选择在安静的环境下接听。很多企业在收到简历后,会先通过电话面试来做初步筛选。电话面试会准备几个目的性问题,用以核实求职者的背景,考察求职者的语言表达能力等,通话时间一般在15~20分钟,求职者应在电话面试前做好充分准备,并多用"您好、谢谢、麻烦了"等礼貌用语增加印象分。

(二)拨打求职电话礼仪

思考5-2

王莉莉下午5点多在报摊上买了一份招聘类报纸,查阅到一个心仪职位。为在第一时间与招聘方联系,就立刻拨通了对方的电话:"喂,请问是利达公司吗?我看了报纸,想来应聘会计岗位。"还没等她说完,对方就说马上要下班了,会把她的电话记下来,第二天联系。王莉莉此次电话求职成功了吗?为什么?

求职者在电话自荐过程中,应注意选择好通话时间,一般上午9:30—11:00,下午14:00—16:00之间较为合适。临下班前半小时不宜打电话,午休、晚上10点半以后、早上7点钟之前、三餐时间不宜打电话。接通后,应礼貌地向对方询问公司名称及姓名,寻找要找的人,不要在喧闹的环境下打电话,应简明扼要地叙述,语速不急不缓,打完电话应致谢并说再见,轻轻放下话筒。

四、面试后礼仪

面试之后,应该及时总结经验,吸取教训,为下一次面试做准备。同时,为了加深招聘人员的印象,增加求职成功的可能性,面试后的两三天内,求职者最好给招聘人员写封 E-mail 表示感谢,重申自己对公司及岗位的兴趣。

五、面试礼仪禁忌

下列行为会严重影响面试的成功率,求职者在面试过程中,应注意避免。

(1)不准时入场。必须准时出现在面试地点,否则一开始就会给面试主考人员留下对面试不重视、不讲效率、不珍惜别人的时间、没有礼貌等不好的印象。

(2)着装举止不得体。如,服饰怪异,或不相称、不搭配、不干净;又如,进门时表现慌里慌张;面试中毫无表情,或左顾右盼,或面带疲倦、哈欠连天,或窥视主考人员的桌子、稿纸和笔记,或不停地看手表,或面试顺利时,得意忘形、大声喧哗等。

面试着装禁忌如图 5-10 所示。面试姿态禁忌如图 5-11 所示。

图 5-10　面试着装禁忌

图 5-11　面试姿态禁忌

(3)当面询问面试结果。面试完毕,对面试主考人员说声谢谢就行了。

(4)进门时不打招呼,临走时不说谢谢,连最起码的礼貌都不懂。临走时应该以一种真诚的态度对面试主考人员说:认识您很高兴,谢谢您宝贵的时间。即使求职者认为自己面试效果不理想,也不能转身就走,扬长而去。

(5)急于表现自己。比如一上来就说英语,这样会给人哗众取宠、华而不实的感觉。

(6)面试过程中接手机,这是非常忌讳的。第一,会耽误主考人员的时间;第二,会给人不重视面试的感觉;第三,会破坏刚刚建立的对话氛围,打断谈话思路。面试主考人员会因此改变对你的最初印象,并匆匆结束面试。

(7)为一些小事或失误过多地解释或道歉。比如迟到了,对面试主考人员说一句抱歉就行了,或者简要加上真实的原因。不要试图编故事,越抹越黑。

(8)随意打断面试主考人员的讲话,或者随意转移话题,这会引起面试主考人员的反感。更不要试图控制局面或支配话题,即使与面试主考人员在观点上有分歧也不要面露不满,甚至情绪激动,与面试主考人员顶撞和辩论。

 知识链接　电话求职面试成功秘籍

(1)记得微笑,对方会感受到你的笑容。
(2)准备一杯水,在面试的过程中你肯定会需要它。
(3)不要主动把时间拖得太长,对方也有一个时间表,不可能在一个人身上花太多时间。
(4)不要主动提出薪水报酬方面的问题,但如果被问到这样的问题,也不要刻意回避。
(5)面试是双方相互观察和了解的过程,应聘者也可以向面试官提出任何你想了解的问题,这样显得你更加关注公司。

 情境训练 5-1

训练目的:掌握面试的技巧。
训练程序:训练前准备、分好角色、角色扮演、教师点评。
训练场景:

(1)刘红是会计专业的毕业生,要到三明公司应聘行政助理一职,刘红已经投了简历,现在在三明公司的人事处办公室等待面试。三个同学一组,其中两名同学扮演面试官,一名同学扮演求职者,轮流表演。

(2)沈丽给天安科技公司投了一份简历,应聘财务部会计一职,天安科技公司的人事专员将要打电话面试沈丽。请两个同学一组,分别扮演人事专员和沈丽,模拟这一过程。

训练场所:教室。
训练工具:桌椅等。

案例分析5-2

在一次人才洽谈会上，一位用人单位老总聊起人才招聘的事，该老总抱怨说："不是我眼界高，确实在众多的应聘者里，很少有让我一眼就觉得满意的。来应聘的大学生们好像没有礼貌的概念，一边说话，一边给女朋友发短信。有的还与女友紧紧相依，或者把头发染成红色。还有的竟然口里含着口香糖和我说话。你看刚才那位，一坐下就跷起二郎腿，前后摇摆，派头比我还大。"最后，他苦笑着说："现在的大学生怎么啦？"

问题：请从礼仪的角度谈谈你的看法。如有不当之处，应如何改进？

案例分析5-3

某科研机构招聘科研人员，由于待遇优厚，应者如云。某高校李云小姐前往面试。只见她挽着同宿舍的张某袅袅婷婷地步入科研所面试大厅。进入前她又掏出化妆盒补了一下妆。进入面试所在的屋子后，主考官问她有什么特长，她说她在学校是公关部长，有能力组织各种文艺活动，说着将她想给主考官看的资料从包里拿出来，结果在包里翻了半天，好不容易找到了，拿出来的时候将她的化妆品也带出来了，洒了一地。主考官们面面相觑。

问题：请指出失礼之处，并说明应如何改进。

第二节　职场工作礼仪

案例分析5-4

一位职场新人（下文简称 A）进公司后，很快就成了同事们的"烦客"。她只要对哪位上司有意见，很快就会有不少这位上司的小道消息、绯闻和大家"分享"；看不惯哪个同事，就会跟办公室所有同事逐个"我只跟你讲"。而她一旦在某个方面获得不错的业绩，就马上对业绩差的同事逐一表达"关心"，指出不足……很快她就变成了人见人烦的人。

分析：A 之所以成为"烦客"，是因为她不懂得职场工作礼仪及谈吐原则，犯了职场禁忌，在办公室里乱说话，同事或者上司的负面问题在办公室里说，不受欢迎是当然的事情。

职场工作礼仪，是指人们在职业场所中应当遵循的一系列礼仪规范。学会这些礼仪规范，将使一个人的职业形象大为提高。

职场工作礼仪不仅可以有效地展现一个人的教养、风度、气质和魅力，还能体现一个人对社会的认知水平，个人的学识、修养和价值。礼仪不仅体现在日常生活中，还体现在工作中，我们可以通过职场工作礼仪在复杂的人际关系中保持冷静，按照礼仪的规范来约束自己，通过职场工作礼仪中的一些细节得到领导更多的信任，使人际感情得以沟通，与同事间建立起相互尊重、相互信任、友好合作的关系,从而使自己的事业进一步发展,在职场中如鱼得水。

一、仪表礼仪

(一)端庄整洁

仪表端庄整洁的具体要求是:

头发:头发要经常清洗,保持清洁,做到无异味、无头皮屑;男士的头发前边不能过眉毛,两边不能过鬓角;女士在办公室尽量不要留披肩发,前边刘海不能过眉毛。

指甲:指甲不能太长,应经常注意修剪,女性职员涂指甲油要尽量用淡色。

面部:女士要化淡妆上岗;男士不能留胡须,胡须要经常修剪。

口腔:保持清洁,上班前不能喝酒或吃有异味的食品。

服装:服饰应清洁、方便,以体现精明能干为宜。男士适合穿黑、灰、蓝三色的西服套装;女士则最好穿西装套裙、连衣裙或长裙。男士注意不要穿印花或大方格的衬衫;女士则不宜把露、透、短的衣服穿到办公室里去,否则使内衣若隐若现,很不雅观。服装的具体要求是:

(1)衬衫:无论是什么颜色,衬衫的领子与袖口不能有污迹。

(2)领带:正式办公场所应佩戴领带,并注意与西装、衬衫颜色相配。领带不得肮脏、破损或歪斜松弛。

(3)鞋子应保持清洁,如有破损应及时修补,不得穿带钉子的鞋。

(4)女性职员要保持服装淡雅得体,不得过分华丽。

(5)职员工作时不宜穿大衣或过分臃肿的服装。

仪表礼仪如图 5-12 所示。

图 5-12 仪表礼仪

(二)仪表的协调

所谓仪表的协调,是指一个人的仪表要与他的年龄、体型、职业和所在的场合吻合,表现出一种和谐,这种和谐能给人以美感。对于年龄来说,不同年龄的人有不同的穿着要求,年轻人应穿得鲜艳、活泼、随意一些,体现出年轻人的朝气和蓬勃向上的青春之美。而中老年人的着装则要注意庄重、雅致、整洁,体现出成熟和稳重。对于不同体型、不同肤色的人,就应考虑到扬长避短,选择合适的服饰。职业的差异对于仪表的协调也非常重要。比如,教师的仪表应庄重,学生的仪表应大方整洁,医生的穿着也要力求显得稳重而富有经验。当然,仪表也要与环境相适应,在办公室的仪表与外出旅游时的仪表当然不会相同。

另外,服装不但要与自己的具体条件相适应,还必须时刻注意客观环境、场合对人的着装要求,即着装打扮要优先考虑时间、地点和目的三大要素,并努力在穿着打扮的各方面与时间、地点、目的保持协调一致。

我们应注意根据不同的场合来着装,喜庆场合、庄重场合及悲伤场合应注意穿着不同的服装,遵循不同的规范与风俗。

(三)注意卫生

清洁卫生是仪容美的关键,是礼仪的基本要求。不管长相多好、服饰多华贵,若满脸污垢、浑身异味,那必然破坏一个人的美感。因此,每个人都应该养成良好的卫生习惯,做到入睡起床洗脸、脚,早晚、饭后勤刷牙,经常洗头又洗澡,讲究梳理勤更衣。不要在人前"打扫个人卫生",比如剔牙齿、掏鼻孔、挖耳屎、修指甲、搓泥垢等,这些行为都应该避开他人进行,否则不仅不雅观,也不尊重他人。与人谈话时应保持一定距离,声音不要太大,不要对人口沫四溅。

二、仪态礼仪

在公司内职员应保持优雅的姿势和动作,具体要求是:

站姿:两脚脚跟并拢,脚尖成45度角,腰背挺直,胸膛自然,颈脖伸直,头微向下,使人看清你的面孔。两臂自然下垂,不耸肩,身体重心在两脚中间。会见客户或出席仪式,或在长辈、上级面前,不得把手交叉抱在胸前。

坐姿:坐下后,应尽量坐端正,把双腿平行放好,不得傲慢地把腿向前伸或向后伸,或俯视前方。要移动椅子的位置时,应先把椅子放在应放的地方,然后再坐。

行姿:行姿应从容、轻盈、稳重,步幅适度,身体协调,造型优美,不应横冲直撞、蹦蹦跳跳、制造噪声、步态不雅。经过通道、走廊时要放轻脚步。无论在自己的公司,还是对访问的公司,在通道和走廊里不能一边走一边大声说话,更不得唱歌或吹口哨等。在通道、走廊里遇到上司或客户要礼让,不能抢行。

公司内与同事相遇应点头行礼表示致意。

握手时用普通站姿,并目视对方眼睛。握手时脊背要挺直,不弯腰低头,要大方热情,不卑不亢。伸手时同性间地位高或年纪大的先向地位低或年纪轻的伸手,异性间女性先向男性伸手。

出入房间的礼貌:进入房间,要先轻轻敲门,听到应答再进。进入后,随手关门,不能大力、粗暴。进入房间后,如对方正在讲话,要稍等静候,不要中途插话;如有急事要打断讲话,也要看准机会,而且要说"对不起,打断你们的谈话"。

递交物件时,如递文件等,要把正面、文字对着对方递上去;如是钢笔,要把笔尖向自己,使对方容易接住;至于刀子或剪刀等利器,应把刀尖向着自己。

不雅的仪态如图5-13和图5-14所示。

图 5-13　不雅的仪态 1

图 5-14　不雅的仪态 2

三、电话礼仪

身处职场,无论你是公司领导层还是普通的办公人员,都不可避免地要接电话和打电话,电话沟通与面对面沟通完全不同(见图 5-15)。

图 5-15　电话礼仪

(一)打电话的基本礼仪

在打电话时,必须把握好通话的时间、内容和分寸,使得通话时间适宜、内容精练、表现有礼。

1. 时间适宜

把握好通话时机和通话长度,既能使通话更富有成效,显示通话人的干练,同时也显示了对通话对象的尊重。反之,如果莽撞地在受话人不便的时间通话,就会造成尴尬的局面,非常不利于双方关系的发展。如果把握不好通话时间,谈话过于冗长,也会引起对方的负面情绪。

2. 内容精练

打电话时忌讳通话内容不得要领、语言啰唆、思维混乱,这样很容易引起受话人的反感。通话内容精练简洁是对通话人的基本要求。

1)预先准备

在拨打电话之前,对自己想要说的事情做到心中有数,尽量梳理出清晰的顺序。做好这样的准备后,在通话时就不会出现颠三倒四、现说现想、丢三落四的现象了,同时也会给受话人留下高素质的好印象。

2)简洁明了

电话接通后,发话人对受话人的讲话要务实,在简单的问候之后,开宗明义,直奔主题,不要讲空话、废话,不要啰唆、重复,更不要偏离话题、节外生枝或者没话找话。在通话时,最忌讳发话人东拉西扯、思路不清,或者一厢情愿地认为受话人有时间陪自己聊天,共煲"电话粥"。

3. 表现有礼

拨打电话的人在通话的过程中,始终要注意待人以礼,举止和语言都要得体大度,尊重通话的对象,并照顾到通话环境中其他人的感受。

(二)接电话的基本礼仪

受话人在接听电话时,要注意有礼和得体,不能随随便便。

1. 及时接听

电话铃声响起,要立即停下自己手头的事,尽快接听。不要等铃声响过很久之后,才姗姗来迟或者让小孩子代接电话。一个人是否能及时接听电话,也可从一个侧面反映出他待人接物的诚恳程度。

一般来说,在电话铃声响过三遍左右拿起话筒比较合适。"铃声不过三声"是一个原则,也是一种体谅拨打电话的人的态度,而且铃声响起很久不接电话,拨打电话的人也许会以为没有人接而挂断电话。如果接电话不及时,要道歉,向对方说"抱歉,让您久等了"。

2. 谦和应对

在接电话时,首先要问候,然后自报家门,向对方说明自己是谁。向发话人问好,也有向发话人表示打来的电话有人接听的意思。自报家门是为了确认自己是否是发话人真正要通话的对象。

在私人住所接听电话时,为了安全起见,可以不必自报家门,或者只向对方确认一下电话号码来确定对方是否找对了人。即使对方拨错了电话,也不要勃然大怒、口出秽语,而要耐心解释。

在接听电话时,要聚精会神,认真领会对方的话,而不要心不在焉,甚至把话筒搁在一旁,任凭通话人"自言自语"而不顾。

3. 分清主次

电话铃声一旦响起,接电话就成为最紧急的事情,其他事情可以先放一边。接听电话时,不要再与旁人交谈或者看文件、吃东西、看电视、听广播等。即使是电话铃声响起的时候你忙着别的事,在接听电话时也不要向打电话来的人说电话来得不是时候。

有时候确实有无法分身的情况,比如自己正在会晤重要的客人或者在会议中,不宜与来电话的人深谈,此时可以向来电话的人简单说明原因,表示歉意,并主动约一个具体的、双方都方便的时间,由自己主动打电话过去。一般来说,在这种情况下,不应让对方再打过来一次,而应由自己主动打过去,尤其是在对方打长途电话的情形下。约好了下次通话的时间,就要遵守约定,按时打过去,并向对方再次表示歉意。

如果在接听电话的时候,适逢另一个电话打了进来,切记不要中断通话,而要向来电话的人说明原因,请他不要挂断电话,稍等片刻。去接另一个电话的时候,接通之后也要请对方稍候片刻或者请他过一会儿再打进来,或者自己过一会儿再打过去。等对方理解之后,再继续方才正接听的电话。

知识链接　职场电话礼仪技巧

1. 通话要适时

通话时机的选择看似平常,实际上很重要。有的人只以自己的情况为判断标准,选择自己方便的时候拨打电话,这实际上是对通话对象不够重视、尊重的表现。设身处地地考虑对方的情况,是选择通话时机的基本原则。

(1)休息时别打电话。

严格地讲,晚上10点之后、早上7点之前,没有什么特别的急事不要打电话。万一有急事要打电话,最好要先说一句:"抱歉,事关紧急,打搅你了!"

(2)就餐时尽量别打电话。

现代人工作繁忙,通常中午只有一个小时的吃饭时间,如遇电话,岂不影响食欲?

(3)节假日尽量别打电话。

在工作中遇到紧急情况,应该随时与有关部门和人员电话联络,但也要注意把握分寸。

2. 通话要简短

电话打多长时间好呢?在日常生活中拨打电话,有多少事就说多长时间,说清楚为止。但是,工作电话通话时间是宜短不宜长,要长话短说、废话少说、没话不说,一定要有时间观念。

3. 通话内容精练有序

正确把握通话内容的一个有效方法就是养成重要电话列提纲的习惯。电话接通后要先做自我介绍,要列出通话的事项,先讲重要的事情,后讲次要的事情。

4. 礼貌挂机

从礼仪角度来说,通话完毕应该由上级先挂、客人先挂。如遇特殊情况,即通话双方职务一样、性别相同、年龄相仿,此时一般就是谁先拨打谁先挂断。

5. 安全使用

从保密的要求来讲,一个有经验的工作人员是不应该用手机来传送重要信息的,尤其是在国际交往中。此外,还要注意遵守安全规范,比如开车的时候不打手机,乘坐飞机时手机要关机,在加油站附近和病房内不使用手机等。

四、电梯礼仪

案例分析5-5

一天,正是早上上班时间,写字楼的电梯显得格外忙碌,装得满满的。最后上来一位50多岁的老白领,刚走进来,超载铃声就响起来了,他只好下来等下一趟电梯。电梯开到二楼,就停了下来,下电梯的是一位打扮得体、西装革履的小白领,大家的目光一下扫向他,个个心里在想:这么年轻,还是二楼,为什么不让老白领上来,还耽误了大家的时间,真讨厌,没教养。

电梯虽小,但充满着职业人的礼仪。我们在乘坐电梯时应注意以下几点。

（一）等电梯靠右排队

等电梯时，要面带微笑地向熟人打招呼。按按钮时，只需轻轻触摸按钮即可，不要反反复复地按按钮。等电梯的时候，一定要有序地靠右侧排队，不要将电梯门包围，这样的话电梯内部的乘客出电梯的时候会非常困难。与人方便，与己方便，如果一味地拥挤，别人下不来的同时你也无法上去。

（二）有客人时要先进后出

陪伴客人或长辈乘坐电梯的时候，电梯门打开的时候你需要先行进入。进电梯后需一手按开门按钮，另一手挡住电梯门，这样可以有效防止客人进入电梯时因为时间问题而被夹住的尴尬。还有一点是因为，即使客人先进入电梯，他们也不知道自己应该去往几楼，与其让他们在电梯内询问楼层号，不如你先进去按好，这样省去双方的麻烦。

在电梯行进的过程中，有其他人员进入电梯的时候，你可以主动询问他们要去几楼，顺带着帮忙按下数字键。

在电梯到达目的楼层之后，你需要一手按住开门按钮，另一手做出请出的动作，请客人先出，说："到了，您先请！"等客人走出电梯后，自己立刻走出电梯，并热诚地引导行进的方向。

（三）不要在电梯内喧哗

为了给客人留下好的印象、不冷场，在电梯内双方总是会保持一些工作交流。这时候你就需要注意了，一定得控制自己的音量，不要给他人造成干扰。即使电梯内只有你和客人，说话时音量也不宜过大。电梯内部是一个封闭的空间，在没有外部嘈杂声影响的时候，稍微有一点响动都能听得很清楚，这时候你没必要再提高自己的音量。

（四）使用电梯"三忌"

(1) 忌"铜墙铁壁功"：使用电梯应遵循先下后上的原则，在等电梯时，不要堵住门口。

(2) 忌"目中无人术"：随意地抛扬背包、甩长发，都会影响到他人。

(3) 忌"九阴白骨爪"：等候时不自觉地点按按钮是违背公共道德的。

五、环境礼仪

不在公共办公区吸烟、扎堆聊天、大声喧哗；节约水电；禁止在办公家具和公共设施上乱写、乱画、乱贴；保持卫生间清洁；在指定区域内停放车辆。

饮水时，如不是接待来宾，应使用个人的水杯，减少一次性水杯的浪费。不得擅自带外来人员进入办公区，会谈和接待安排在洽谈区域。最后离开办公区的人员应关电灯、门窗及室内总闸。

个人办公区要保持办公桌位清洁，办公桌上的东西要分门别类地摆放，物品摆放要顺手、方便、整洁、美观，有利于提高工作效率。非办公用品不外露，桌面码放整齐。办公桌上最好不摆放茶杯，招待客人的水杯、茶具应放到专门的饮水区。若文具种类比较多，应放进笔筒，而不能零散地放在桌上。当有事离开自己的办公座位时，应将座椅推回办公桌内。

办公室中摆放的书架和文件柜应靠墙，这样比较安全。沙发的摆放位置最好远离办公桌，以免谈话时干扰别人办公。

办公室应保持清洁、舒适。地面要经常清扫、擦洗，地毯要定期除尘，以免滋生寄生虫。办公室的墙上切忌乱刻乱画，不可将电话号码记录在墙上，也不可张贴记事的纸张。墙上可以悬挂地图及与公司相关的宣传图片。

下班离开办公室前,使用人应该关闭所用机器的电源,将台面的物品归位,锁好贵重物品和重要文件。

整洁的办公桌如图5-16所示。

图5-16 整洁的办公桌

六、职场沟通礼仪

1. 语言礼仪

办公室里不乱说话,不能评论同事或者上司的负面问题,不能说他人的是非,公司还没公布的消息,或者社会上的敏感事件,在办公室里传播,都不太合适。同事遇到不幸的事,不应再往伤口上撒盐。个人的宗教信仰、政治倾向,这些极易引起争论的问题,都不适合在办公室谈论。办公室里不要随便谈私事,不论得还是失,都不要把自己的故事带到工作中。不向同事倾吐苦水,也不要在办公室里谈论自己的心事,甚至职业生涯规划、离职想法。不人云亦云,学会发出自己的声音。不要在办公室里当众炫耀自己,不要做骄傲的孔雀。

2. 沟通技巧

相互沟通时存在"二八原则",因此沟通的要点是耐心、诚恳、放慢语速。即便在讨论时,也要先耐心听完对方的建议;不同的观点和看法要在对方停止说话后再表达;肢体动作也要十分注意,不要用手指指着对方,更不要倾斜身体或抖动。如果你不太同意他的观点,也要先赞美一下,直接的反对会让对方非常尴尬。不同的工作性质,会有不同类型的沟通方式,初入职场,多听少说,先学会适应这个环境,再适当表达个性。

3. 同事相处的礼仪

真诚合作:单位各部门的工作人员都要有团队精神,真诚合作,相互尽可能提供方便,共同做好工作。

宽以待人:在工作中,对同事要宽容友善,不要抓住一点纠缠不休,要明了"人非圣贤,孰能无过"的道理。

公平竞争:不在竞争中玩小聪明,公平、公开竞争才能使人心服口服,应凭真本领取得竞争胜利。

主动打招呼:每天进出办公室要与同事打招呼;不要叫对方小名、绰号,也不要称兄道弟或以肉麻的话称呼别人。

诚实守信:对同事交办的事要认真办妥,遵守诚信,如自己办不到应诚恳地讲清楚。

4. 与上级相处的礼仪

尊重上级：树立领导的权威，确保有令必行。不能因个人恩怨而泄私愤、图报复，有意同上级唱反调，有意损害其威信。

支持上级：只要有利于事业的发展，有利于工作，就要积极主动地支持上级，配合上级开展工作。

理解上级：在工作中，应尽可能地替上级着想，为领导分忧。

不管自己同上级的私人关系有多好，在工作中都要公私分明。

不要有意对上级"套近乎"、溜须拍马；也不要走另一个极端，不把上级放在眼里。上下级关系是一种工作关系，自己做下属时，应当安分守己。

5. 汇报和听取汇报的礼仪

汇报时应遵循以下礼仪：

遵守时间：汇报工作时要遵守时间，不提早，也不推迟。

注意礼貌：先敲门，经允许后才进门汇报。汇报时要注意仪表、姿态，做到文雅大方、彬彬有礼。

语言精练：汇报时口齿清晰，声音适当，语言精练，条理清楚。

汇报结束后应等到上级示意后才可告辞。告辞时要整理好自己的物品和用过的茶具、座椅。当上级送别时，要主动说"谢谢"或"请留步"。

听取下级汇报时，也应遵循以下礼仪：

守时：如果已约定时间，应准时等候，如有可能可稍提前一点，并做好记载要点的准备以及其他准备。

及时招呼汇报者进门入座，不可居高临下、盛气凌人。

善于倾听：当下级汇报时，可与之目光交流，配之以点头等表示自己认真倾听的体态动作。对汇报中不甚清楚的问题及时提出来，要求汇报者重复、解释，也可以适当提问，但要注意所提的问题不至于打消对方汇报的兴致。

不要随意批评、拍板，要先思而后言。听取汇报时不要频繁看表或打呵欠、做其他事情等，这些是不礼貌的行为。

要求下级结束汇报时可以通过合适的体态语或用委婉的语气告诉对方，不能粗暴打断。

当下级告辞时，应站起来相送。如果联系不多的下级来汇报时，还应送至门口，并亲切道别。

七、开、关门的礼仪

一般情况下，无论是进出办公大楼或办公室，都应用手轻推、轻拉、轻关房门，态度谦和、讲究顺序。进出房间时，开关门的声音一定要轻，乒乒乓乓地关开门是十分失礼的。进他人的房间一定要先敲门，敲门时一般用食指有节奏地敲两三下即可。如果与同级、同辈者进入，要互相谦让一下。走在前边的人打开门后要为后面的人拉着门。假如是不用拉的门，最后进来者应主动关门。如果与尊长、客人进入，应当视门的具体情况随机应变，这里介绍通常的几种方法：

(1) 朝里开的门：如果门是朝里开的，秘书应先入内拉住门，侧身再请尊长或客人进入。

(2) 朝外开的门：如果门是朝外开的，秘书应打开门，请尊长、客人先进。

(3)旋转式大门:如果陪同上级或客人走的是旋转式大门,应自己先迅速过去,在另一边等候。

无论进、出哪一类的门,秘书在接待引领时,一定要"口""手"并用且到位,即运用手势要规范,同时要说诸如"您请""请走这边""请各位小心"等提示语。

开、关门礼仪如图5-17所示。

图5-17　开、关门礼仪

八、用餐礼仪

在办公室吃饭,拖延的时间不要太长。他人可能要及时进入工作,也可能有性急的客人来访,双方都有点不好意思。

开口的饮料罐,长时间摆在桌上总是有损办公室雅观,也应尽快扔掉。如果不想马上扔掉,或者想等会儿再喝,把它藏在不被人注意的地方。

嘴里含有食物时,不要贸然讲话。他人嘴含食物时,最好等他咽完再对他讲话。由于大家围坐一堂,难免有人讲笑话,因此要防止大笑喷饭的情形,可以每口含食物不太多。

弄得乱溅以及吃声音很响的食物,会影响他人,最好不吃,吃时也尽量注意点。

有强烈味道的食品,尽量不要带到办公室。即使你喜欢,也会有人不习惯的。而且其气味会弥散在办公室里,还是很损害办公环境和公司形象的。

食物掉在地上,要马上捡起扔掉。餐后将桌面和地板打扫一下,是必须做的事情。

准备好餐巾纸,不要用手擦拭油腻的嘴,应该用餐巾纸擦拭。

及时将餐具洗干净,用完餐一次性餐具应立刻扔掉,不要长时间摆在桌子或茶几上。如有突发的事情耽搁,也记得礼貌地请同事代劳。

九、会议礼仪

案例分析5-6

小刘的公司应邀参加一个研讨会,该次研讨会邀请了很多商界知名人士参加。总经理特别安排小刘和他一道去参加,让他熟悉公司的合作伙伴。

小刘早上睡过了头,等他赶到,会议已经进行了二十分钟。他急急忙忙推开了会议室的门,"吱"的一声脆响,他一下子成了会场上的焦点。刚坐下不到五分钟,肃静的会场上又响起了摇篮曲,是谁在播放音乐?原来是小刘的手机响了!这下子,小刘可成了全会场的"明星"……

没过多久,听说小刘已经"另谋高就"了。

分析:不管是参加自己单位还是其他单位的会议,都必须遵守会议礼仪。稍有不慎,便会严重损害自己和公司的形象。

会议是洽谈商务、布置工作、沟通交流的重要方式,也是现代经济社会中一项重要的商务活动,会议礼仪贯穿于会议的筹备、组织、主持、参与等一系列环节中,对会议效果有着直接的影响。

按照时间划分,会议礼仪包括会前礼仪、会中礼仪和会后礼仪。

(一)会前礼仪

会前礼仪即会前的准备工作。

1. 指导会务工作的原则

会议应准备充分、组织严密、服务周到和确保安全。

2. 确定会议主题与议题

会议的议题是根据会议目的来确定并付诸会议讨论或解决的具体商务问题,是会议活动的必备要素。举行会议首先要明确为什么而"议"和"议"什么。

3. 确定会议名称

会议的名称要求能概括显示会议的内容、性质、参加对象、主办单位以及会议的时间、届次、地点、范围、规模等。如"武汉开发科技股份有限公司第十七次(2015年度)股东大会"。

4. 确定会议规模与规格

会议规模应本着精简、效能的原则来确定,会议的规模有大型、中型和小型。会议的规格有高档、中档和低档。

5. 确定会议时间

会议时间是指商务会议的召开时间和会期两方面。会议的召开时间,指的是会议开始和结束的时间节点。会期通常是指会议期间聚会活动一次以上的会议,从开始到结束之间所需要的时间段。会议可短可长,少则几分钟、十几分钟,多则数小时、几天甚至十几天。

6. 确定会议所需用品和设备

案例分析5-7

某采购商招标一批计算机软件产品,约请200余家计算机软件供应商,供应商应约来到采购商选定的宾馆后,发现没有网线,客商无法上网查询任何信息,引起客商极大的不满。

必备用品是指各类会议都需要的用品和设备,包括文具、桌椅、茶具、扩音设备、照明设备、空调设备、投影和音像设备等。特殊用品是指一些特殊类型的会议,例如谈判会议、庆典会议、展览会议等所需的特殊用品和设备。必须确保会议所需的用品和设备在会议前全部到位。

7. 成立会议组织机构

成立会议组织机构,包括会务组、宣传组、秘书组、文件组、接待组和保卫组。

8. 确定与会人员名单

与会人员包括出席会议和列席会议的有关人员。组织人员应根据会议的性质、议题、任务来确定与会人员。

9. 确定会议地点

会议地点是指商务会议的举办地,也可指举行会议活动的场所。为了使会议取得预期效果,应根据会议的性质、规模和内容,来综合考虑会场的大小、交通情况、环境与设备是否适合等因素,有时也考虑政治、经济、文化等因素。

10. 安排会议议程和日程

会议日程是指会议在一定时间内的具体安排,即对会议要通过的文件、所要解决的问题进行概略安排,并冠以序号将其清晰地罗列出来。

会议主办方应当与受约方进行充分的协商,充分尊重对方的意愿,在不损害基本原则的基础上,尽可能就会议议程达成一致,并形成文本加以确认。所有会议议程形成的文本必须在与会代表报到时一并提供。

11. 约请客人

案例分析5-8

秘书奉命约请十位客商参加一个商务会议。在约请前,秘书进行了精心的准备,将每一个客人的基本情况烂熟于心,然后亲自登门一一约请。

约请前三个客商非常顺利,可是到第四位客商时,秘书一下子忘记了客商的姓氏,于是,秘书径直到了客商公司,故意大声与公司前台攀谈,想套出客商的姓氏,很不幸,客商刚好这时候走进了公司大厅,秘书一时手足无措。

分析:约请客人必须有备而来,避免尴尬。

会议一般需要约请客人,弄清楚约请客人的姓名、公司名称、主营业务、客人的职务和会议的目的。会议通知必须写明开会的时间、地点、会议主题及参加者等内容。要提前一定的时间发通知,以便使参加者有所准备。重要的客人必须亲自面请,并送交请柬备忘。会议通知的方式有书面、口头、电话和邮件。通知的形式有正式通知和非正式通知。

12. 制作会议证件

会议证件的内容有会议名称及与会者单位、姓名、职务、证件号码等。重要证件还要贴上本人照片,加盖印章。

13. 准备会议文件资料

会议文件资料主要有议程表、日程表、会场座位分区表和会场座次表、主题报告、领导讲话稿、其他发言材料、开幕词和闭幕词、其他会议材料等。

14. 座位排次

一是环绕式。就是不设立主席台,把座椅、沙发、茶几摆放在会场的四周,不明确座次的具体尊卑,而听任与会者在入场后自由就座。这一安排座次的方式,与茶话会的主题最相符,也最流行。

二是散座式。散座式排位,常见于在室外举行的茶话会。它的座椅、沙发、茶几四处自由地组合,甚至可由与会者根据个人要求而随意安置。这样就容易创造出一种宽松、惬意的社交环境。

三是圆桌式。圆桌式排位,指的是在会场上摆放圆桌,请与会者在周围自由就座。圆桌式排位又分下面两种形式:一是适合人数较少的,仅在会场中央安放一张大型的椭圆形会议桌,而请全体与会者在周围就座;二是在会场上安放数张圆桌,请与会者自由组合。

四是主席式。这种排位是指在会场上,主持人、主人和来宾被有意识地安排在一起就座。

(二)会中礼仪

1. 迎候礼仪

案例分析5-9

应邀到甲公司参加商务会议的8位客人陆续到达甲公司所在城市,公司总经理在高速公路出口等候,每接到一位客人就转给随从人员带到公司,8位客人深受感动,商务会议取得了前所未有的成功。

分析:迎候表明了一种尊重、一种盛情和一种严谨,这是最好的合作伙伴具备的优秀品质。

举行会议时,主人提前到达,主办方迎候人员应在大楼正门口或者接见厅、会见室门口迎候(见图5-18)。迎候人员为公司负责人和接待负责人。

图5-18 迎候客人

2. 发言礼仪

会议发言有正式发言和自由发言两种,前者一般是领导报告,后者一般是讨论发言。正式发言者,应衣冠整齐,走上主席台应步态自然、刚劲有力,体现一种成竹在胸、自信自强的风度与气质。发言时应口齿清晰,讲究逻辑,简明扼要。如果是书面发言,要时常抬头扫视一下会场,不能低头读稿、旁若无人。发言完毕,应对听众的倾听表示谢意。

自由发言则较随意,但要注意,发言应讲究顺序和秩序,不能争抢发言;发言应简短,观点应明确;与他人有分歧时,应以理服人,态度平和,听从主持人的指挥,不能只顾自己。

如果有会议参加者对发言人提问,应礼貌作答,对不能回答的问题,应机智而礼貌地说明理由,对提问人的批评和意见应认真听取,即使提问者的批评是错误的,也不应失态。

3. 与会礼仪

作为职场中人,在公司里,一定要养成顾全企业大局的习惯。在参加会议之前,要做好准备。

开会前,如果你临时有事不能出席,必须通知对方。参加会议前要多听取上司或同事的意见,做好参加会议所需资料的准备。进入会场之后,要把自己的手机关闭或调成振动状态(见图 5-19)。

图 5-19　进入会场前要关机或调成静音、振动状态

开会的时候,如果让你发言,你的发言应简明扼要。在你听其他人发言时,如果有疑问,你要通过适当的方式提出来。在别人发言时,不要随便插话,破坏会议的气氛,开会时不要说悄悄话或打瞌睡,没有特别的情况不要中途退席,即使要退席,也要征得会议主持人的同意。要利用参加会议的机会,与各方面沟通,建立良好的人际关系。

会议参加者应衣着整洁,仪表大方,准时入场,进出有序,依会议安排落座,开会时应认真听讲,不要私下小声说话或交头接耳,发言人发言结束时,应鼓掌致意,中途退场应轻手轻脚,不影响他人。

4. 主持会议

各种会议的主持人,一般由具有一定职位的人来担任,其礼仪表现对会议能否圆满成功有着重要的影响。主持人应衣着整洁、大方庄重、精神饱满,切忌不修边幅、邋里邋遢。走上主席台应步伐稳健有力,行走的速度因会议的性质而定。

入席后,如果是站立主持,应双腿并拢,腰背挺直。持稿时,右手持稿的中部,左手五指并拢、自然下垂。双手持稿时,应与胸齐高。坐姿主持时,应身体挺直,双臂前伸,两手轻按于桌沿。主持过程中,切忌出现搔头、揉眼、抱腿等不雅动作。主持人言谈应口齿清楚,思维敏捷,简明扼要。主持人应根据会议性质调节会议气氛,或庄重,或幽默,或沉稳,或活泼。主持人对会场上的熟人不能打招呼,更不能寒暄闲谈,会议开始前,可点头、微笑致意。

5. 会议服务

要做好会议记录,安排好专职的会议记录员,对参会人员的发言进行记录(特别是讨论性质的会议),记录内容会后留底。安排专人摄影(摄像、录音),会后留底。参会人员入座后会议正式开始,这时非参会人员应全部离开会议室;在会议进行中,与会人员要关闭所有的通信工具(或调到静音),人员也不要随便进出。除讲话人之外,服务人员是唯一走动的人,唯一关注的人,所以一定要注意着装。如:女性的皮鞋,走动时注意不能发出声响。动作要轻、慢、柔,避免快、重!来宾的行李包(或笔记本包)注意要放在椅子上或其他地方,应避免直接放置在地上,这能反映出服务的水平。会议时间较长时,可适当安排中途休息时间、会间的工作餐和卫生可口的饮料。会上所提供的饮料,最好便于与会者自助饮用,不提倡为其频频斟茶续水。

(三) 会后礼仪

会议结束,应做好必要的后续工作。

1. 形成文件

整理好会议中的文字记录和图片、视频、音频记录,进行备案,尽快完成会议总结材料,材料内容应包括:会议议程各项内容、主要人员发言材料、会议讨论内容和总结性结论。

2. 处理材料

案例分析5-10

为了回收商务会议讨论文本,秘书小刘设计了一个控制办法,所有讨论文本的每一页全部标示"未定稿讨论使用",文件回收效果显著。

根据工作需要与保守商业秘密的需要,在会议结束后应对与其有关的一切图文、声像材料进行细致的回收、整理工作。回收、整理会议的材料时,应遵守规定与惯例,应该汇总的材料,一定要认真汇总;应该存档的材料,要一律归档;应该回收的材料,一定要如数收回;应该销毁的材料,则一定要仔细销毁。

3. 协助返程

案例分析5-11

顾总经理应邀参加甲公司的商务会议,参加会议期间,顾总经理不幸染病,会议结束时还没有痊愈,甲公司老总安排秘书将顾总经理直接送回家中,顾总经理深受感动。

大型会议结束后,其主办单位一般应为外来的与会者提供一切返程的便利。若有必要,应主动为对方联络、提供交通工具,或是替对方订购、确认返程的机票、船票、车票。当团队与会者或与会人士有特殊情况需要离开本地时,可安排专人为其送行,并帮助其托运行李。如有必要,还可赠送公司的纪念品;带客人参观,如参观公司或厂房等。如果必要,也可合影留念。安排合影位次时,主客居中,主人的右侧为上,主要会议人员事先写好姓名,贴在座椅上。

知识链接　会议礼仪注意事项

(1) 发言时不可长篇大论。
(2) 不可从头到尾沉默到底。
(3) 不可取用不正确的资料。
(4) 不要尽谈些期待性的预测。
(5) 不可做人身攻击。
(6) 不可打断他人的发言。
(7) 不可不懂装懂,胡言乱语。
(8) 不要谈到抽象论或观念论。
(9) 不可对发言者吹毛求疵。
(10) 不要中途离席。

知识链接　办公场所礼仪小细节

(1) 早晨进办公室时主动向同事问好,下班回家时与同事互相道别;
(2) 转接电话时应当使用文明用语;
(3) 请求帮助时要向对方表达谢意,无论是上下级、秘书还是办公室的后勤人员;
(4) 需要打扰别人先说对不起;
(5) 不议论任何人的隐私;
(6) 进出电梯时为需要帮助的人按住电梯门;
(7) 在同事需要帮助的时候伸出援助之手;
(8) 在开会或同事聚集的场合,不对任何不同意见做出轻蔑的举止;
(9) 与来访者握手时做到大方得体,不卑不亢;
(10) 与别人交换名片,双手送出以示恭敬;
(11) 不在办公室脱鞋或将脚伸到桌上;
(12) 将手机的声音调低或调成振动,以免影响别人;
(13) 打电话时尽量放低声音,如果是私人电话,尽量减少通话时间;
(14) 不翻动其他同事桌上的文件资料,甚至电脑、传真机上与自己无关的任何资料;
(15) 有任何资料需要移交给别人,一定要贴上小纸条,写清时间、内容、签名并且不忘谢谢;
(16) 将自己的办公桌整理得干干净净,不可将废纸乱丢一地;
(17) 尽量不在办公室里化妆、涂指甲,也不穿过分性感的衣服;
(18) 不在办公室里制造流言蜚语或传播小道消息;
(19) 在办公室见到同事或来访者不忘微笑;

(20)尽量不在办公室里与同事发生财务纠纷。

知识链接　职场礼仪禁忌

1.直呼老板名字

直呼老板中文或英文名字的人,有时是跟老板情谊特殊的资深主管,有时是认识很久的老友。除非老板自己说,"别拘束,你可以叫我某某某",否则下属应该以尊称称呼老板,例如"郭副总""李董事长"等。

2.以"高分贝"打私人电话

在公司打私人电话已经很不应该,要是还肆无忌惮地高谈阔论,更会让老板抓狂,也影响同事工作。

3.开会不关手机

开会关机或转为振动是基本的职场礼仪。当台上有人做报告或布置工作,底下手机铃声响起,会议必定会受到干扰,不但对台上的人,对其他参与会议的人也不尊重。

4.让老板提重物

跟老板出门洽商时,提物等工作你要尽量代劳,让老板也跟你一起提一半的东西,是很不礼貌的。另外,男同事跟女同事一起出门,男士们若能表现绅士风范,帮女士提提东西、开关车门,这些贴心的举手之劳,将会为你赢得更好的人缘。

5.称呼自己为"某先生/某小姐"

打电话找某人的时候,留言时千万别说:"请告诉他,我是某先生/某小姐。"正确说法应该先讲自己的姓名,再留下职称,比如:"你好,敝姓王,是××公司的营销主任,请某某听到留言,回我电话好吗?我的电话号码是××××××,谢谢你的转达。"

6.迟到早退或太早到

不管上班或开会,请不要迟到、早退。若有事需要迟到早退,一定要前一天或更早就提出,不能临时才说。此外,太早到也是不礼貌的,因为主人可能还没准备好,或还有别的宾客,此举会造成对方的困扰。万不得已太早到,不妨先打个电话给主人,问是否能将约会时间提早,不然先在外面晃一下,等时间到了再进去。

7.看高不看低,只跟老板打招呼

只跟老板等"居高位者"打招呼,太过现实啰!别忘了也要跟老板、主管身边的秘书或其他同事打招呼。

8.老板请客,专挑昂贵的餐点

别人请客,专挑贵的餐点是非常失礼的。价位最好在主人选择的餐饮价位上下。若主人请你先选,选择中等价位就够了。

9.不喝别人倒的水

主人倒水给你喝,一滴不沾可是不礼貌的举动喔!再怎么不渴或讨厌该饮料,也要举杯轻啜一口再放下。若是主人亲自泡的茶或煮的咖啡,千万别忘了赞美两句。

10.想穿什么就穿什么

"随性而为"的穿着或许让你看起来青春有特色,不过,上班就要有上班样,穿着专业的上班服饰，有助提升工作形象，也是对工作的基本尊重。

情境训练 5-2

训练目的：掌握职场工作礼仪。

训练程序：训练前准备、分好角色、角色扮演、教师点评。

训练场景：

(1)小陈(女)找刘总(男)汇报工作，此时刘总办公室的门是半开的，刘总正在伏案工作。

(2)小陈(女)平时比较时尚，上班时穿的裙子较短，衣服过于暴露，弄得同办公室的两个男同事经常感到尴尬，她的上级李总找她谈话，关于着装礼仪。

训练场所：教室。

训练工具：桌椅等。

思考 5-3

有客人来你办公室做公务拜访，但你已有约定要去赴约，此时你该怎么办？

案例分析 5-12

在上午即将召开重要会议之前，另一个部门的一位同事来见你，她也要参加会议，你们已经有一年多没有见面了。她到你办公室时，离开会还有几分钟的时间。你站起身和她握手并且恭维她的新发型，正在这时你发现她的长筒袜上有跳丝的地方，还发现她的牙齿上有口红，裙子的拉链有点没有拉好。闲聊片刻，你们一起去参加会议，此时你才告诉她袜子和口红的事。

问题：请指出失礼之处何在。

案例分析 5-13

我们经理有午睡的习惯，平时我不敢进去打扰他午睡。这一段时间公司业务实在太忙，董事长经常亲自来电要材料，都是急件，必须立即到经理房间查找核对有关数据资料，经常在他午睡时我还要进出他的办公室取送文件，有时一天中午还不止一两次。为了不把经理吵醒，每次我都轻手轻脚进出，开关门也轻轻地，生怕弄出声响，可出门带门时总会出现"咔嚓"一声的门锁响。我怕这烦人的"咔嚓"声吵醒经理，有时出门时就有意将门虚掩上，不让它出现"咔嚓"声。后来我发现经理经常在午睡醒后流露出对我打扰他午睡的不满，而我为了工作又必须进出经理房间。

问题："我"有什么地方失礼吗？

情境训练 5-3

训练目的:掌握职场工作礼仪。
训练场景:小陈是某公司客户经理,今天客户将要来公司了解新产品的研发情况,小陈将到停车场接客户到会议室开会。
训练场所:教室。
训练工具:名片等。

项目知识检测

●基本训练
一、简答题
(1)求职面试有哪些礼仪要求?
(2)在办公室与同事相处应遵循什么原则?
(3)办公室礼仪准则有哪些?
(4)会议前需要准备什么?
二、知识应用
1.判断题
(1)办公室礼仪,就是对公司职员在办公室地点内的仪容仪表、言谈话语、举止行为和待人接物等所做的基本规范。(　　)
(2)在办公室处理与异性有关问题上若不自重,不但可能引火烧身,招致麻烦,而且也是在贬低自己、作践自己,让人看不起。(　　)
(3)当遇到困难和不幸时应该多找同事诉说,让他们安慰自己,分担自己的不幸。(　　)
(4)一位招聘者向一位刚进门的应聘者伸出了手,而这位应聘者说:"我从不跟女士握手。"(　　)
(5)如果会议有内容演示,则最好用U字形的桌子。(　　)
(6)当你被应聘的公司拒绝后,也应该出于礼貌写一封感谢信。(　　)
(7)面试后,又想起几个问题,再打电话告诉面试的主考官。(　　)
2.选择题
(1)在刚涉入工作场合时,往往会遇到这样那样的求助,有些对你来说是举手之劳,但有些对你来说却很棘手。面对很棘手的事情时,你应该(　　)。
A.学会说不,有些时候要学会拒绝别人对你的不合理要求
B.不管是否是自己力所能及的都要勇于承担
C.看对方与自己的亲密程度,如果关系不错就极力帮他
D.只要遇到这样的事情就躲避
(2)办公室是我们工作的主要场所,因此处理好办公室里的关系,有一个良好的工作环境

同样重要,以下办公室里的行为不符合商务礼仪的是( )。
　　A."时间就是生命",因此守时是很重要的
　　B.在办公室里应爱惜办公用品,用完后应妥善处理,以方便下一个人使用
　　C.不要谈及私人问题
　　D.午睡时不要打扰到别人,所以可以不用锁门,免得弄出声音
　　(3)当面试结束后,什么时候询问对方结果是最佳时机,什么样的礼仪会使双方都愉快,是需要注意的问题。以下关于面试后续礼仪不合规范的是( )。
　　A.只要有时间就不停追问面试结果
　　B.面试结束后要记得向主考官表示感谢,这样会给对方留一个好的印象
　　C.对拒绝自己的公司也要写感谢信来表达对公司给自己锻炼机会的谢意
　　D.即使没有通过也不能对面试单位抱有怨恨
　　(4)布置会议室时有许多注意事项,下面不合规范的是( )。
　　A.大型会议或重要会议要准备会议标语,悬挂或张贴于醒目之处,这样易于参会者找到会议室
　　B.会议室一般要准备好纸张、笔和宣传材料等用品,与会者互相不熟悉时应在桌上放置好姓名卡
　　C.在会议上一般不需要按照规则为与会者排好座次,按与会者来的先后次序就座即可
　　D.会议的准备工作不能马虎,要认真对待,这关系到会议正常顺利召开
　　(5)在去别人办公室拜访的时候,你应该( )。
　　A.敲门示意,征得允许后再进入
　　B.推门而入,再做自我介绍
　　C.直接闯入,不拘小节
　　D.如果门是虚掩着的就没有关系,可以直接进去

● **情景模拟训练**

训练目的:掌握求职面试礼仪,考查学生在敲门、问候、自我介绍、递名片、入座、回答问题、应变、告辞等方面的综合表现。

训练场景:
某某网络科技公司人力资源总监邓小姐今天将到商学院招聘电子商务运营人员。

训练场所:教室。

训练工具:名片等。

● **综合案例**

案例1:办公室无小事

　　在办公室里无小事,每一个细节都可能成为你表现的机会,成为你塑造自己形象的机会。有这样一位同事,她是一个二十多岁的女孩,叫小林。刚到公司时,谁也没多注意她,因为她在一些新招进的职员中是不太引人注目的一个,无论从哪一方面看她都是一般的人。可是,她对一些生活礼节细微得体的把握,赢得了大家甚至老板的心。例如在新年的前一个夜晚,我回老家探亲,大家都在一起兴高采烈地看电视,这时我的手机突然响起来了,只见手机上显示着这么一行字:"祝你新年快乐,万事如意。我在北京想你,你的朋友,小林。"我挺意外,怎么也不会想到小林会在千里之外想着我,给我送上一句诚挚的节日祝福,心中十分温暖。其实,在平时

我们的交情并不深，我想她是一个十分重情谊和情理的人，对别人的关心也是一样，周到、细心。想到在平时，在我们的办公室里，她对到办公室拜访的人都笑脸相迎，并且端茶倒水招待客人，还亲切地与客人交谈，在我们这样一个男性居多的环境下，这样的温柔的同事自然会得到大家的欢迎。果然，她很快就得到领导的重视，开会时领导往往让她去发言，并经常对她进行表扬，一年以后，她果然得到重用和提拔。虽然有时我们会认为这样的人很功利，但是在生活中，我们需要笑脸、温情，就像花儿需要阳光雨露一样，人们的生活太紧张，人与人的关系太复杂，缺少交流与合作，缺少细节的呵护与关心。

问题：
1. 对于案例中的小林的所作所为，你是怎样看待的？
2. 你对办公室礼仪的哪些方面最担心？

案例2：面试"轻轻关门" 应聘跨进银行大门

研究生毕业那年，就业形势相当严峻，连续几次应聘失败，仿佛经历一场噩梦，但工作不落实还得鼓起勇气继续找。忽然有一天看到一家银行门口贴着招聘广告，银行工作稳定，福利好，很多同学都想去。我想反正不交报名费，就试试吧。同学们知道我去参加了银行的应聘，都嘲笑我，可一周以后，我还真接到了银行的面试通知。参加面试的人很多，"砰砰"的关门声加剧了紧张的气氛。前面面试出来的人，有的喜形于色，有的万分沮丧。排在我前面的女孩儿长得很漂亮，和她相比，我像个豆芽菜，我想我可真够倒霉的，排在她后头，主考官刚欣赏完一个美女，再来看我，反差也太大了。

漂亮女孩笑着从主考官办公室走出来，随着"砰"的一声关门声，下一个该轮到我了。我整整衣裳，大着胆子往里闯……很幸运，问题挺简单，在要求自我介绍后，只问了几个简单的小问题。我回答完后，主考官点点头，面无表情地说："你可以走了。"没有看到微笑，我心想也许没戏了，就朝门口走去，我正准备开门时，出于礼貌又返身朝他们鞠了一躬，说："谢谢。"然后轻轻开门，又随手轻轻关上了门。从银行大厦里走出来，我安慰自己，银行的工作太刻板了，不来也好。

二十天后，银行方面打来电话通知我，我被录取了，我又意外又高兴。第一天上班，在我去领制服的时候，碰到了那天面试我的一个主考官，他向我表示祝贺。我奇怪地问他，在几百人中他怎么会记得我，他回答我说："那天我们接待了约300个应聘者，你是唯一一个向我们鞠躬，并且关门关得那么有礼貌的人。我们是服务行业，礼貌待人是我们对员工的基本要求。"

这是我的一次求职经历，虽说是误打误撞的成功，却让我明白了一件事：也许我们不是最优秀的，但是即使是在我们失意时，也要讲礼貌，也要给人们展露我们的微笑。

问题：这个案例说明了什么问题？在应聘的过程中礼仪所占的比重有多大？

第六章 沟通与合作

·知识目标·

◎掌握沟通与合作的意义、基础和原则；
◎掌握沟通与合作的基本知识和基本方法；
◎掌握有效沟通的途径。

·技能目标·

◎能根据有效沟通的基本原则进行商务洽谈，基本掌握合作的要求、常见的提问方法，以及沟通与合作的方法及技巧。

·思政目标·

◎沟通时能为对方着想；
◎不怕吃亏，不斤斤计较，以团体利益为重。

/ 引导案例 /

上下级间的沟通

王飞刚办完一个业务回到公司，就被主管李东叫到了他的办公室。

"王飞啊，今天业务办得顺利吗？"

"非常顺利，李主管，"王飞兴奋地说，"我花了很多时间向客户介绍我们公司产品的性能，让他们了解到我们的产品是最适合他们使用的，并且在别家再也拿不到这么合理的价钱了，因此很顺利就把公司的机器推销出去一百台。"

"不错，"李东赞许地说，"但是，你完全了解客户的情况了吗？会不会出现反复的情况呢？你知道我们部门的业绩是和推销出去的产品数量密切相关的，如果他们再把货退回来，对于我们的士气打击会很大。你对那家公司的情况真的完全调查清楚了吗？"

"调查清楚了呀，"王飞兴奋的表情消失了，取而代之的是失望的表情，"我是先在网上了解到他们需要供货的消息，又向朋友了解了他们公司的情况，然后才打电话到他们公司去联系的，而且我是通过你批准才出去的呀！"

"别激动嘛，小王，"李东讪讪地说，"我只是出于对你的关心才多问几句的。"

"关心？"王飞不满道，"你是对我不放心才对吧！"

很明显主管李东做错了,关心下属的业务,被下属认为怀疑自己的业务能力,而业务能力是下属吃饭的根本,不容任何人怀疑,因此产生了冲突,影响了双方的心情,不利于工作的开展。但是李东主管认为王飞的意愿很好,但是能力可能达不到他的要求,因此过多地询问,而引起了王飞的不满。其实李主管是有权力询问下属关于工作方面的一切事情的,只是没有考虑到王飞是个"小心眼",引起了误解。

王飞也有很严重的错误,上司询问你的工作情况,是上司的工作职责,如果上司连这点权力都没有,做上司还有什么意思?所以要平和地看待这个问题,不要把上司询问工作情况作为对你工作的怀疑,或许上司只是好心地提醒,或许上司对这个客户更了解,或许上司以前犯过类似的错误,想给你提一些建议,又或许上司对自己信心不足。连上司询问工作情况都要产生逆反心理,怎么和上司相处?怎么和其他同事相处?在这家公司一定得不到重用。另外有些话也不要说破,"你是对我不放心才对吧!"这样的话就没有给上司回旋的余地,上司怎么回答?如果他同意你的观点,就证明他不相信你的能力,以后的工作没有办法开展。如果他说相信你的能力,可你又不这么认为,他也询问了工作的情况,短时间改变你的观念很困难。所以王飞最后一句话带着很强烈的情绪,上司将很为难。

这一案例表明:在合作中有效的沟通具有重要意义,从小处说能避免人们交往中的误会,从大处说它关系到不同组织内、外部的正常合作。因此,要想处理好人际关系,使组织高效运转,必须进行有效沟通,防止出现沟通障碍。

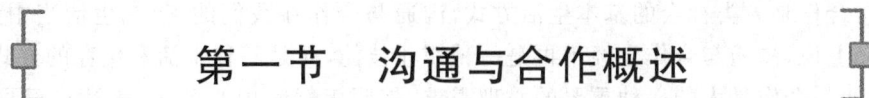

第一节　沟通与合作概述

一、沟通与合作的概念和意义

1. 沟通的概念

沟通是每一个人都必须学会的,特别是企业经营管理者、商务营销人员。为了认识这个问题,我们先来认识沟通的内涵及基本原理。

沟通是为了一个设定的目标,把信息、思想和情感在个人或群体间传递,并且达成共同协议的过程。它有三大要素,即:①要有一个明确的目标;②达成共同的协议;③沟通信息、思想和情感。

沟通是新世纪的通行证。我们每一个人都不是一座孤岛,每一个人在群体中生活,在群体中发展,就必须学会沟通,通过积极的人际交往,建立多方面、多层次的和谐的人际关系。

沟通有助于我们获得社会生活所必需的人格品质、价值取向、理想信念以及社会赞许的行为方式,加快社会化进程。在这个形形色色的社会里,在错综复杂的现实面前,人们对问题的看法难免不同甚至针锋相对,只有进行沟通才能寻求有益于各方的解决途径和方法,也只有进行沟通才能相互了解并接纳对方的思想观念和意识形态,并修正和完善自己的价值观、人生观、世界观,形成自己的思想体系和行为方式。

2. 合作的概念

合作是一个永恒的主题。从刚刚懂事起,我们就已经作为社会的人在与人相处、与人合作了。最初,和我们相处的是我们的父母;之后,有托儿所、幼儿园的阿姨和小朋友;再后,又有从小学到大学期间的老师和同学;等到我们走上了社会,踏入了职场,我们的交际范围进一步扩大,各式各样的人物走进了我们的生活,进入了我们的合作范围。无论是家人、同学、朋友还是同事,我们都在与他们合作,可以说,人的一生是合作的一生。21世纪是信息共享的世纪,没有一个单一的公司或个人能够拥有他所需要的全部资源并完成所有的事情,社会分工越来越细,对合作的要求就越来越高,每一个人、每一个公司都需要合作,合作已被提到了前所未有的高度上。个人的成功对合作提出了前所未有的要求,成功青睐于那些懂得如何将人们团结起来,利用创造性和多样化思维创造奇迹的人,合作是成功的源泉,合作是21世纪的社会准则。

合作的概念包含多个内容:共同创作;多人一起工作以达到共同目的;联合作战或操作。合作是两个以上的主体之间为达到共同目的,彼此相互配合的一种联合行动方式。

我国有许多关于合作的俗语,比如:

人心齐,泰山移。

独脚难行,孤掌难鸣。

水涨船高,柴多火旺。

三个臭皮匠,赛过诸葛亮。

一块砖头砌不成墙,一根木头盖不成房。

一个篱笆三个桩,一个好汉三个帮。

3. 沟通与合作的意义

沟通与合作是人类社会的基本生活方式,沟通与合作在我们的工作、生活当中无处不在,从某种意义上说,沟通与合作已经不再是一种职业技能,而是一种生活和生存的方式。

(1)沟通与合作是人的一种重要的心理需求,是职工解除内心紧张、表达自己思想感情与态度、寻求同情与友谊的重要手段;

(2)沟通与合作是改善人际关系、鼓舞士气的有效途径,有助于营造和睦相处的和谐氛围;

(3)沟通与合作可以转变职工对工作的态度,进而改变职工的行为,因为人们在不同的信息和意见的影响下,会形成不同的态度,引发不同的行为;

(4)沟通与合作可以使一个团队的成员之间互相了解,建立良好的同事关系,形成一种相互关心、相互帮助和相互支持的工作氛围,从而有利于工作的开展和促进单位工作目标的实现;

(5)沟通与合作是激发职工参与单位事务积极性的重要手段,职工通过各种沟通与合作渠道,既能发表对单位日常事务的意见和建议,也能得到对意见和建议的反馈,从而感到被重视、被尊重,激发主人翁责任感,提高整个团队的凝聚力和战斗力,全面完成工作任务。

案例分析6-1

张丹峰的苦恼

张丹峰刚刚从名校管理学硕士毕业,出任某大型企业的制造部门经理。张丹峰一上任,就对制造部门进行改造。张丹峰发现生产现场的数据很难及时反馈上来,于是决定从生产报表上开始改造。借鉴跨国公司的生产报表,张丹峰设计了一份非常完美的生产报表,从报表中可以看出生产中的任何一个细节。

每天早上,所有的生产数据都会及时地放在张丹峰的桌子上,张丹峰很高兴,认为他拿到了生产的第一手数据。没过几天,出现了一次大的品质事故,但报表上根本没有反映出来,张丹峰这才知道,报表的数据都是随意填写上去的。为了这件事情,张丹峰多次开会强调认真填写报表的重要性,每次开会后开始几天可以起到一定的效果,但过不了几天又返回到原来的状态,张丹峰怎么也想不通。

分析:张丹峰的苦恼是很多企业中的经理人一个普遍的烦恼。现场的操作工人很难理解张丹峰的目的,因为数据分析距离他们太遥远了。大多数工人只知道好好干活,拿工资养家糊口。不同的人,他们所站的高度不一样,单纯地强调、开会,效果是不明显的。

站在工人的角度去理解,虽然张丹峰不断强调认真填写生产报表可以有利于改善生产,但这距离他们比较远,而且大多数工人认为这和他们没有多大关系。后来,张丹峰将生产报表与业绩奖金挂钩,并要求干部经常检查,工人们才知道认真填写报表。

在沟通中,不要简单地认为所有人的认识、看法、高度都和自己是一致的,对待不同的人,要采取不同的模式,要用别人听得懂的"语言"与其沟通!

二、沟通与合作的基础

诚信既是人际交往的基本原则,也是人际交往的根本。值得信赖是赢得普遍尊重和信任的通行证。维系人与人之间的情谊,促进沟通的开展和合作的深入,最重要的是诚信。诚信是营造和谐的人际关系、加强不同主体之间的合作与沟通的根本,是每一个人在学会共处方面必须夯实的基础。

诚信是交往的基础,是做人的根本,是沟通与合作的基础。现在很多人都把合作与沟通的关注点集中在技巧方面,而忽略人际交往的基础,放弃沟通与合作的前提——真诚待人、诚信为本,这是舍本逐末、缘木求鱼的做法。其实,真诚待人、诚信为本就是人际交往最高的技巧,这是学会共处的放之四海而皆准的原则。在人际交往中,没有夯实这个基础,诚信不足,虽技巧高超,终究不过是得一时之逞,难以保持长久的友谊。"善大,莫过于诚",尔虞我诈的欺骗和虚伪的敷衍是对人际关系的亵渎,根本无法解除人们的戒备心理,更无法获得别人的认同和理解。不要带给对方一张虚伪的笑脸,而应带给对方一颗真诚的心。记住一句话:"爱人者,人恒爱之;敬人者,人恒敬之。"学会沟通,扩大合作,请先夯实你的诚信基础,因为长久的成功的人际关系是建立在诚信的基础上的。

案例分析6-2

晏殊信誉的树立

北宋词人晏殊,素以诚实著称。在他十四岁时,有人把他作为神童举荐给皇帝。皇帝召见了他,并要他与一千多名进士同时参加考试。结果晏殊发现试题是自己十天前刚练习过的,就如实向宋真宗报告,并请求改换其他题目。真宗非常赞赏晏殊的诚实品质,便赐给他"同进士出身"。晏殊当职时,正值天下太平,于是,京城的大小官员便经常到郊外游玩或在城内的酒楼茶馆举行各种宴会。晏殊家贫,无钱出去吃喝玩乐,只好在家里和兄弟们读写文章。有一天,真宗提升晏殊为辅佐太子读书的东宫官。大臣们惊讶异常,不明白真宗为何做出这样的决定。真宗说:"近来群臣经常游玩饮宴,只有晏殊闭门读书,如此自重谨慎,正是东宫官合适的人选。"晏殊谢恩后说:"我其实也是个喜欢游玩饮宴的人,只是家贫而已。若我有钱,也早就参与宴游了。"这两件事,使晏殊在群臣面前树立起了信誉,而宋真宗也更加信任他了。

分析:本案例中诚信的晏殊不仅在群臣面前树立起了自己的信誉,而且也为自己带来了良好的发展空间。在沟通与合作的过程中,只有以诚信为基础,才能带来长久的成功。

三、沟通与合作的原则

1. 互相尊重

首先要尊重别人,只有给予对方尊重才有沟通,进而才会有合作。若对方不尊重你时,你也要适当地请求对方的尊重,否则很难沟通与合作。尊重别人,就要允许别人不完美,接纳别人与自己的不同。从本质上来说,人和人都是差不多的,即使有差别,也仅仅是量上的差别而已,我们要接纳差异的存在,瞧不起别人和瞧不起自己都是不对的。在交往中,要尊重别人,对别人的缺点要多一分宽容和理解。金无足赤,人无完人,既然我们自己就是不完美的,又怎能苛责别人?

2. 讲出来

在与人交往中,我们要学会讲出来,尤其是坦白地讲出你内心的感受、感情、痛苦、想法和期望,但绝对不是批评、责备、抱怨、攻击。"你不说出来,我们怎么知道呢?"

3. 勇于承认错误

承认错误是沟通的消毒剂,可解决、改善与转化沟通的问题。一句"我错了",勾销了多少人的新仇旧恨,化解掉多少年打不开的死结,让人豁然开朗,放下武器,重新面对自己,开始重新思考人生。说声"对不起",不代表你真的做了什么伤天害理的事或犯了什么天大的错误,而是一种软化剂,使事情终有回转的余地,甚至于还可以创造"天堂";其实有时候你也真的是大错特错,死不认错就是一件大错特错的事。

4. 学会有效地倾听

人际关系学者认为倾听是维持人际关系的有效法宝,几乎所有的人都喜欢听他讲话的人,倾听成为改善人际交往的重要方式,所以我们要学会有效地倾听。在与人沟通时,作为听者要少讲多听,不要打断对方的谈话,最好不要插话,要等别人讲完之后再发表自己的见解;要尽量表现出倾听的兴趣,听别人讲话时要正视对方,切忌做小动作,以免对方认为你不耐烦;力求站在对方的角度设身处地地考虑问题,对对方表示关心、理解和同情;不要轻易地与对方争论或妄加评论。

 知识链接　苏格拉底话倾听

古希腊,苏格拉底教授沟通技巧。

有一个人慕名而来,他为了在老师面前展示自己的才能,滔滔不绝地谈论自己具有何等的天赋,他为了来学习做了多少准备。苏格拉底听完之后,表示可以收下他做学生,但是,"你必须缴纳双倍的学费"。此人大惑不解,怯怯地问:"为什么要收我双倍的学费呢?"苏格拉底说:"我除了要教你怎样说话以外,还得先教你怎样做一个听者,你先得学会倾听。"

倾听是接收口头及非语言信息、确定其含义和对此做出反应的过程。缺乏经验的人可以通过倾听来弥补自己的不足,富有经验的人可以通过倾听使工作更出色,善于倾听各方的意见有利于做出正确的决策。

美国《幸福》杂志对500家公司进行的一项调查显示:59%的被调查者对员工提供倾听方面的培训。研究表明,多数公司的员工把60%的时间花在倾听上,而经理们平均把57%的时间花在倾听上。懂得倾听的人才会获得朋友,因为你分担了他的烦恼;懂得倾听的人会更容易成功,因为你可以获得更多信息。因此,倾听是一种非常重要的沟通方式,只有让人愿意并且快乐地说出自己的观点和想法,你才能获得他的信任。

来源:教育部高校毕业生就业协会核心能力分会(CVCC办公室)

案例分析6-3

林克莱特的一则倾听故事

学会倾听,在沟通与合作中有多重要,我们来读一读美国知名主持人林克莱特的故事。林克莱特有一天访问一名小朋友,问他说:"你长大后想要当什么呀?"小朋友天真地回答:"嗯……我要当飞机的驾驶员!"林克莱特接着问:"如果有一天,你的飞机飞到太平洋上空,所有引擎都熄火了,你会怎么办?"小朋友想了想:"我会先告诉坐在飞机上的人绑好安全带,然后我挂上我的降落伞跳出去。"当在现场的观众笑得东倒西歪时,林克莱特继续注视着这孩子,想看他是不是自作聪明的家伙。没想到,接着孩子的两行热泪夺眶而出,这才使得林克莱特发觉这孩子的悲悯之情远非笔墨所能形容。于是林克莱特问他说:"为什么要这么做?"小孩的答案透露出一个孩子真挚的想法:"我要去拿燃料,我还要回来!"

分析:本案例中如果林克莱特没有听完那个孩子的想法就结束了采访,那对孩子以及听众都将是一种伤害。所以我们要记住:专心听别人讲话的态度是我们所能给予别人的最大赞美。你听到别人说话时,你真的听懂了他说的意思吗?如果不懂,就请听别人说完吧,这就是"听的艺术":听话不要听一半,不要把自己的意思投射到别人所说的话上头。

5. 赞美别人

赞美是永不过时的交往艺术。希望得到别人的注意和肯定,这是人们共有的心理需求。赞美是最能满足这种需求的,就像渴望得到别人的尊重一样,得到赞美也是令人心情愉快的事情。所以,你在与人交往时,一定不要吝啬你的赞美。赞美是赢得对方好感的一种好办法。但是,赞美别人一定要注意分寸。首先,要时时留心身边的人和事,多发现别人的优点,真心实意地赞美你周围的人;其次要把握分寸,要恰如其分地赞美他们身上最好的东西,切忌吹捧、夸张。注意从别人身上寻找优点,并及时地予以赞美,你会得到意外的收获。世界经济论坛的创始人——施瓦布先生,在多年以前年薪就已经达到100万美元,他这样阐述他的成功之道:"我认为我所拥有的最大财富就是能激起人们极大的热忱,而激起人们极大热忱的方法就是去鼓励和赞美。我从来不指责任何人,我信奉激励别人去工作,所以我总是急于表扬别人什么,而最恨吹毛求疵。如果说我喜欢什么东西,那就是诚挚地赞扬别人。"

6. 保持微笑

笑容是一种令人感觉愉快的面部表情,它可以缩短人与人之间的心理距离,为深入沟通与交往创造温馨和谐的氛围,因此有人把笑容比作人际交往的润滑剂。在笑容中,微笑最自然大方,最真诚友善。世界各民族普遍认同微笑是基本笑容或常规表情。在人际交往中,面露平和欢愉的微笑,说明心情愉快、充实满足、乐观向上、善待人生,这样的人才会产生吸引别人的魅力。面带微笑,表明对自己的能力有充分的信心,以不卑不亢的态度与人交往,使人产生信任感,容易被别人真正地接受。微笑反映自己心底坦荡、善良友好,待人真心实意,而非虚情假意,使人在与其交往中自然放松,不知不觉地缩短了心理距离。如在服务岗位,微笑更是可以创造一种和谐融洽的气氛,让服务对象倍感愉快和温暖。

案例分析6-4

"推销之神"——原一平的成功之道

原一平在日本被称为"推销之神"。他在1949—1963年,连续15年保持全国寿险业绩第一。其实,他身高只有1.53米,而且其貌不扬。在他当保险推销员的最初半年里,他没有为公司拉到一份保单。他没有钱租房,就睡在公园的长椅上;他没有钱吃饭,就去吃饭店专供流浪者的剩饭;他没有钱坐车,每天就步行去他要去的那些地方。可是,他从来不觉得自己是个失败的人,至少从表面上没有人觉得他是一个失败者。自清晨从长椅上醒来开始,他就向每一个他所碰到的人微笑,不管对方是否在意或者回报以微笑,他都不在乎,而且他的微笑永远是那样由衷和真诚,他看上去永远是那么精神抖擞、充满信心。终于有一天,一个常去公园的大老板对这个小个子的微笑发生了兴趣,他不明白一个吃不上饭的人怎么会总是这么快乐。于是,他提出请原一平吃顿早餐,尽管原一平饿得要死,但还是委婉地谢绝了。原一平请求这位大老板买一份保险,于是,原一平有了自己的第一个业绩。这位大老板又把原一平介绍给他的许许多多商场上的朋友。就这样,原一平凭借他的自信和微笑感染了越来越多的人,最终使他成为日本历史上签下保单金额最多的一名保险推销员。

分析:本案例中原一平凭借其真诚的微笑为自己带来机会和成功。所以记住:微笑不但是"参与社交的通行证",更是事业成功的必要条件。世界上最伟大的推销员乔·吉拉德曾经说过:"当你笑时,整个世界都在笑。一脸苦相没人理睬你。"

第二节 沟通与合作能力

一、沟通能力

1. 沟通能力及影响因素

一般来说,沟通能力指沟通者所具备的能胜任沟通工作的优良主观条件。简言之,人际沟通的能力指一个人与他人有效地进行沟通的能力,包括外在技巧和内在动因。其中,恰如其分和沟通效益是人们判断沟通能力的基本尺度。恰如其分,指沟通行为符合沟通情境和彼此相互关系的标准或期望;沟通效益,则指沟通活动在功能上达到了预期的目标,或者满足了沟通者的需要。

表面上来看,沟通能力似乎就是一种能说会道的能力,但实际上它包罗了一个人从穿衣打扮到言谈举止等一切行为的能力。一个具有良好沟通能力的人,他可以将自己所拥有的专业知识及专业能力进行充分的发挥,并能给对方留下"我最棒""我能行"的深刻印象。

沟通能力有两个决定因素:一是思维是否清晰,能否有效地收集信息,并做出逻辑的分析和判断;二是能否贴切地表达出(无论是口头还是书面)自己的思维过程和结果。而前者更重要,没有思维的基础,再好的语言技巧也不可能得到传达、说服、影响的结果。

沟通也有两个层面,即思维的交流和语言的交流。一般人重视的都是语言的交流,但如果你不能了解对方心里此时此刻在想什么,如果对方的思维没有跟着你走,那么,你想得再清楚,讲得再清楚,不也很像是在背台词吗?至少是自说自话吧?所以,沟通能力强,有一个重要的标准,那就是你能实时把握对方的思维,而提前做出反应,使你们的交流从语言层面上升到思维层面。

有效的沟通是一门学问,也是一门艺术。说沟通是学问,是因为任何沟通都是有其本身的目的的,把握住沟通的目的,同时掌握沟通的要领,将相互的理解或者思想表达出来,是需要练习和实践的;说沟通是一门艺术,讲的是沟通技巧,其中包括语言沟通技巧、非语言沟通技巧、外部因素、交流双方对事件的把握度以及是用一个什么样的态度在进行沟通,等等。

要为他人办一件好事,但有可能弄巧成拙;本来想与他人解除原有的隔阂,但可能弄得更僵。所以说,现实的实践活动需要有一定的沟通能力。

2. 沟通能力的培养

培养自己的沟通能力应从两个方面努力:一是提高理解别人的能力;二是提高表达能力。具体来说,就是要做到以下几点。

第一,要仔细想想自己最有可能在什么场合、与哪些人沟通。

不同的场合对于沟通的要求是不一样的。比如公司、聚会、会议室等,应采用不同的沟通方式。另一方面,沟通的对象也决定了沟通的语言和形式。比如与同事、朋友、亲戚、领导、客户、邻居、陌生人等沟通时,就应根据对象的不同改变沟通方式。通过这个步骤可以使自己清晰地明了需要沟通的对象和场合,以便全面地提高自己的沟通能力。

第二,需要客观地评价自己是否具有良好的沟通能力(沟通能力测试)。

请你就以下问题认真地问问自己:

(1)你真心相信沟通在组织中的重要性吗?
(2)在日常生活中,你在寻求沟通的机会吗?
(3)在公开场合,你能很清晰地表达自己的观点吗?
(4)在会议中,你善于发表自己的观点吗?
(5)你是否经常与朋友保持联系?
(6)在休闲时间,你经常阅读书籍和报纸吗?
(7)你能自行构思,写出一份报告吗?
(8)对于一篇文章,你能很快区分其优劣吗?
(9)在与别人沟通的过程中,你能清楚地传达想要表达的意思吗?
(10)你觉得你的每一次沟通都是成功的吗?
(11)你觉得自己的沟通能力对工作有很大帮助吗?
(12)喜欢与你的同事一起进餐吗?

(13)在一般情况下,经常是你主动与别人沟通而不是别人主动与你沟通吗?
(14)在与别人沟通的过程中,你会处于主导地位吗?
(15)你觉得别人适应你的沟通方式吗?

这是一个非常简单的小测试,回答"是"得1分,回答"否"不得分。得分为11~15分,说明你是一个善于沟通的人;得分为6~10分,说明你协调、沟通能力比较好,但是有待改进;得分为1~5分,说明你的沟通能力有些差,你与团队之间的关系有些危险。

第三,你要问问自己,我的沟通方式是否合适。

你要认真问自己以下几个问题:
(1)在一般情况下,经常是你主动与别人沟通还是别人主动与你沟通?
(2)在与别人沟通的过程中,你会处于主导地位吗?
(3)你觉得别人适应你的沟通方式吗?

要知道,主动沟通与被动沟通是完全不一样的。如果你迈出主动沟通的第一步,就非常容易与别人建立广泛的人际关系,在与他人的交流沟通中更能够处于主导地位。当你处于主导地位时,就会集中注意力,主动去了解对方的心理状态,并调节自己的沟通方式,以便更好地完成沟通过程。这时候的沟通方式就是最合适的。

以下是一些经典的沟通原则:
(1)讲出自己内心的感受,哪怕是痛苦和无奈。
(2)不批评、不抱怨,批评和抱怨是沟通的刽子手,只会使事情恶化。
(3)尊重他人,即使对方不尊重你的时候,也要适当地请求对方尊重。
(4)有情绪的时候不要沟通,尤其是不能够做决定。
(5)适时说声"对不起",这是沟通的软化剂。
(6)当事情陷入僵局时,要耐心等待转机。

第四,从平常做起,全面提高自己的表达能力。

表达能力是指运用语言、文字阐明自己的观点、意见或抒发思想、感情的能力。它是沟通与合作能力的基础。要提高表达能力,我们应从下列几个方面着手训练。

(1)从大声讲话入手。

要敢于大声讲话,一定要让声音有效地到达对方的耳朵。你讲话的目的是把你的意思告诉对方,可是你"够不着"对方的耳朵,就等于什么也没说。声音到达对方的耳朵,意思才能进入对方的心中,这才叫讲话。

(2)朗读、背诵。

通过朗读和背诵对语气、声调、表情、手势的训练,可以加深我们对文章内容的理解和体会,对提高口头表达能力和写作能力有很大帮助。平时,多采用范读、听录音、看录像等方式,逐渐掌握朗读不同文体的语气、声调、表情、姿态和手势。通过训练,增强语感,提高遣词造句的能力,实现口语向书面语的转换。

(3)通过学习和实践掌握人际交往的技巧。

在保证日常学习各种书面知识的前提下积极参加学校的社团活动,寻找暑期实习机会,或参加社会实践活动,这非常有益于积累社会经验,在人际交往中接受锻炼;利用各种机会拓展自己的"人际网",尝试与各种不同类型、不同背景的人进行沟通,多认识那些你认为有特长、有能力的人,这无论是对今天的学习还是对今后的工作都是大有裨益的;通过反复练习,有针对性地提高自己的倾听技巧、谈话技巧、形体语言技巧和演讲技巧,多观察善于表达的人在类似情形下的处理方式,并让身边的朋友帮助自己改进和提高……只要多学习、多实践,即使是缺乏表达和沟通经验的同学,也可以很快成为人际交往中有人缘、有号召力、有人际魅力的人。

(4)平时加强口头表达能力训练。

运用人际交往进行口头陈述训练;运用即时讲述进行口头陈述训练,把自己在学习活动中的所见所闻及自己的想法及时地向教师或同学讲述;利用即席发言、凭着记忆演讲、有准备的脱稿演讲、照稿宣读演讲四种方式进行口头陈述训练;主动参与各种辩论活动来讲行口头陈述训练。

第五,恰当地运用身体语言。

很多人都知道身体语言在沟通中的作用,但是,要恰如其分地运用身体语言还是有一定的困难。要明确的是,同样的身体语言,如果是不同性格的人做出的,它的意义很有可能是不一样的。另外,同样的身体语言在不同的语境中的意义也是不一样的。因此,不但要了解身体语言的意义,而且要培养自己的观察能力,要站在对方的角度来思考,善于从对方不自觉的姿势、表情或神态中发现对方的真实想法,千万不要武断地下结论。

在使用身体语言的时候,要注意身体语言使用的情境是否合适,是否与自己的角色相一致。少做无意义的动作,以免分散对方的注意力,影响沟通效果。

二、合作能力

"一个篱笆三个桩,一个好汉三个帮",这句话足以说明人与人之间沟通合作的重要性。一个人要立足于社会,就离不开竞争和合作交流。那么,应如何培养与他人合作的精神和能力呢?

合作能力是指工作、事业中所需要的协调、协作能力,其突出的特点是指向工作和事业,这正是许多企业、组织极端重视员工的合作能力的原因之所在。

1. 影响合作能力的因素

1)人际关系

改善与协调人际关系是培养合作能力的前提条件,一般情况下良好的工作关系也会带来良好的合作,因此在企业培训中,常常以改善人际关系训练作为合作能力培训的内容。

2)对合作重要性的理解

在现实生活中我们常常观察到这样一种现象:当某人受到指责时,他的第一反应就是为自己做辩解,因而常常会为了到底谁之错的问题、到底该谁负责而争论不休,于是相互间产生越来越激烈的争吵。本来是事与事之间的矛盾,却导致了人与人之间的纠纷,进而产生隔阂、相互排挤,造成了人际矛盾,最终使工作受到了影响。

怎样才能扭转这一局面呢?这就要求我们对合作问题加以重视,合作是成功的基础。为此,我们必须坚持两个原则:一是以工作为重;二是针对事、不针对人。企业、组织必须在一定的工作压力下、在一定的时间内将工作尽善尽美地完成,当发生矛盾、冲突时,应将个人的感情埋藏起来,对发生的事情分析原因,提出自己的建议,将注意力投向"怎么办"上,而不是"谁之过"上。合作其实并不难,只要我们有着合作的愿望、合作的意识,拿出诚意,很多问题就能迎刃而解。

2. 合作能力的培养

1）学会欣赏和接纳他人

一个人由于性格特点不同及家庭环境、教育的不同,总有自己的好恶观,表现在集体生活中,就是喜欢与自己爱好、性格相近的同伴交往。实际上每个人都有长处和短处,而长处和短处也是相对的。只不过有些人只看到了他人的缺点,没有发现他人的闪光点。在人与人之间的相处中,我们要善于发现他人的优点,学习他人的优点来弥补自己的缺点,这样你身上的优点将会越来越多。人与人之间要友好合作,就要相互认识对方的长处,欣赏对方的长处,这样合作才会有真正的动力和基础。要明白"金无足赤,人无完人"的道理,要善于发现别人的优点,真心地欣赏他人,由衷地赞美他人,从内心去接纳他人。

2）学会理解他人、与他人沟通

人与人之间的交往,贵在互相理解。尤其在现代社会,如果不能同他人相互理解与合作,知识再多也没用。在平时的交往中,肯定会产生许多问题和矛盾,遇到矛盾要客观地分析问题,进行换位思考,学会多从他人角度考虑问题,理解他人并主动地与他人沟通、交流,从而取得他人的理解。要想使自己融入集体生活中去,必须学会理解他人,很好地与他人沟通。

3）学会与他人分享

一个人如果从小就自私自利、斤斤计较,你在家中,很可能家长会理解你;但是,你在学校生活和社会集体中,就会有人不迁就你。一旦养成自私自利的性格,对你的一生都有不利的影响,你以后也很难学会与别人友好相处,也就更谈不上和他人进行合作交流。因此,要消除自私心理,处事慷慨大方,不过分计较个人得失。要学会与他人分享快乐,能够将自己的快乐与他人一起分享。合作说到底是互惠的,与他人交往合作时既要分享利益,遇到问题时也要共同商量解决的办法。

4）了解一些合作的方法和技巧

合作双方是一个对立统一的关系,不能唯我独尊,只顾自己的需求。要充分考虑他人的需要,充分考虑他人的感受,顾全大局,目光长远,同时也要讲究原则,要守住自己的底线,不无原则迁就。平时要多参加一些有利于培养合作关系的活动。集体活动大多是团体之间的对抗、竞争,要求团体内部协调一致,这对培养合作交流精神是非常有效的。心理学家多伊奇的理论认为:当一个活动的目标和手段是参与者积极地相互依赖时,才最可能产生合作关系。

知识链接　约哈里窗户理论

约哈里窗户理论是由美国著名社会心理学家约瑟夫·勒夫特(Joseph Luft)和哈林顿·英格拉姆(Harrington Ingram)就如何提高人际交往的效率提出的,用来解释自我和公众沟通关系的动态变化。此理论被引入人际交往心理学、管理学、人力资源等领域。

1. 约哈里窗户理论的内容

约哈里窗户理论认为对个人而言,其认识世界的知识基本上是由四部分组成的,即公开、盲点、隐私、隐藏潜能。

所谓公开,就是自己知道、别人也知道的关于自己的事情;所谓盲点,就是自己不知道而别人知道的关于自己的事情。

所谓隐私,就是自己知道而别人不知道的关于自己的事情;而自己不知道、别人也不知道的关于自己的事实,称为未知之事,未知之事即为隐藏潜能。

约哈里窗户不是静止的而是动态的,我们可以通过内、外部的努力改变约哈里窗户四个区域的分布。也就是,当我们公开的、隐私的事实放大了,那么我们的盲点和隐藏潜能相对就变小了。

盲点、隐私是制约和影响我们潜能发挥的根本性因素,必须依据全新的团队互动式学习方法,理性而大胆地应用反问、回应、分享等手段,才可以不断冲破我们内心的本能阻力,使个人和组织思维中的盲点越来越少、隐私充分披露,从而达到个人素质的提升和组织效能的根本改变。

2. 约哈里窗户理论的启示

约哈里窗户理论主要是教我们如何发现盲点、开发潜能,即:

个人——挖掘自我盲点,突破思维局限,使个人潜能得以开启。

工作——发挥领导才能,勇气自信倍增,提升自我价值。

家庭及社交——善于聆听,沟通无阻,增进感情。

约哈里窗户是分析人际冲突的一个方法。如图 6-1 所示,图中两个椭圆代表两个人的全部特征。椭圆中安全区域和隐私区域为自己所了解的自我。两个椭圆相交的部分代表两个人公开的、想让对方知道的部分,这部分由于具有开放性和一致性,没有理由去防卫,所以沟通时几乎不会产生冲突,称之为安全区域。同时,两个人都有自己了解、但不准备让别人知道的部分,这部分称为隐私区域。你如果进入对方的隐私区域,就有冲突的可能。不过,这部分由于属于自己了解的,一般冲突均在可以控制的范围内。椭圆中盲目区域和危险区域代表自己所不了解的自我。盲目区域是一个很特别的区域,该部分的个性特征属于自己不了解但别人了解的部分。你可能在无意中触怒别人,但由于他人了解你,可能会告诉你,但又担心伤害到你的感情,这也是一种潜在的冲突。当然最危险的情况就是危险区域,该部分属于未发现的自我,就是自己不了解、他人也不了解的部分。该部分极易引起冲突。在人与人的交往中,要想更有效地合作与交流,需要将约哈里窗户中的盲目区域与危险区域减小,努力扩大双方的开放区域,尽量共同去探索求知区域。合作、交流、共享,是打开约哈里窗户的钥匙。我们要善于求助,不要碍于面子不敢求助,也不要怕打扰了别人的工作而不使用求助,善于求助会使你更快地进步。要多向思想导师、项目经理、同事求助、请教,互相交流才能彼此更快提高。

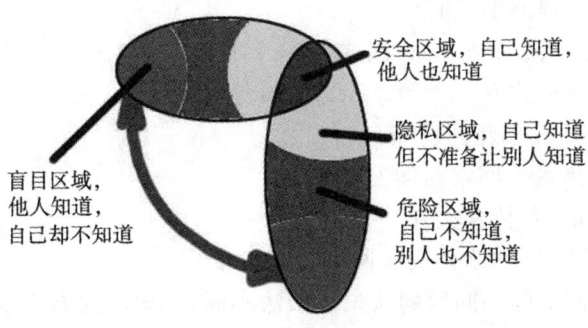

图 6-1 约哈里窗户理论

项目知识检测

●基本训练

一、简答题

(1)什么是合作?请举例说明沟通中的合作。

(2)请举例说明沟通的基础。

(3)沟通与合作的原则是什么?

(4)如何提高沟通中的合作技巧?

(5)结合实际谈谈目前本班合作方面存在的问题。

二、知识应用

1.判断题

(1)沟通就是为了实现预先设定的目标,由信息发送者选择一定的工具,采取一定的方式,通过一定的程序与渠道将经过编码的信息传递给信息接收者的过程。(　　)

(2)把一件事重复申述,是加深对方认识的常用方法。当然,重复申述的次数也要掌握得好,次数过多,用得不当,会使人产生厌烦。(　　)

(3)沟通与合作的关系为:沟通是合作的前提,沟通是合作的开端;合作是沟通的目的,是沟通的必然。(　　)

(4)正式沟通渠道有如下三种类型:下行沟通、上行沟通、平行沟通。(　　)

(5)当向别人讲出自以为正确的道理时,如果认为真理与自己永远同在,那么说服力就降低了一半。只有把所说的真理与本人分开,才能避免主观性的错误。(　　)

(6)在说服过程中,一旦对方对说服者所讲的原则有所理解时,那么说服者的说服工作已大功告成。(　　)

2.选择题

(1)在负责特定任务工作小组内部进行的所有形式的沟通,都可以称为(　　)。

A.间接沟通　　　　B.直接沟通　　　　C.团队沟通　　　　D.语言沟通

(2)"内部客户"的核心理念是(　　)。

A.对任何客户都热情服务

B.对客户的需求都要满足

C.对待内部职工应与对待外部客户、最终顾客的态度一样

D.进行后续工作的人都是最终客户

(3)沟通中常使用的提问形式有(　　)。

A.间接式、封闭式　　B.开放式、直接式　　C.封闭式、开放式　　D.讨论式、征询式

(4)网络沟通的主要形式有(　　)。

A.电子邮件、网络传真和新闻发布会

B.网络电话、网络传真和网络新闻发布

C.电子邮件、网络电话、传真文件

D.电子邮件、网络电话、网络传真和网络新闻发布

(5)不同国家的人们对同一问题的认识和做法不同,其影响因素主要是(　　)。

A.饮食习惯　　　　B.文化背景　　　　C.社会制度　　　　D.政治倾向

(6)非威胁的交流环境包括（　　）。
A.座位安排、集体空间、光线要求　　　B.秩序安排、私人空间、光线要求
C.座位安排、私人空间、音像要求　　　D.座位安排、私人空间、光线要求
(7)传统沟通对情感和直接的表达要求多,而网络沟通则更加（　　）。
A.注重效率和人机控制中的有效性
B.注重成本支出和人机控制的有效性
C.注重效率和团队成员控制的有效性
D.注重控制过程的有效性
(8)秘书要使自己的发言受到重视,就应该注意在沟通中（　　）。
A.抢准话头,使用否定性的语言　　　B.定准内容基调,见隙发言
C.话中有话,含蓄地否定他人的意见　　D.见隙发言,不给他人留有机会
(9)跨文化沟通中不同的民族习俗、文化影响、不同的价值观等会形成（　　）。
A.合作方式的不同要求　　　　　　　B.信仰与行为障碍
C.语言交流的障碍　　　　　　　　　D.对目标的评价障碍
(10)下行沟通中容易出现的障碍是（　　）。
A.不善聆听　　　　　　　　　　　　B.沟通各方心理活动的障碍
C.理解力　　　　　　　　　　　　　D.用语歧义

●情景模拟训练

训练1：自我认知和接受反馈训练

训练目的：人对自我的认知往往存在着约哈里窗户所揭示的盲区,本项训练的目的,在于通过对自我认知和接受反馈的训练,解除强加在自己身上的障碍,接收反馈信息,以信息共享方式精确认识自我形象和知觉偏差。

训练主要内容：

1.训练背景

通过比较自我的认知和其他人对自我的认知,解除自我认知的盲区；通过信息共享,更好地进行自我认知。

2.训练步骤

训练在4～6人组成的小组内进行,每个人都准备好笔和几张纸。每个人在纸的上端,分别写出组内一个其他成员的名字和他自己的名字。

每个人在相关的每一张纸上写上关于这个人的5种个人品质,或5种工作习惯/特点,或5个长处和弱点。以上各项都是他对组内每一个成员(包括他自己)的感性认识。将纸交给组内每一个相关的成员。每个成员轮流朗声读出别人对自己的感性认识(如有不明之处可以请求解释)和自己对自己的感性认识。

3.小组讨论

为什么你自己对自己的认识和别人对你的认识有差异？导致这些差异产生的原因是什么？如何认识自己和认识别人？

4.训练注意事项

(1)教师在学生分组的时候注意人员的搭配,组内成员最好相互比较熟悉。

(2)小组训练的时间控制为20分钟左右,讨论的时间为10分钟,然后请每个小组推举一

位成员把本小组的训练情况和讨论结果向大家进行通报。

(3)教师最后针对如何接触自我认知的盲区和接受反馈进行总结。

训练2：沟通合作能力测试

在人际交往中,我的沟通合作能力怎么样?这是每一个同学都很关心的问题,要回答这个问题,就要请同学们根据下面的测试题,结合自己的实际情况如实打分测评一下。符合,2分;基本符合,1分;难以判断,0分;不太符合,-1分;完全不符合,-2分。

测试题：

(1)我上朋友家做客,首先要问有没有不熟悉的人出席,如有,我的热情就会下降。

(2)我看见陌生人常常无话可说。

(3)在陌生的异性面前,我感到手足无措。

(4)我不喜欢在大庭广众之下说话。

(5)我的文字表达能力远比口头表达能力强。

(6)在公众面前讲话,我不敢看听众的眼睛。

(7)我不喜欢广交朋友。

(8)我只喜欢与我谈得来的人交往。

(9)到一个新的环境,我可以接连好几天不说话。

(10)如果没有熟人在场,我感到很难找到彼此交谈的话题。

(11)如果在"主持会议"和"做会议记录"这两项工作中选择,我肯定选择后者。

(12)参加一次新的聚会,我不会结识好多人。

(13)别人请求我帮忙而我无法满足对方时,我常感到难以处理。

(14)不是万不得已,我决不求助于别人,这倒不是我的个性好强,而是感到难以开口。

(15)我很少主动到同学、朋友家串门。

(16)我不习惯和别人聊天。

(17)领导、老师在场,我讲话特别紧张。

(18)我不善于说服别人,尽管有时我觉得我很有道理。

(19)有人对我不友好时,我常常找不到恰当的对策。

(20)我不知道怎样同嫉妒我的人相处。

(21)我同别人的友谊发展,多数是别人采取主动态度。

(22)我最怕在社交场合中碰到令人尴尬的事情。

(23)我不善于赞美别人,感到很难把话说得自然、亲切。

(24)别人话中带刺愚弄我,除了生气外,我别无他法。

(25)我最怕接待工作,因为要同陌生人打交道。

(26)参加聚会,我总是坐在熟人旁边。

(27)我的朋友都是同我年龄相仿的。

(28)我几乎没有异性朋友。

(29)我不喜欢与地位比我高的人交往,我感到这种交往很拘束,很不自在。

(30)我要好的朋友没几个。

评分标准：

得分在30分以上,说明你的交往能力是很差的;得分在0~30分之间,说明你的交往能力比较差;得分在-20~0分,意味着你的社会交往能力还可以;得分在-20分以下,说明你交往能力强,善于交际。

●综合案例

商务谈判中一位工程师的沟通能力

我国某冶金公司要向美国购买一套先进的组合炉,派一位高级工程师与美商谈判。为了不负使命,这位高工做了充分的准备工作。他查找了大量有关冶炼组合炉的资料,花了很大的精力对国际市场上组合炉的行情及美国这家公司的历史和现状、经营情况等了解得一清二楚。谈判开始,美商一开口要价150万美元。中方工程师列举各国成交价格,使美商目瞪口呆,终于以80万美元达成协议。当谈判购买冶炼自动设备时,美商报价230万美元,经过讨价还价压到130万美元,中方仍然不同意,坚持出价100万美元。美商表示不愿继续谈下去了,把合同往中方工程师面前一扔,说:"我们已经做了这么大的让步,贵公司仍不能合作,看来你们没有诚意,这笔生意就算了,明天我们回国了。"中方工程师闻言轻轻一笑,把手一伸,做了一个优雅的请的动作。美商真的走了,冶金公司的其他人有些着急,甚至埋怨工程师不该抠得这么紧。工程师说:"放心吧,他们会回来的。同样的设备,去年他们卖给法国只要95万美元,国际市场上这种设备的价格100万美元是正常的。"果然不出所料,一个星期后美方又回来继续谈判了。工程师向美商点明了他们与法国的成交价格,美商又愣住了,没有想到眼前这位中国商人如此精明,于是不敢再报虚价,只得说:"现在物价上涨得厉害,比不了去年。"工程师说:"每年物价上涨指数没有超过6%。一年时间,你们算算,该涨多少?"美商被问得哑口无言,在事实面前,不得不让步,最终以101万美元达成了这笔交易。

问题:工程师在沟通中用了哪些成功的技巧?

第七章 人际沟通

- 知识目标 -

◎掌握人际沟通的概念、功能和特点；
◎熟悉九型人格；
◎了解情绪管理。

- 技能目标 -

◎能针对不同性格的人进行人际沟通；
◎会运用应对情绪冲突的人际沟通技巧。

- 思政目标 -

◎培养积极向上的情绪和心态。

 / 引 导 案 例 /

糟糕的室友关系

蔡某，女，20岁，某大学二年级学生，主诉为："上高中的时候我学习很刻苦，除了学习没有其他的爱好，也没什么朋友。因高考成绩不理想，补习了一年。考入大学后，班主任安排我当寝室长，我也想好好与寝室同学相处。但时间一长，我发现自己真的无法和室友们相处，我习惯早睡，她们却喜欢聊到深夜；我比较爱干净，她们却喜欢乱丢乱搭，把寝室搞得乱七八糟。我以寝室长的身份给她们提出一些建议和要求，她们不但不听，反而恶言相骂。就这样我与室友经常因为一些琐事发生争执，我认为自己是对的，但她们并不理睬，几乎没人跟我说话。现在我和室友的关系很糟糕，已经到了孤立无援的地步。"

这一案例表明：蔡某高中时由于性格内向、只顾学习而缺乏人际交往的锻炼，来到大学后过上了集体生活，在与室友相处的过程中，因各自生活习惯不同，生活节奏无法与室友保持同拍，产生一定差距，需要大家一起慢慢磨合。而在磨合的过程中，她因为担任寝室长，可能没有较好地遵循人际交往的平等、尊重以及宽容等原则，致使沟通受阻、误会加深，甚至发生人际冲突，受到孤立，导致人际关系僵化。

第一节 人际沟通概述

一、人际沟通的概念

人际沟通（interpersonal communication）是个人之间在人际交往中彼此交流思想、感情和知识等信息的过程，是信息在个人间的双向流动。

(1) 人际沟通是一种历程，在一段时间之内，是采取有目的式地进行一系列活动的行为。与亲人饭后闲聊，或和好友千里一线牵的电话聊天，甚至使用网络在聊天室里与网友们对谈等，都是人际沟通的例子。而在每一个沟通的历程里，都会产生意义，都是在实行人际沟通。

(2) 人际沟通的重点在于它是一种有意义的沟通历程。沟通的过程中，其内容表现出的是"什么"，其意图所传达的是"为何"，其重要性的价值对应出此沟通"有多重要"。

(3) 双方在沟通历程中表现的是一种互动，在尚未沟通之前，不能先预测沟通互动后的结果。例如，小孩跟父母开口要钱，说："我没有钱了，能不能给我一千元当零用钱？"在还未互动之前，不能知晓结果，可能是 yes，也可能是 no，而且 yes 或 no 的结果又存在着许许多多的语气、态度等差别。

二、人际沟通的功能

人际沟通具有心理上、社会性和决策上的功能，和我们生活的层面息息相关。心理上，人们为了满足社会性需求和维持自我感觉而沟通；人们也为了发展和维持社会关系而沟通；在决策中，人们为了分享资讯和影响他人而沟通。

1. 心理功能

1) 为了满足社会需求和他人沟通

心理学认为，人是一种社会的动物，人与他人相处就像需要食物、水、住所等一样。如果人与其他人失去了相处与接触的机会，大都会产生一些症状，如产生幻觉、丧失运动机能，且变得心理失调。但山居隐士们自愿选择遗世独立，这是一种例外。我们平常可与其他人闲聊琐事，即使是一些不重要的话，却能使我们满足彼此互动的需求而感到愉快与满意。

2) 为了加强自我肯定和他人沟通

由于沟通，我们能够探索自我以及肯定自我。得知自己有什么专长与特质，有时是由别人口中告诉你的。与他人沟通后所得的互动结果，往往是自我肯定的来源，人都想被肯定、受重视，从互动中就能找寻部分答案。

2. 社会功能

人际关系提供了社会功能，且借着社会功能我们可以发展、维持与他人间的关系。我们必须经由与他人的沟通来了解他人，借由沟通的历程，关系得以发展、改变或者维系下去。因此，在与某人做第一次交谈后，可能会决定和此人保持距离或者接近他，抑或远离之。

3. 决策功能

人类除了是一种社会的动物之外，也是一种决策者。我们无时无刻不在做决策，不论是接下来是否要去看电视，明天要穿哪一套衣服，或者是否该给对方一个微笑，都是在做决策。但有时可能靠自己就能决定，有时候却是和别人商量后一起做决定。而沟通实现了决策过程中的两个功能，即促进资讯交换和影响他人。正确和适时的资讯是做有效决策之钥。有时是经由自己的观察，有时是从阅读获知，有时从传播媒体得来资讯，但有时是经由与他人沟通而获得资讯。我们也借由沟通来影响他人的决策，如和朋友去买衣服，他的询问意见与你的传达意见之间的互动就可能会影响到决策结果。

三、人际沟通的特点

1. 目的性

人与人沟通时，有其目的性存在。比如你在一个城镇中迷路了，想开口问路，希望能获得帮助，不论你问的是一名警察或是小孩，不论你的语气是和缓或着急，均有一个你所要求得的目的存在，那就是你想知道你身处何方，如何找到你要走的路。沟通中的许多文字也许是多余的，比如向人借东西，也许不好意思开口，拐弯抹角地说，但其目的仍是要跟人借东西。所以人际沟通具有目的性。在人际沟通中，沟通双方都有各自的动机、目的和立场，都会设想和判定自己发出的信息会得到什么样的回答。而双方的动机、目的和立场可能相同也可能不同，因此，沟通的双方在沟通过程中发生的不是简单的信息运动，而是信息的积极交流和理解。

2. 象征性

沟通可能是语言沟通也可能是非语言沟通，如面部表情能够表现出你的非语言沟通，用文字沟通，如书信、文章、文摘等，能够传达其含义，它们均有一种象征性的作用。比如吵架，有破口大骂的，也有冷战不说话的，但彼此能够明白对方所表达的意思。人际沟通借助语言和非语言两类符号，这两类符号往往被同时使用，二者可能一致，也可能矛盾。

3. 关系性

关系性是指在任何的沟通中，人们不只是分享内容，也显示彼此间的关系。关系性在互动的行为中涉及两个层面，一个是呈现于关系中的情感，另一个是谁是关系的主控者。关系的控制层面有互补的也有对称的。在互补关系中，一人较另一人权力较大，所以一人的沟通讯息可能是支配性的，而另一人的讯息则是在接受这个支配性。在对称关系中，人们不同意有谁能居于控制的地位，当一人表示要控制时，另一人将挑战他的控制权以确保自己的权力。互补关系比对称关系较少发生公然的冲突，但是在对称关系中，权力比较均等。

4. 互动性

人际沟通是一种动态系统，沟通的双方都处于不断的互动即相互作用中，刺激与反应互为因果，如乙的言语是对甲的言语的反应，同时也是对甲的刺激。我们把人际沟通定义为产生意义的互动过程。人际沟通是互动的，因为意义发生于两位参与者之间的原始讯息和对讯息的反应。沟通历程发生于不同的人之间讯息的传递和接收，此历程通过会被噪声干扰的知觉管道来进行。要形成一个良性的双向互动沟通，必须包含三个行为，即说的行为、听的行为和问的行为。一个有效的互动沟通就是由这三种行为组成的。换句话说，考核一个人是否具备互动沟通技巧的时候,就看他这三种行为是否都出现,以及三种行为分别出现的频率。

5. 可塑性

因为人际沟通好像是自然的、与生俱来的能力,所以很少有人注意沟通的形态与技巧。有时把一些沟通上或态度上的错误都想成"这是天生的,无法改变的",而不试着去改变自己的错误沟通态度。但其实沟通是需要学习的,我们要试着去观察周遭环境的人,看谁的沟通技巧好,谁的态度顽固不堪,这些值得我们学习与警惕。所以,我们都必须去学好人际沟通,而且要在不断的学习和练习中获益。

6. 统一的/近似的编码系统和解码系统

这不仅指双方应有相同的词汇和语法体系,而且要对语义有相同的理解。语义在很大程度上依赖于沟通情境和社会背景。沟通场合以及沟通者在社会、政治、宗教、职业和地位等方面的差异都会对语义的理解产生影响。

人际沟通编码和解码系统如图 7-1 所示。

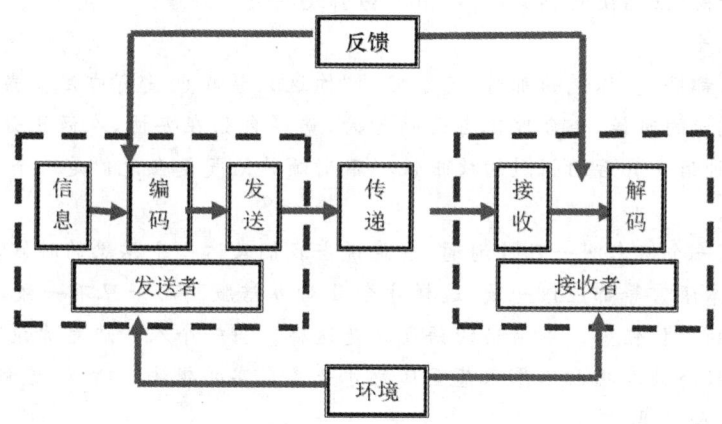

图 7-1 人际沟通编码和解码系统

知识链接 人际沟通中什么样的语气会被人排斥?

人际交往中,我们经常说有的人情商低,不会说话。所谓情商低,其实就是说话方式出现了问题。比如,最常见也最容易被说话者忽视的一点就是说话时的语气。

语气的问题在男女之间最容易引发矛盾。很多男生在与女生相处的时候发现,不管两个人聊什么事情,千万不能着急,一旦你讲话的声音大了,女生就会问:"你什么态度?"结果,两个人讨论的焦点很快就从事情本身转移到男生对女生重不重视、在不在乎的问题上来。所以,说话时的语气很重要,因为它包含了一个人对另一个人的态度。

积极的语气,会让对方感觉到被尊重和重视;消极的语气,会让对方感到被怠慢,从而心生不满。那么,什么样的说话语气最容易让人讨厌,甚至是反感呢?

1. 反问的语气

"难道我之前没有告诉过你吗?""这么简单的道理你都不懂?"想象一下,假如有人用上面的语气对你说话,你的感受是怎样的?肯定是不高兴。有的人甚至说,有一种分分钟要爆炸的感觉。为什么反问的语气会有如此强烈的情绪冲击？如果深入地观察一下就会发现，反问不仅是一种反驳，还包含了对说话对象本人的攻击。它传递的是这样一种信息：你犯错了，你不仅错了，还错得很低级可笑。可想而知，这会对一个人的自尊造成什么样的伤害。所以，不管是正式谈事情，还是私下聊天，都要慎用反问句。

如果发现自己有用反问句的习惯，要学着用陈述句的语气代替，这样给别人的感受才会友好得多。

2.命令的语气

"喂，把你这个东西给我用一下！""快去给我朋友圈点个赞，利索点！"有些人既不是你的工作领导，也不是你的长辈，他们只是你的朋友，或者仅仅是在一起做事的人，但在说话的时候总是习惯用一种命令的语气。

命令语气的潜台词是：我是强者，你是弱者，我可以随意地支配你，你必须要顺从我。爱用命令语气和别人说话的人，往往控制欲强，他们很享受那种掌控甚至碾压别人的全能感。但没有人喜欢这种被轻视、被指使的感觉，所以很容易引发冲突。

3.不耐烦的语气

"都是我的错，都怪我，你说的都对，行了吧？""你这么想我也没有办法！"当一个人用不耐烦的语气和别人说话的时候，会合理化自己的行为，觉得自己在妥协，在做出让步。但他们没有注意到的，是这种语气背后的强烈的攻击性。不耐烦的语气是在说你是一个麻烦，你是一个问题，你让我不爽。

沟通理论中有一个概念叫一致性沟通，就是说当我们表达一个意思的时候，说话的内容和说话时的语气、身体语言等都应该一致，这样才会让对方信服。而一旦不一致，就会引起相反的效果，增加对方的不信任感。不耐烦的语气就是这样。当一个人一边对你说"好好好"，一边满脸的不情愿时，只会让人明白不愿意甚至反感才是其真实的想法。所以，这种所谓的"妥协"比直接说"不"更让人讨厌。

4.说教的语气

"我是为你好才和你这样讲。""你听懂了吗？"很多人都讨厌别人用过来人的语气教训自己。有的人和别人说话时，自以为自己很客观、很理性，处处以理服人。讲道理是没有问题的，但不能太过，超过一定程度的话，不是问题的问题也会变成问题。比如，道理讲多了，在别人的眼中很容易就会变成说教。这就像《大话西游》里的唐僧一样，句句在理，哪一句不是人生箴言？但他手下的徒弟们显然不这么想，他们会觉得唐僧唠唠叨叨，像苍蝇似的很烦。人都是自恋的，而当一个人用说教的语气和别人说话的时候，就会让别人感觉：只有说话的人是成熟的，而自己是幼稚的。这对一个人的自尊其实是一种伤害。所以，用说教的语气和别人说话的人，看似态度友好，很讲道理，但不知不觉中就将别人和自己对立起来，引起心理上的冲突乃至较量。

以上四种语气之所以让人反感，归根结底在于缺乏对他人基本的尊重。常使用这些语气的人，要么过于自我，缺少同理心，只在乎自己是否痛苦，而不在乎别人的感受；要么过于在乎事情，而忽略了接受者有可能是一个比较感性的人，从而伤害了别人而不自知。

语气很细微，但是很重要，语气不同，说话的效果也会有很大的不同。相对于说什么，有时候怎么说才是更重要的事情。

情境训练 7-1

训练目的：了解沟通过程中的成功与失败。

训练内容：听指挥搭积木。

训练程序：

(1)学生分组，每组 2 名成员，1 名扮演工程师，1 名扮演工人，其他同学为监督员。

(2)工人背对积木图片，按照工程师的指挥来搭积木。工程师和工人背对背，只能用语言来沟通，其他人不能提示。监督员负责监督。

积木图片如图 7-2 所示。

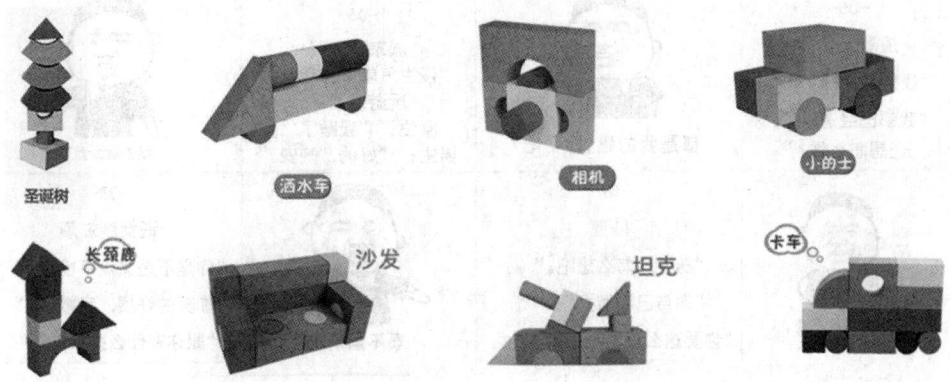

图 7-2 积木图片

训练场所：教室。

训练工具：积木一套。

情境训练 7-2

训练目的：感受人际沟通中的编码和解码。

训练内容：如何避免一句话让女朋友心情跌入谷底。

训练程序：

(1)学生分组，每组 2 名成员，1 名扮演男朋友，1 名扮演女朋友，其他成员为双方亲友团；

(2)男女朋友相对而坐，男朋友抽取表情包卡片一张，按照卡片内容开始沟通，在尽可能短的时间内帮助女朋友恢复好心情，可以求助双方亲友团。

表情包卡片如图 7-3 所示。

训练场所：教室。

训练工具：表情包卡片。

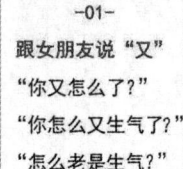

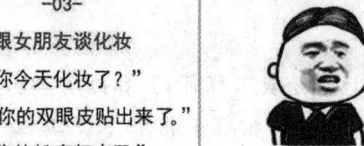

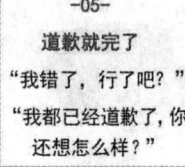

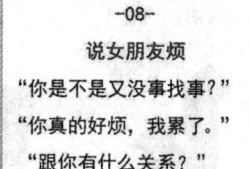

图 7-3　表情包卡片

案例分析7-1

在逃纳粹分子的抓捕

第二次世界大战后,一个罪大恶极的法西斯分子潜逃在外,一直未落入法网,缉捕工作很艰难,时间也持续了很久。一次,在一个小餐馆里,一位特工人员正在等候用餐,对面坐下了一个男子,一面静静地等候,一面用手指若无其事地轻轻敲点着桌面,礼帽下一副深茶色的眼镜将他的目光隐隐遮住,样子很平和。"笃笃,笃笃,笃笃笃,笃",那位特工听着听着,突然心里一动:那男人轻轻的敲点声竟然如此令他仇恨、恐怖和难以忍受,而他对此又是那样熟悉。平时对音乐的喜爱此时帮了他的大忙,凭着他那颗警惕的心和特殊的感觉,他断定那男子正在发自内心地默默唱着纳粹分子的军歌。

这个有顽固残暴本性的人肯定就是一直被追捕的纳粹分子!结果正如这位特工分析的那样,纳粹分子由于这点小小的极难被人察觉的疏忽而暴露了原形。纳粹分子虽然一言未发,但特工人员凭着职业警觉,用灵敏的耳朵、快速的反应,察知了对方隐蔽的深层次心理,分析、推断出纳粹分子的非语言行为所传达的信息以及所表达的思想感情。

分析:沟通高手都善于察言观色,他们能敏锐地捕捉到掩藏在各种非语言符号后面的真实信息,并凭借对非语言信息的解读制胜全局。

第二节　性格类型与人际沟通技巧

一、九型人格概述

九型人格是按照人们习惯性的思维模式、情绪反应和行为习惯等性格特质,将人的性格分为九种,又名"性格形态学"。

九型人格分别为:1 号型人格,完美型;2 号型人格,助人型(给予型);3 号型人格,成就型(实干型);4 号型人格,自我型(感觉型);5 号型人格,理智型(观察型);6 号型人格,疑惑型(怀疑型);7 号型人格,活跃型(娱乐型);8 号型人格,领袖型;9 号型人格,平和型(和平型)。九型人格不仅仅是一种精妙的性格分析工具,更重要的是有助于个人成长、企业管理及人际沟通和关系处理。

九型人格论所描述的九种人格类型并没有好坏之别,只不过不同类型的人的思维方式和行为方式有所不同。九型人格是了解自己、认识和理解他人的一把金钥匙,是一件与人沟通、交流的利器。

二、九型人格谈话方式

具备不同人格属性的人会表现出不同的谈话方式,因此人们可以根据自己及他人的谈话方式来判断自己及他人的人格类型。

1. 完美主义者

完美主义者讲话直来直去,不讲情面,一针见血,直接触及问题的核心;不幽默、不做作,不喜欢噱头;语言简洁而有力,指令清晰、干脆利落,没有拖泥带水、模棱两可的语句;喜欢面对面直接沟通。谈话主题常常为做人做事,而且常用"对/错、应该/不应该、好/不好、必须/否则、一定要/不可以、肯定是/不可能、按照规矩/制度/规定/标准/规范/流程/原则"等词汇来表明做人做事的原则或标准是什么。

2. 给予者

给予者时刻呵护他人,常常说:"你坐着,让我来。""不要紧,没问题。""好,可以。""你觉得呢?"不断向他人索取赞美或认同。经常会问孩子:"爸爸/妈妈好不好?"也会问爱人:"你爱我吗?"喜欢对他人的观点表示赞同,常常说:"你说得对啊。""就是啊。"否认自己有不好的情绪,对别人的关怀常常回答:"没有。""怎么会呢?"感到自己被背叛时,性格就会变得暴躁起来,态度也变得强硬,会用命令的口气对他人说:"你,去给我倒杯水。""快把这份文件打印 10 份。"

3. 实干者

实干者语速较快;喜欢用简单的字词、句子,常说的字词包括目的、目标、成果、价值、意义、抓紧、浪费时间、做事情、行动、赞扬、认同、能力、水平、第一、最好、竞争、面子和形象等;声音洪亮,喜欢采用抑扬顿挫的语调;说话时非常有逻辑、有效率,不喜欢谈论哲学话题,不喜欢和他人进行长时间的对话;避免谈论显示自己消极一面的话题或一些自己知之甚少的话题;认为对方没有能力或不自信时会变得不耐烦;说话时喜欢配合相应的身体语言,讲到高兴处,常眉飞色舞、手舞足蹈。

4. 浪漫主义者

浪漫主义者语调柔和;喜欢用柔美、哀戚的词汇;言语中总是透露一股忧郁的气息;话题往往围绕自己展开,总在描述自己的感觉,尤其是那些悲伤、痛苦的感觉;最常用的词汇包括"我""我的""我觉得""没感觉"等;说话时较少配合身体动作,但是有着丰富而快速的眼神变化;喜欢用形容词表达自己的情绪,如:"今天的天真蓝啊!""水真绿啊!"

5. 观察者

观察者很少说话;与人交流的语气是非常平淡和没有感情色彩的,讲话非常有条理;常说的词汇包括"我想""我认为""我的分析是""我的意见是""我的立场是"等;在与人交谈时,总是言简意赅,直奔主题;在谈到学术性话题或自己感兴趣的方面时会变得滔滔不绝,遇到自己不喜欢的话题或是无聊的话题时,就会沉默寡言,或敷衍地说几句。

6. 怀疑论者

怀疑论者讲话的时候声音颤抖,久久不切入正题;经常使用"慢着""等等""让我想一想""不知道""怎么办""但是"等词语;语调比较低沉,节奏比较慢,谈问题时兜兜绕绕,很少直接切入正题,常从旁敲侧击的角度,去探测对方值不值得信任;话比较多,特别是当他们想问一个问题和验证一件事情的时候,他们会不断地说来说去,话语中充满着矛盾;话语中理性、逻辑的成分非常多,甚至情感、情绪也以逻辑的形式表达;话语中有很多转折词,如:"这样很好……不过……""虽然……可是……",等等。

7. 享乐主义者

享乐主义者语速很快,声音洪亮,富有活力和激情;讲话幽默,语调欢快,亲切有趣,善于调动气氛;说话容易偏离主题,在讲一件事情的时候,突然就开始讲述另外一件事,或者讲述这件事中一个特别的细节;常常喜欢自己一个人说,且很难耐心倾听别人讲述一件事情,甚至经常打断对方,努力把话题引到自己感兴趣的领域;说话直来直去、一针见血,常常会说出一些可能让别人难堪的话,显得刻薄;经常用的词语包括"快乐""开心就好""无所谓""没事的""这事还没完""快点"等。

8. 领导者

领导者没有耐心倾听别人的观点;喜欢直截了当地沟通,讨厌说话拐弯抹角;言语激进偏执,具有攻击性和煽动性;说话很有自信,显得强悍和霸道,常常说"你为什么不……""我告诉你""跟我去"等话语;愤怒时会对人大喊大叫,并伴有夸张激烈的身体语言,直到完全控制局面为止。

9. 调停者

调停者习惯肯定对方的观点,常常会用"嗯,嗯,嗯"表示自己的赞同,他们也会不断地给出正面评价,"你说的话太对了""是这样的",或者不断重复你的观点;谈话时节奏较慢,语气不坚定,通常在询问,很少做出肯定的判断;有时候思路不清晰,谈的东西天马行空,好像没有中心思想,有点啰唆。

三、与不同性格的人的沟通技巧

人各有其性,对于不同性格的人要采用不同的方式与之沟通。对方的性格,是我们与其沟通的最佳突破口,投其所好,便可与其产生共鸣、拉近距离,否则适得其反。

有的人感情丰富,就要动之以情;对于强硬理性的人,要晓之以理;坦诚直率的人最讨厌那种言不由衷、话到嘴边留半句的讳莫如深的人,和他们沟通不要太拘泥,而要直截了当;与性格急躁的人沟通,要心平气和,用商量或征询的方式跟他们交谈,避免一切使他们冲动的可能;对高傲自大的人,应该适时地赞美他们,把他们的作用突显出来,让他们觉得自己被尊重,同时,尽量多听少说、多问少说,对于不同意见的部分,应恰当点拨,点到为止;对心胸狭窄的人,要表示谦恭,多向他请教,多征询他的意见;对冷僻孤傲的人,要多关切,唤起他的交谈欲望。

案例分析7-2

追求极致的完美主义者

清朝曾经有一个主管土木工程的清官,当时慈禧太后正在筹建颐和园,由他主管这个工程,有个商人想趁此机会打入这个工程,大赚一笔,因此准备了巨额厚礼行贿。可惜这个官是个清官,坚决不收一分钱的礼物,而且因为他送礼的缘故,反而对他疏远了。这个官员是一个典型的完美主义者,非常在意这些不守规矩的事情,因此自然会拒绝他。

但是这个商人并没有放弃,在试了多种方法都不行的情况下,他了解到这个清官很孝顺,重视家族,还没有家谱。于是他请名匠精心打造了一部精美的家谱,送给这位清官。这位清官见之大喜,就收下这份礼物,并且一定要把花费的银子给他。之后,工程需要木料时,商人再找这位官员,就用了他的木材。这位木材商成功打入了这项工程中。

分析:完美主义者其实也有自己激情和感性的地方,只是碍于自己的高标准和严要求,碍于别人的指责和自己良心受到的谴责,而压抑了。所以他们中的一部分有时会希望自己摆脱这种负担,会欣赏有创意、敢作敢为、充满激情和活力的人。因此,在他们面前要表现出激情和豪放,让其感受到你的真诚与魅力。同时,对他们要充分赞美,肯定他们做事的方式,尊重他们的界限。

案例分析7-3

最受欢迎的博爱主义者

在一辆拥挤的公交车上,一位站着的女士捂着头,表情很痛苦。见此情景,坐在该女士旁边的一个小伙子站了起来,说:"这位大姐,您是不是不太舒服?要不您坐这儿吧。"

这位女士什么也没说,一屁股就坐了下来,然后拿出手机开始和朋友煲"电话粥"。

小伙子的同伴气愤不过:"大姐,人家给你让座,你怎么连句'谢谢'也没有啊?"

这位女士瞥了小伙子的同伴一眼:"他自己愿意让座给我,你管得着吗?"

小伙子火了:"大姐,既然你没事,就把座位还给我吧。"

女士惊了:"什么?"

小伙子说:"我这个座位是让给生病的人坐的,既然你能中气十足地打电话,就说明你健康得很,不需要我给你让座了,请你起来!"

旁边的人也开始窃窃私语:"是啊,连句谢谢都不说,就不该给她让座。"

这位女士羞愧得满脸通红,讪讪地站了起来。

分析:给予者是最受欢迎的博爱主义者,往往倾向感性做人,在与人交往的过程中带有较浓厚的感情成分。在和给予者沟通中,要注意和他们建立起私人间的情谊,获得他们的认可和帮助,满足他们的给予心理;在接受他们的热情帮助和付出的同时,要充分赞美和肯定他们的行为,他们在本质上渴望对方给予回报,否则就会怀疑付出的正确性。

案例分析7-4

胜者为王的实干主义者

有一个实干主义者这样描述自己:

我从小就是个会察言观色的孩子。我能随时根据不同老师来调整自己的表现。例如,当我要上语文课时,我了解到语文老师喜欢爱学习的孩子,所以,我在他的课上总是规规矩矩的,总会认真听课,认真做好笔记;上英语课的时候,我知道英语老师喜欢活跃的孩子,所以,我总是在英语课上踊跃发言,对老师的活动积极响应,因此我也得到了英语老师的喜欢;而到了上数学课的时候,我会表现出认真思考状,表情严肃,因为我知道数学老师喜欢这样的孩子。结果,每位老师都喜欢我,再加上我学习成绩出色,所以,年年都获三好学生。

当然,我的同学会因此嫉妒我,可是我并不在意,老师喜欢我,全校的学生都知道我是个学习好、品德好的孩子就可以了,有没有朋友对我来说并不重要。

每当爸妈拿着我的成绩单告诉叔叔阿姨的时候,叔叔阿姨就会夸我是个好孩子,我认为自己给家里带来了荣誉,我感到非常高兴。

分析:实干者追求成功、注重效率,习惯于快速沟通和行动,喜欢直奔主题、切中要害,和他们沟通要把握节奏和突出重点;实干者需要别人对自己能力的肯定,希望别人看到自己是优秀的、成功的、强大的,尤其在意别人的肯定,和实干者沟通应该多建议、少批评,尽量保持客观的态度,给予他们客观、真实的信息及评价。

案例分析7-5

品位独特的浪漫主义者

小凡有一双巧手,但上中学的时候必须要穿校服,这令她觉得特别不舒服。后来上了大学,她就经常在买来的衣服上做一些小的修饰,或加一条花边,或配一些饰物,这样就显得她的衣服与众不同,自然也就令周围的女孩都艳羡不已。每当身边的朋友向她投来羡慕的目光时,她就会觉得特别开心。

分析:浪漫主义者具有别人很难拥有的创造才能,为了让他们的创造力发挥到极致,在沟通的时候需要多给他们一些肯定和欣赏,认同他们的创造力;浪漫主义者非常敏感,极容易因为他人的否定和批评而加剧内心的缺失感,情绪会变得非常低落,难以产生创意,所以,不要轻易泄露你的不满,更不要随意批评他们。

案例分析7-6

稳重理性的观察者

有一个观察者这样描述自己的住院经历:

有一次我因为生了很严重的病而住进医院,全身不能动弹,终日躺在床上。我绝望极了,总觉得自己马上就要死了，感到痛苦万分。我住的病房很小，只有一扇窗子可以看见外面的世界，我的室友的床就靠着窗。他看我全身不能动弹，于是便努力给我解闷。他每天下午可以在床上坐一个小时，每次坐起来的时候，他都会描绘窗外的景致给我听：从窗口可以看到公园的湖，湖内有鸭子和天鹅，孩子们在那儿撒面包屑、放模型船，年轻的恋人在树下携手散步，人们在绿草如茵的地方玩球、嬉戏。

我静静地听着，享受着每一分钟。室友的诉说几乎使我感觉到自己亲眼看见了外面发生的一切，我忽然感到生命非常美好。

某天夜里，室友因为抢救无效去世，我搬到了靠窗的位置。当我用胳膊撑起自己，吃力地往窗外张望时，才发现窗外是一堵空白的墙，我愕然了，但我被室友积极的生活态度所感染，开始乐观地看待生活，我的身体也渐渐好转了。

分析：观察者注重个人的私密性，性情安静，喜欢独处，不喜欢人际交往，所以很难在别人面前表现出真正的自我，他们只有站在旁观者的位置时，内心的恐惧感才会有所降低；观察者多是面冷心热的人，在他们的个人空间里，他们感情丰富，脑子里充满了快乐的空想和有趣的问题。在与观察者相处时，要学会习惯他们的冷漠，找到他们感兴趣的话题，以更热情的态度去对待他们，激发他们内心的热情，增强他们的主动性。

案例分析7-7

谨慎多疑的怀疑论者

刘备直至死，他对诸葛亮还是充满了疑虑。所以白帝城托孤，他对诸葛亮说："君才十倍曹丕，必能安国，终定大事。若嗣子可辅，辅之；如其不才，君可自取。"同时，还任命李严为太子太傅，这其实就是在平衡诸葛亮的势力，担心诸葛亮谋反。后来诸葛亮的几次北伐没有成功，很大原因就是李严拖了后腿。毛宗岗评《三国演义》时就很直率地说："或问先主令孔明自取之，为真话乎，为假语乎？曰：以为真，则是真；以为假，则亦假也。"到死刘备还是对诸葛亮有猜疑的。

分析：怀疑论者总是用怀疑的目光看待一切，因为怀疑而害怕，而疲惫，与他们进行沟通时要坦诚相待，不要兜圈子，内容要精确而实际；怀疑论者特别敏感，不要赞美他们，因为他们很难相信别人的赞美，更不要讥笑或批评他们，这会使他们更缺乏自信。

案例分析7-8

自由奔放的享乐主义者

约翰是一家公司的销售主管，他的心情总是很好。当有人问他近况如何时，他的回答就是："我快乐无比。"

如果哪位同事心情不好，他就会告诉对方怎么去看事物好的一面。他说："每天早上，我一醒来就对自己说：约翰，你今天有两种选择，你可以选择心情愉快，也可以选择心情不好。我选择心情愉快。每当有坏事情发生，我可以选择成为一个受害者，也可以选择从中学些东西，我选择后者。人生就是选择，你要学会选择如何去面对各种处境。归根结底，是你自己选择如何面对人生。"

有一天,他被三个持枪的歹徒拦住了。歹徒朝他开了枪。

幸运的是,约翰被及时送进了急诊室,经过18个小时的抢救和几个星期的精心治疗,约翰出院了,只是仍有小部分弹片留在他的体内。

半年后,他的一位朋友见到了他。朋友问他近况如何,他说:"我快乐无比。想不想看看我的伤疤?"朋友看了伤疤后,问他当时想了些什么。约翰答道:"当我躺在地上时,我对自己说有两个选择:一是死,一是活。我选择了活。医护人员都很好,他们告诉我,我会好的。但在他们把我推进急诊室后,我从他们的眼神中读到了'他是个死人'。我知道我需要采取一些行动。"

"你采取了什么行动?"朋友问。

约翰说:"有个护士问我是否对什么东西过敏,我马上答'是的'。这时,所有的医生、护士都停下来等我说下去。我深吸了一口气,然后大声吼道:'是子弹!'在一片大笑声中,我又说道:'请把我当活人来医,而不是死人。'"

约翰就这样活了下来。

分析:享乐主义者能乐观面对生活,并带动他人的积极情绪,共同营造一个轻松快乐的氛围,和他们沟通时不要太严肃和拘谨,你们会产生更多的共鸣;享乐主义者头脑灵活、思维敏捷,只要是新奇刺激的话题,就能引起他们极大的兴趣。

案例分析7-9

强势气派的英雄主义者

一位商人路过一个地下通道时,看到了一个衣衫褴褛的铅笔推销员,顿生一股怜悯之情。他不假思索地将10元钱塞到铅笔推销员的手中,然后头也不回地走开了。走了没几步,商人忽然觉得这样做不妥,于是连忙返回来,抱歉地解释说自己忘了取笔,希望他不要介意。最后,商人郑重其事地说:"您和我一样,都是商人。"

一年之后,在一个商贾云集、热烈隆重的社交场合,一位西装革履、风度翩翩的推销商迎上这位商人,不无感激地自我介绍道:"您可能早已忘记我了,而我也不知道您的名字,但我永远不会忘记您。您就是那位重新给了我自尊和自信的人。我一直觉得自己是个推销铅笔的乞丐,直到您亲口对我说,我和您一样都是商人为止。"

没想到商人简简单单的一句话,竟使一个自卑的人顿然树立起了自信。正是有了这种自信,使他看到了自己的价值和优势,终于通过努力获得了成功。不难想象,倘若当初没有那么一句尊重鼓励的话,纵然给他几千元也无济于事,断不会出现从自认乞丐到自信自强的转变。

分析:英雄主义者尽管非常强势,但是不一定要求对方喜欢自己,如果没有给予应有的尊重,他们的怒火会马上升起,所以,沟通时让他们感受到尊重,就是对其最好的鼓励和支持;英雄主义者特别容易发怒,通常会失去理智,忘记自己在做什么,和他们沟通要尽量保持冷静,不要在气头上和他们争辩,等冷静下来再直接说出你的要求。

案例分析7-10

平和低调的和平主义者

电影《杜拉拉升职记》中的人力资源总监李斯特就是一个典型的和平主义者。玫瑰一跟他提加薪升职,他就无限制地拖。他很清楚杜拉拉的能力,很多重要的事情都会放心地交给杜拉拉去做,甚至允许杜拉拉越级直接向总裁何好德报告。当杜拉拉在工作中遇到问题时,他就打起了太极,杜拉拉只好依靠自己的聪明才智去摆平。

和平主义上司可以花时间聆听你的叙述,与你讨论计划中的正反面,但他不会用自己的行动去帮助你。在他看来,时间能解决一切。

和平主义上司有时表现得很官僚,让人感觉很窝火。杜拉拉聪明能干自然是她能够快速升职的重要原因,但遇到李斯特这样的一位上司,对她来说也是一种很大的促进。因为跟着这样的领导,你想做事就必须自己想办法,就必须快速成长。

分析:和平主义者特别亲和,没有架子,愿意授权,是最善于建立团队的管理者,他们最不喜欢冲突,尽量采取合作的态度来解决问题;和平主义者外柔内刚,表面顺从,但是内心刚硬,避免使用命令的口吻交谈,而是采取建议的方法沟通;和平主义者喜欢在别人发生冲突时出面调停,但容易"和稀泥",和他们沟通时必须清晰而直接。

第三节 人际沟通中的情绪管理技巧

一、情绪

情绪是指人对客观事物是否符合自己的需要而产生的态度体验,影响我们的并非事件本身,而是我们对事件的看法。人类的七种情绪包括喜、怒、忧、思、悲、恐、惊,情绪是内心感受经由身体表现出来,喜伤心、怒伤肝、思伤脾、悲伤肺、恐伤肾,七情分属五脏,以喜、怒、思、悲、恐为代表,称为"五志"。

1. 积极的情绪

积极的情绪比如爱、感恩、满足等能调节自主神经系统,也能调节脑部其他情绪和社会行为区域的活动,可以放松神经、释放压力。

2. 不良的情绪

不良情绪使交感神经处于亢奋状态,体内释放大量的去甲肾上腺素和肾上腺素等生物活性物质,这些物质能加速代谢、加重心脏负担,导致冠状动脉痉挛,使心肌缺氧缺血。

二、情绪管理

情绪时刻与我们同在,很多人认为情绪不能管理,认为"我就是这个脾气,我也没办法,我想改就是改不了。"其实这是一种误区,每一个人都可以通过科学的方法进行情绪管理。

1. 情绪管理的概念

情绪管理是指一个人在情绪方面的管理,通过有效的办法合理地控制和调节自己的情绪,使自己处于积极的情绪状态。情绪失控不仅仅对健康影响巨大,任何带着负面情绪的沟通都是无效的沟通,情绪失控容易导致行为失控,并且沟通者之间具有传染性,可能造成无法挽回的后果。

2. 情绪健康的表现

健康情绪是健全人格的必要条件之一,情绪的基调是积极、乐观、愉快、稳定,对不良情绪具有自我调控能力,情绪的目的性恰当,反应适度,不带有幼稚、冲动的特征,符合社会规范的要求,具备励志、道德、美感等高级社会情感。

三、应对情绪冲突的技巧

应对情绪冲突,我们应着力提升自身的情绪智力,包括情绪的自我观察能力、情绪的自我调控能力、情绪的自我激励能力、对他人情绪的识别能力和处理人际关系的能力。

1. 觉察情绪

依照情绪检测图(见图7-4)完成沟通双方情绪的观察,确认双方的情绪现状,找到产生不良情绪的原因,尝试保持好情绪的方法。

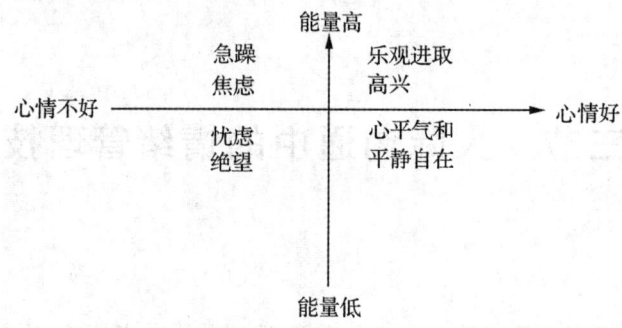

图7-4 情绪检测图

2. 缓解自我情绪冲突

为避免无效沟通,消除自身不良情绪的行动如下:

(1)转移注意力到音乐、美食、电影、读书等自己感兴趣的事情上;

(2)适度宣泄,比如哭泣、运动、倾诉;

(3)自我安慰;

(4)进行积极的心理暗示;

(5)冷静三思;

(6)改变思维,调整心态。

3. 和不良情绪者沟通的技巧

1)无条件接纳

无条件接纳是指接纳对方的人,即使对方处于情绪波动中,也要给他接纳与关爱。但不是接纳对方的不良行为,所以无条件接纳别人不是说就不能指正对方,而是说,我们和别人沟通时,要对事不对人。

2)用心倾听

当对方处在不良情绪中,也许在向你倾诉,这时候无须说话,点头、表情等身体语言同样能够让对方感受到你的支持。倾听的时候,尽可能跟他感同身受,如果可以,你也可以把他的处境与自己的经历联系起来,和对方说"你这种感受我也……"这样的话。

3)避开沟通的雷区

首先,不要摆事实、讲道理。如果你对一个深陷不良情绪中的人说这样的话,他会觉得自己好像被流放到了沙漠,孤立无援,还接受审判。其次,不要太多地评价别人。要让对方觉得自己是真正被接纳的,自己最糟糕的一面也可以展现出来,有什么感受都可以表达出来。

4)划清边界

沟通既要感同身受,也要划清边界。人际边界不清,很容易和对方一起陷入情绪的海洋中,结果也成为不良情绪者。

项目知识检测

●基本训练

一、简答题

(1)为什么说人际沟通是维持人的身心健康的重要保证?

(2)性格分为哪几类?怎样才能提升人际沟通能力?

(3)你有与自己对话的经历吗?如何缓解自己的情绪冲突?

(4)如果有个你很不愿意打交道的人或同事,你会怎么处理?

二、知识应用

1.判断题

(1)人际沟通是指个人之间在人际交往中彼此交流思想、感情和知识等信息的过程,是信息在个人间的双向流动。(   )

(2)人际沟通是一种双向沟通。(   )

(3)认识自己是人际沟通的重要内容。(   )

(4)一个人的沟通能力与性格相关,与沟通技巧没什么关系。(   )

(5)情绪管理是指一个人在情绪方面的管理,通过有效的办法合理地控制和调节自己的情绪,使自己处于积极的情绪状态。(   )

2.选择题

(1)以下(   )不属于人际沟通的功能。

A.心理功能　　　　B.社会功能　　　　C.决策功能　　　　D.语言功能

(2)下列说法错误的是(   )。

A.表扬他人只有当面表扬有效,背后表扬无效

B.表扬方式因人而异

C.表扬他人时态度要诚恳热情

D.表扬要实事求是

(3)批评时,不正确的方式是(   )。

A 不伤害对方的自尊　　　　　　　　B.不能算总账

C.对人不对事　　　　　　　　　　　D.不能以权压人

(4)下列不正确的观点是(   )。

A.很快记住对方的名字能赢得人心

B.赞美别人能赢得人心

C.对他人敬而远之能赢得人心

D. 从小事上关心别人能赢得人心

● 情景模拟训练

训练1：童年趣事

训练目的：打开心扉的人际沟通练习。

训练内容：听一听对方童年的趣事，用一颗真诚的心与人交往，坦诚以待。

训练程序：

(1)可以四处走动，去找符合表格中描述的人，请他签下名字，对方最多签两个；

(2)当自己手中的表格有三行或三列全部签满人名时，快速交给老师；

(3)最后三个完成的人，回答老师问题；

(4)去找一位给自己签名的人，去听一听对方童年的趣事，增加同学之间的亲近感。

训练场所：教室。

训练工具：

(1)表格，如表7-1所示。

表7-1 童年趣事

从实招来！你小时候有没有以下行为？(询问者：　　)			
玩过家家	打小报告	收到情书	踩到狗屎
偷擦口红	用弹弓打麻雀	讲脏话	吵架
爬树	考试作弊	上课看小人书	跳皮筋
放无声屁不动声色	与同桌划清界限	旷课	吹嘘我爸爸很厉害
被老师罚站	上课偷吃零食	说谎	偷偷去游泳

(2)问题：

①是否全部记住了给你签名的小伙伴？为什么没有记住为你签名的人？

②原本充满乐趣的事情，为何我们开始忽视别人，而只专注于自己的胜利？

③通过童年趣事沟通，判断小伙伴的性格类型是怎样的。

训练2：旋转沟通

训练目的：针对不同的沟通对象进行人际沟通练习。

训练内容：人际沟通技巧训练。

训练程序：

(1)学生6人组成一组，每组成员分里外两圈面对面坐。

(2)每组同学就第一个题目进行讨论，里圈的人先发表自己的想法或观点，外圈的人听；10分钟后，外圈的人就讨论的题目进行陈述，里圈的人听。

(3)25分钟后，里圈的人按照顺时针移动一个位置，老师拿出第二个题目，进行讨论。

(4)所有同学围坐一个大圈，并就刚才讨论的内容发表各自的意见。

附参考讨论题目：

(1)请谈一个有关名人的故事，可以是自己与名人的交往经历，也可以是某次在哪里看到哪位名人，还可以谈谈自己喜欢的名人或者有关名人的趣事。

(2)里圈和外圈的同学各有一次机会做《超级访问》的主持人和嘉宾，采访的内容自定，但必须包括姓名、职业和爱好三项。采访结束后，各自花一分钟的时间相互介绍自己的采访伙伴。

训练场所：教室。
训练工具：可移动桌椅。

●综合案例

案例1：易怒的农夫

有一个农夫因为一件小事和邻居争吵起来，争论得面红耳赤，谁也不肯退让。最后，农夫只好气呼呼地去找智者，因为他是当地最有智慧、最公道的人，他肯定能断定谁是谁非。

"智者，您来帮我们评评理吧！我那邻居简直不可理喻！他竟然……"农夫怒气冲冲，一见到智者就开始了他的抱怨和指责。但当他要大肆讲述邻居的不是时，被智者打断了。智者说："对不起，正巧我现在有事，麻烦你先回去，明天再说吧。"

第二天一大早，农夫又愤愤不平地来了，不过，显然没有昨天那么生气了。"今天您一定要帮我评个是非对错，那个人简直……"他又开始数落起邻居来。智者不快不慢地说："你的怒气还没有消退，等你心平气和后再说吧！正好我昨天的事情还没有办完。"

接下来的几天，农夫没有再来找智者。有一天智者散步时遇到了农夫，他正在地里忙碌着，心情显然平静了许多。智者问道："现在你还需要我来评理吗？"说完，微笑着看着农夫。农夫羞愧地笑了笑，说："我已经心平气和了！现在想来那也不是什么大事，不值得生那么大的气，只是给您添麻烦了。"

智者仍然心平气和地说："这就对了，我不急于和你说这件事情就是想给你思考的时间让你消消气啊！记住，任何时候都不要在气头上说话或行动。"

问题：故事中农夫的性格特征是什么样的？智者采用什么样的策略来解决沟通矛盾？

案例2：真正的考官

某大公司招聘人才，应者云集，其中多为高学历、多证书、有相关工作经验的求职者。

经过3轮淘汰，还剩11个求职者，最终将留用6人。第四轮总裁亲自面试，可奇怪的是，面试现场出现了12名求职者。总裁问："谁不是应聘的？"坐在最后一排的男子一下站了起来："先生，我第一轮就被淘汰了，但我想参加一下面试。"在场的人都笑了，包括站在门口闲看的老头子。总裁饶有兴趣地问："你连第一关都过不了，来这儿又有什么意义呢？"男子说："我掌握了很多财富，我本人即是财富。"大家又一次笑了，觉得此人不是太狂妄，就是脑子有毛病。男子接着说："我只有一个本科学历、一个中级职称，但我有11年的工作经验，曾在18家公司任过职……"

总裁打断他："你的学历、职称都不算高，工作11年倒是很不错，但先后跳槽18家公司，我不欣赏。"男子站起身："先生，我没有跳槽，而是那18家公司先后倒闭了。"在场的人第三次笑了，其中一个人说："你真是倒霉蛋！"男子也笑了："相反，我认为这是我的财富！我不倒霉，我只有31岁。"这时，站在门口的老头子走了进来，给总裁倒茶。男子继续说："我很了解那18家公司，我曾与同事努力挽救那些公司，虽然不成功，但我从那些失败中学到了许多东西。很多人只有成功的经验，而我，有避免错误与失败的经验！"

男子离开座位，一边转身一边说："我深知，成功的经验大抵相似，而失败的原因各不相同。与其用11年学习成功的经验，不如用同样的时间去研究错误与失败。别人成功的经历很难成为我们的财富，但别人的失败过程一定是！"

男子临出门时，忽然回过头说："这11年的经历，培养和锻炼了我对人、对事、对未来的洞察力。举个例子吧,真正的考官并不是您,而是这位倒茶的老人。"

全场 11 名求职者一片哗然,惊愕地盯着倒茶的老人。老人笑了:"很好!你第一个被录取了,因为我急于知道,我的表演为何失败。"

问题:求职者能够被录取的原因是什么?他是怎样发现倒茶的老人就是真正的考官的?

第八章 商务沟通技巧

· 知识目标 ·

◎理解会议沟通、营销沟通、商务谈判的含义；
◎了解会议程序、营销沟通策划以及商务谈判注意事项；
◎掌握会议沟通、营销沟通和商务谈判技巧。

· 技能目标 ·

◎能主持小型会议；
◎能进行简单物品的销售沟通；
◎把商务谈判技巧用于实践中。

· 思政目标 ·

◎在商务沟通中公平公正；
◎在商务活动中不欺诈、不弄虚作假；
◎在商务沟通中真诚对待客户和竞争者。

/ 引导案例 /

商务谈判沟通技巧的运用

巴西一家公司到美国去采购成套设备。巴西谈判小组成员因为上街购物耽误了时间。当他们到达谈判地点时，比预定时间晚了45分钟。美方代表对此极为不满，花了很长时间来指责巴西代表不遵守时间、没有信用，如果老这样下去的话，以后很多工作很难合作，浪费时间就是浪费资源、浪费金钱。对此巴西代表感到理亏，只好不停地向美方代表道歉。谈判开始以后美方似乎还对巴西代表来迟一事耿耿于怀，一时间弄得巴西代表手足无措，说话处处被动，无心与美方代表讨价还价，对美方提出的许多要求也没有静下心来认真考虑，匆匆忙忙就签订了合同。等到合同签订以后，巴西代表平静下来，头脑不再发热时才发现自己吃了大亏，上了美方的当，但已经晚了。

这一案例表明：商务沟通，包括商务谈判中的各种技巧，对于在各种商战中为自己赢得有利位置、实现自己利益的最大化有着极其重要的作用。但我们也要注意的是，技巧与诡计、花招并不相同，技巧要求的是恰如其分，既要赢，也要赢得让对方心服口服，赢得有理有据。只有这样,对于谈判技巧的运用,才是真正的游刃有余。

第一节 会议沟通

一、会议沟通概述

在我们的工作过程中,会议可以说是一种非常常见的工作形式。一项调查表明:大多数商务人士有三分之一的时间是用于开会,有三分之一的时间是用于旅途奔波。有感于繁重不堪的会议邀请,万科的总裁王石曾经说过一句很形象的话,他说:"我如果不是在开会,就是在去往下一个会议的路上。"

会议沟通,是一种成本较高的沟通方式,沟通的时间一般比较长,常用于解决较重大、较复杂的问题。

1. 会议沟通适宜情境

如下的几种情境宜采用会议沟通:

(1)需要统一思想或行动时(如项目建设思路的讨论、项目计划的讨论等);

(2)需要当事人认可和接受时(如项目考核制度发布前的讨论、项目考勤制度发布前的讨论等);

(3)传达重要信息时(如项目里程碑总结活动、项目总结活动等);

(4)澄清一些谣传信息,而这些谣传信息将对团队产生较大影响时;

(5)讨论复杂问题的解决方案时(如针对复杂的技术问题,讨论已收集到的解决方案等)。

2. 会议准备

1)制定议程安排

充分考虑会议的进程,写出条款式的议程安排;确定会议的召开时间和结束时间,并和各部门主管协调;整理相关议题,并根据其重要程度排出讨论顺序;把议程安排提前交到与会者手中。

2)挑选与会者

首要原则是少而精。信息型会议,应该通知所有需要了解该信息的人参加;决策型会议,需要邀请能对问题的解决有所贡献、对决策有影响的权威以及能对执行决策做出承诺的人参加。需要对某些未在会议邀请之列的关键人士说明原因。

3)会议室布置

普通会议室一般比较方便且费用低廉,是首选地点。但如果涉及公司的对外公共关系形象或者与会人数很多,则可以考虑租用酒店或展览中心的专用会议室。与会者的身体舒适需求不能忽略,应注意会议室的空调温度、桌椅舒适度,灯光和通风设备也应与会议的规模及安排的活动相适应。根据沟通需要来选用适当的桌椅排列方式。信息型会议的与会者应面向房间的前方,而决策型会议的与会者应面向彼此。

4)会议安排核查

核查的内容包括会议沟通目标、会议议程安排、参加会议人员安排、会议物品安排等,要指定具体的负责人并最终得出检查结果等。

3. 会议的开场秘诀

和其他的很多场合一样,准备工作是避免表现紧张的关键:如果你知道自己将会说些什么来作为开场白,你就会放松下来。更重要的是,你可以给整个会议带来一个富有组织的、卓有成效的开始。

1)准时开会

对于每一位职业的商务人士而言,最头疼、最深恶痛绝的事情莫过于对方不准时、不守时。在高速运转的信息社会,时间意味着抢占的商机,时间意味着金钱和财富,时间意味着一切。我们说"浪费别人的时间就等于谋财害命",也是毫不夸张的。对于会议而言就更是如此,因为不准时召开的会议浪费的是所有与会者的时间,这不仅会加剧与会者的焦躁抵触情绪,同时也会令与会者怀疑组织者的工作效率和领导能力。

2)向每个人表示欢迎

用洪亮的声音对每个人表示热烈的欢迎。如果你面对的是新的成员,让他们向大家做自我介绍。如果他们彼此已经见过面了,也要确保把客人和新来乍到的成员介绍给大家。

3)制定或者重温会议的基本规则

会议的基本规则是会议中行为的基本准则,你可以使用"不允许跑题"、"聆听每一个人的发言"以及"每人的发言时间不能超过5分钟"这样的规定。如果准则是由与会者共同制定的而不是由主持人强加给与会者的,效果要更好一些。你可以向与会者询问"你们都同意这些规定吗?"要得到每一个人的肯定答复,而不要想当然地把沉默当成是没有异议。

4)分配记录员和计时员的工作

如果可能的话,让大家志愿来做这些工作而不要由主持人指定。计时员负责记录时间并保证讨论持续进行,记录员则负责做会议记录。对于一些例行会议而言,不妨由所有人轮流做这些工作。

4. 会议的结束

无论是什么类型的会议,在会议结束的时候重新回顾一下目标、取得的成果和已经达成的共识,以及需要执行的行动都是很必要的。

(1)总结主要的决定和行动方案以及会议的其他主要结果。

(2)回顾会议的议程,表明已经完成的事项以及仍然有待完成的事项;说明下次会议的可能议程。

(3)给每一位与会者一点时间说最后一句话。

(4)就下次会议的日期、时间和地点问题达成一致意见。

(5)对会议进行评估,在一种积极的气氛中结束会议。可以对每一位与会者的表现表示祝贺、表达赞赏,然后大声地说"谢谢各位"来结束会议。

二、会议沟通技巧

(一)会议主持人沟通技巧

1. 善于运用各种提问方式

一个优秀的会议领导者总是经常提出他们简短的意见以指引会议讨论的进程。比如说:

"让我们试试。""这是一个好的思路,让我们继续下去。"事实上,如果我们仔细观察,就会发现优秀的会议主持人最常用的引导方式是提问题,针对目前所讨论的问题引导性地提问,会使与会者的思路迅速集中到一起,提高工作的效率。常见的问题大致可以分为两类:开放式的问题和封闭式的问题。开放式的问题需要我们花费更多的时间和精力来思考回答,而封闭式的问题则只需一两句话就可以回答了。比如说:"小王,你对这个问题怎么看?"这就是开放式的问题;"小王,你同意这种观点吗?"这就是封闭式的问题。作为一名有经验的会议主持人,应该善于运用各种提问方式:

棱镜型问题:把别人向你提出的问题反问给所有与会者。例如,与会者:"我们应该怎么做呢?"你可以说:"好吧,大家都来谈谈我们应该怎么做。"

环型问题:向全体与会者提出问题,然后每人轮流回答。例如:"让我们听听每个人的工作计划,小王,由你开始。"

广播型问题:向全体与会者提出一个问题,然后等待一个人回答。如:"这份财务报表中有三个错误,谁能够纠正一下?"这是一种具有鼓励性而没有压力的提问方式,因为你没有指定人回答,所以大家不会有压力。

定向型问题:向全体提出问题,然后指定一人回答。如:"这份财务报表存在三个错误,谁来纠正一下? 小王,你说说看。"这种提问方式可以让被问及的对象有一定的准备时间。

2. 灵活地应对会议的困境

1)某些人试图支配讨论的局面

在会议中,常常会出现"一言堂"的局面。如果会议的目的是找出不同的观点,那么广泛的参与是会议成功所必不可少的因素。有时有些人可能因为富有经验或职位较高而处于支配地位,当这种情形发生时,其他人通常就只是坐着听。这时,主持者就应该提一些直接的问题,将与会者调动起来。如果其他办法都不能奏效,不妨尝试在中间休息时与那个人私下谈一谈,也许会有所帮助。

2)某些人想争论

这种人可能自称无所不知,或者掌握的信息完全是错误的,或者是个吹毛求疵的家伙,喜欢插话打断主持者。在任何情形下,主持者都要保持清醒的头脑。通过提问,主持者可以引出这些人愚蠢的或牵强的发言,然后不再理睬他们。通常,这种人会激怒全体,会有人讲出不欢迎他们的话,然后一片沉默。这时,主持者可再问其他与会者一些直接的问题,从而维持会场讨论气氛的平衡。通常地,这个喜欢辩论的人会意识到情况,然后不再提出问题。但如果这个人不敏感的话,主持者就必须直截了当地向他指出,他这种吹毛求疵的做法扰乱了会议的进程,浪费了宝贵的时间。然后主持者立即向另一个人提问,以便让讨论继续下去。

3)某些人和身边的人开小会

当与会者人数很多时,经常会发生这种情形。开小会往往是因为某个人想讲话,但又没有机会,或者某个谨慎的与会者在向大会提出某种想法前,想先试探别人的看法。通常,会议中有人开小会是不可避免的,不过这种小会一般比较简短,只有当小会持续时间长了才会成为一个问题。一个办法是请这个人告诉大家他刚才所讲的内容;另一个办法就是沉默,然后看着那个破坏秩序的人。通常,这样就会恢复会议秩序。

4)习惯性的跑题者

我们可以运用 FAST 法来解决这个问题。这一谈话技巧可以训练一个习惯性跑题者采取一些更富有建设性的行动：

F：面对造成问题的人。

A：感谢或肯定这个人以及他的良好意图。

S：建议一种新的行为方式。

T：多做几次尝试，可以逐步改变或者提高你的要求。

例如，小王总是在开会的时候讲很多的笑话，他是个很风趣的人，但是他总是会让会议跑题。为了管住他：

F：注视他，说："小王，我有个建议……"

A："首先，你的笑话都棒极了……"

S："但是我仍然不清楚你那聪明的脑袋对这个问题真正是怎么看的？说真的，你是否能够告诉我们你的建议？"

T：如果他还是没有改变，或者你可以更加严厉一些："别这样了，我们已经乐过了，但是现在的要点究竟是什么呢？"

如果这些公开的干预仍然不能够见效，你可以问小王是否可以在休息的时候和他单独谈一谈。私下里告诉他你看到了他做的那些事情，你如何评价他的这些做法，你的感受是什么，你希望他做些什么。这样的谈话可以比公开场合中的语气更为坚定和严厉。

(二)会议过程的"五步走"

会议沟通已经是现代职场人都会经历的场景，但很多时候我们会遇到一些问题，如：会议时间过长，消耗了大量的工作时间；大家的想法很多，无法统一，没有最后结果；讨论偏离主题，等等。我们可以使用"五步走"的小技巧来解决会议中出现的小问题，提高会议沟通效果。

我们先要明确会议沟通的步骤，有了明确的会议步骤，就等于有了有效的指南说明书。会议沟通的一般步骤为：增进关系—共享信息—分析研讨—创意发想—决策共识（见图8-1）。

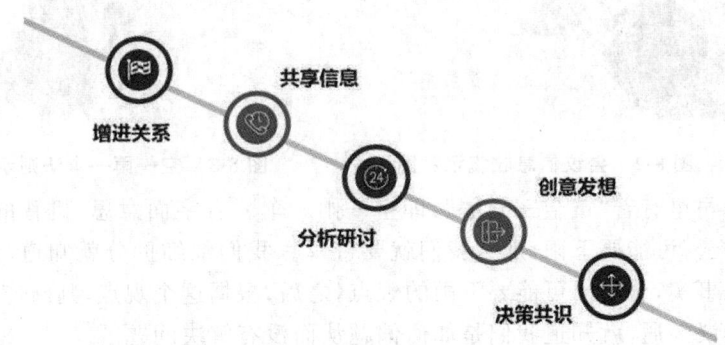

图8-1 "五步走"的会议过程

（1）增进关系：在会议的开始，主持人可以观察周围的参会人员的状态，先增进彼此间的信任程度，用一些开场破冰技巧，来让大家更好地调整情绪。

（2）共享信息：当大家情绪调整好后，进入正式的会议环节，开始根据主题，彼此之间分享自己目前得到的信息。在这个环节里，可以不带有任何批判性地同步信息。可以辅助使用的工具有便利贴或者白板纸，目的是把信息都收集起来（见图8-2）。

（3）分析研讨：根据已经收集的信息，可以进行深入性的数据讨论。这个环节更适合针对事实数据,思考它的价值、意义、重要性和含义等。

(4)创意发想:根据上面的分析研讨过程,产生任何其他想法以及对问题的思考。这个环节适合采用头脑风暴法,发散性地思考问题。

(5)决策共识:最后根据讨论出的结果,找到共同点,达成共识。这个环节需要留意动态共识与静态共识,动态共识更多地关注的是大家开放式的答案,静态共识更多地关注的是封闭式的答案,即对或错。

(三)空—雨—伞法则

我们掌握了会议"五步走"就一定能够进行高效的会议沟通吗?事实上,在执行第三步——分析研讨时,就非常容易出现偏离主题的现象,因为在会议的过程里,我们潜意识里会不带着目的地聊天,呈现一种跳跃式思维。那么我们如何解决这个问题呢?

首先是意识,我们一定要意识到,我们在讨论时,已经偏题了!这就要用到空—雨—伞法则(见图8-3)。

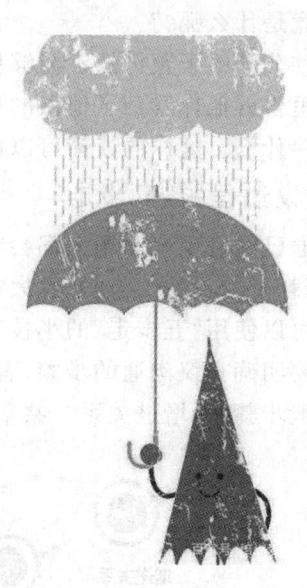

图8-2 会议信息收集示意图　　图8-3 空—雨—伞法则示意图

在麦肯锡公司里有着"黄金三分法",即空—雨—伞。看字面意思,机智的大家都能猜到:天空中出现了乌云,可能要下雨,那么我们就要带伞。我们细细拆分就知道,天空中出现了乌云,这是现象、是事实,分析出可能要下雨的观点,之后,根据这个观点,判断应该采取出门带伞的行动。结合会议沟通,就知道我们是如何偏题从而没有解决问题了。

例:根据客户满意度下降,会议要讨论一下如何提升满意度的问题。在第三步分析研讨时,大家有时候会列出很多大而笼统的问题,如最近公司人员的状态消极、这里有些业绩数据报告、业绩流失率有点高,等等。这个时候这些都是大家提的现象,而没有深入的能够影响到结果的答案,无人解答。那么根据空—雨—伞法则,我们就要在第三步针对这些现象进行分析,为什么会这样,怎么做才能解决问题。比如:针对可能要下雨这个现象,我们可以采取的行动是带伞或带雨衣、等一会儿出门或不出门。

综合以上讨论,要进行高效的会议沟通,我们需要掌握会议流程"五步走",并在过程中使用空—雨—伞法则,即提出问题—分析原因—如何去做。

知识链接　会议沟通技巧测试

你在会议中是否具有以下行为?
(1)总是在会议开始前三天就已经安排了会议的日程并将会议议程通知给每位与会者。
(2)当与会者询问议程安排时总是回答:"还没有定呢,等通知吧。"
(3)对于会议将要进行的每个议程都胸有成竹。
(4)会议开始前半个小时还在为某个议程犹豫不决。
(5)提前将每一个会议任务安排给相关的工作人员落实,并在会议前确认。
(6)临到会议前却发现还有一些设备没有安排好。
(7)预先拟订参与会议的人员名单,并在开会前两天确认关键人物是否出席。
(8)自己也忘记了邀请哪些人出席会议,会议开始前才发现忘记了邀请主管领导参加会议。
(9)会议时间安排恰当,能够完成所有的议题。
(10)会议总是有些跑题。
(11)会议室布置恰当,与会者觉得舒适又便于沟通。
(12)会议室拥挤不堪,大家盼望早点结束会议。

以上 12 个问题,你如果选择了题号为单数的行为表现,请给自己加一分;如果选择了题号为双数的行为表现,请给自己减一分。

看看自己的最后得分:

4~6 分:你的会议沟通技巧还是值得称道的。

0~3 分:你的会议沟通技巧也不错,不过需要改进。

低于 0 分:你的会议沟通技巧真不怎样,赶快努力!

第二节　营 销 沟 通

一、营销沟通概述

1. 营销沟通的含义

营销沟通(marketing communications)是指在(一个品牌的)营销组合中通过与该品牌的顾客进行双向的信息交流,建立共识而达成价值交换的过程。就本质而言,营销与沟通是不可分割的:营销就是沟通,沟通就是营销。营销沟通目的有两个:创建品牌和销售产品。

2. 营销沟通的分类

可以将营销沟通按功能、沟通双方的性质、信息传递的方向和目的进行分类:
按功能划分,可分为工具式沟通和感情式沟通。
按沟通双方的性质划分,可分为人际沟通、群体沟通、组织沟通和大众媒体传播沟通等。

按信息传递的方向划分,可分为单向沟通和双向沟通。

按沟通目的划分,又可分为告知性沟通和说服性沟通。

3. 营销沟通的步骤

确认目标客户群;确定希望达成的沟通目标;设计营销沟通方案;选择沟通渠道;制定沟通预算;决定营销组合。

4. 营销沟通的形式

营销沟通的渠道主要有广告、人员推销、营业推广、公共关系促销、包装、电话等。一般企业会根据某一时期、某一市场区域的经营目标的不同,分别采取不同方式,以一种沟通方式为主,灵活运用其他方式,或者以某种方式之长去弥补另一种方式之不足。但不论采取何种沟通方式,均应掌握有效沟通原则和经济实用原则,严格避免不必要的铺张。应有计划、有审批,然后执行。

(1)广告,是高度大众化的媒体传播方式,具有传播范围广、速度快、重复性好的特点,并因充分引用文字、声音、色彩而极富表现力,适合向分散的受众和众多目标顾客传递信息。但应注意其投入产出比与市场效果,并严格掌握使用。

(2)人员推销,虽是一种古老的方式,但灵活,有助于建立长期信任与联系,能及时获得信息反馈,因此,营销人员应予以广泛应用。

(3)营业推广,是指采用刺激手段吸引顾客。如赠样品、优惠券、以旧换新、减价、免费限期试用、示范、竞赛、折扣、商品津贴、合作广告、有奖销售等方法,均属此列。具体需采取何种方式,应预拿方案讨论、报批。

(4)公共关系促销,尤其是大型工程和批量消费,应充分运用各种手段,发挥经纪人作用,利用能为我所用之一切关系,广泛开展公共关系(政治关系、亲朋关系、业务关系、协作关系及其他关系等)促销。因此,要求营销人员充分掌握信息源头,分析出目标顾客,物色好关键公关人物,予以重点突破。公司应对此给予大力支持。

二、营销沟通技巧

说话每个人都会,但要说好话却并不是那么容易,而这也正是营销人员做好沟通的前提。所谓会说话,即在恰当的地点、恰当的时机,对恰当的人说出恰当的话。说好话要讲究一定的艺术,也就是表达的艺术。同样的意思,采用不同的表达方式,就会有不同的结果,这就是说话的技巧,说话技巧是营销人员的武器。

有一家公司新生产了一种空调,让两个推销员去推销。一个推销员一天卖了两台,另一个推销员一天卖了三十多台。差别在哪里呢?在于是否会说话。通常,会说话的推销员能比其他人多卖更多的东西!

卖了两台的推销员见到准顾客时会说:"先生您买空调吗?我们这儿新造的空调可好了,您买吧!"人家说:"我不买。"他便扭身就走。他这样说话一天能卖出几台呢?

卖了三十多台的推销员是这样说的:"先生,您忙不忙?您要不忙的话,我向您介绍一下我们最新生产的空调。这个空调的整个功能,与过去所有的空调都不一样,它不仅能够杀菌,而且还能过滤空气,能自动定时关闭,能自动调温。这个空调在所有现有的空调当中,质量是最好的,功能也最齐全,而且价钱还比其他的空调都便宜。别人承诺可以保修两年、保修三年,我们则能保修五年。先生您可以试一试,先使用它几天都可以。"听了这样的话,只要确实有需要,又有谁会不买呢?

对于推销员和搞营销的人来说,是否会说话,往往直接决定了其交易的成败。

说话的目的就是了解对方的心意,让对方说,你就能够抓住对方的心意,你的话只是一个引子,只要引出对方的内在需要,你就可以有针对性地说服对方。正确认识销售技巧在销售中的重要性,并毫不犹豫、持之以恒地加以强化练习,是每一位立志在销售界做出一番成绩的人都必须认真去做的,它能够让你成为一名出色的销售员。

1. 不说夸大不实之词

任何一个产品,都存在着好的一面以及不足的一面,作为销售员理应站在客观的角度,清晰地与客户分析产品的优与劣,帮助客户"货比三家",唯有知己知彼、熟知市场状况,才能让客户心服口服地接受你的产品。任何的欺骗和夸大其词的谎言都是销售的天敌,带来的只有短暂的利益和糟糕的反馈,还会对店面甚至品牌口碑造成难以逆转的影响。

2. 提问题

销售员应以一种自然而然的方式激起顾客的购买欲望,这种方式就是提问,通过提问题我们可以得到下列信息:客户脑子里究竟在想什么?客户的真正动机是什么?客户相信什么?通过提问题,你可以拥有掌控权,并引导客户的注意力,让他们进入你所想要的状态。但是,切记当你向客户提出问题后,从客户的口中得到的要是"是""对的"等一些肯定的答案,这样可以让顾客感到舒服。

3. 不时地赞美你的客户

卡耐基说:"人性的弱点之一就是喜欢别人的赞美。"每个人都会觉得自己有可夸耀的地方,销售员如果能够抓住顾客的这个心理并很好地利用,就能成功地接近顾客。用赞美的方式开始销售,很容易获得顾客对自己的好感,销售成功的希望也大为增加。当然,赞美对方并非美言相送、随便夸上两句就能奏效的,如果方法失当反而会起相反的作用,因此,销售员在利用赞美的方法时必须看准对象,了解情况,选对时机,恰到好处地进行赞美。同时,你的赞美要有诚恳之意,让顾客感受到你的赞美是发自内心的。赞美是销售技巧当中较为重要的一项,认真学好、练好、用好这个技巧,一定能让你的订单越来越多。

4. 不要说负面的话

话语的正面性与负面性或者说肯定性与否定性,是说话时必须注意的另一个重要方面。永远不要对客户说不可以。人人都不愿意被拒绝,其实并不是因为目的没有达到而失落,而是不喜欢这种被拒绝的感觉。在销售中,多给客户肯定的回答会让他们觉得你很有诚意。如果客户有时候提的要求确实很苛刻,没有办法无条件来实现,那么可以先肯定,再附上条件就好了,这样客户更加容易接受。比如你可以说:"可以的,不过这样做的代价是……"

5. 少用专业术语

很多销售员把客户当作同事来训练他们,满口都是专业术语,以显得自己很专业,但其实客户被绕得云里雾里,根本不想听,很多专业词汇也听不懂,那还谈何购买产品呢?只有把这些术语用简单的话语来进行转换,让人听后明明白白,才能有效达到沟通目的,产品销售才不会有阻碍。客户根本不关注你有多少代理、多少门店、多少专利、多少证书……客户只关注你能给他带来什么好处,你的产品能够满足他的什么需求、解决什么问题。营销不是基于你有什么,而是客户真正想要什么,营销一定要投其所好。

6. 替客户着想，站在对方的立场上说话

纵观时下，有多少销售员忙碌一整天下来，却一点成绩也没有，为什么呢？因为他们满脑子想的，只是他们自己的需要，而不考虑顾客的真正需要。如果销售员能使客户了解，他们的服务是在帮助人们解决问题，在这种情况下，人们当然会掏钱买他的东西。每个人都需要满足自己，懂得别人的需求，才能够得到别人的欣赏，也就能够得到别人的欢迎。

案例分析8-1

小公主需要月亮

一个小公主病了，她娇憨地告诉国王，如果她能拥有月亮，病就会好。国王立刻召集全国的聪明智士，要他们想办法拿月亮。

总理大臣说："它远在三万五千里外，比公主的房间还大，而且是由熔化的铜所做的。"

魔法师说："它有十五万里远，用绿奶酪做的，而且整整是皇宫的两倍大。"

数学家说："月亮远在三万里外，又圆又平，像个钱币，有半个王国大，还被粘在天上，不可能有人拿下它。"

国王又烦又气，只好叫宫廷小丑来弹琴给他解闷。小丑问明一切后，得到了一个结论：如果这些有学问的人说得都对，那么月亮一定和每个人想的一样大、一样远，所以当务之急便是要弄清楚小公主心目中的月亮到底有多大、多远。

于是，小丑到公主房里探望公主，并顺口问公主："月亮有多大？""大概比我拇指的指甲小一点吧！因为我只要把拇指的指甲对着月亮就可以把它遮住了。"公主说。

"那么有多远呢？""不会比窗外的那棵大树高！因为有时候它会卡在树梢间。"

"用什么做的呢？""当然是金子！"公主斩钉截铁地回答。

比拇指指甲还要小、比树还要矮、用金子做的月亮当然容易拿啦！小丑立刻找金匠打了个小月亮，穿上金链子，给公主当项链，公主好高兴，第二天病就好了。

分析：通过小丑与小公主的对话，小公主心中的月亮并不是很难找到、很难得到，只是缺乏沟通，不知道小公主心中的月亮到底是真实存在的，还是她自己想象的想要的东西。营销沟通必须通过沟通了解顾客的真正需要。

7. 避免与顾客发生争执

做销售的人都听过一句口头禅："顾客永远是对的。"因为发生争执的时候，会让顾客产生不愉快的感觉，那么他就不会想要购买你介绍的产品。销售员的目的是销售商品而不是卖弄自己的知识或才能，因此销售员一定要谦和有礼，时时以顾客的咨询顾问自谦。如果想要圆满达成销售商品的目的，必须先与顾客建立良好的人际关系，不要得理不饶人，遇到顾客说错话不要立刻给予反驳。你要知道你销售的是产品，而你面对的人就是可能接受你产品的人，所以，他就是你的上帝，细想一下，你得罪了上帝，会有什么好处呢？所以无论在任何场合，都要使顾客在整个过程中处处受到尊敬，而不应该用批评来毁坏他的形象。如果你必须提出不同观点或纠正别人的话，应尽可能把话说得得当一些，要一心一意做到对事不对人。

8. 多听少说

我们在销售的时候应多听少说。销售员应该把握"说三分话，听七分言"的原则。销售员

都应该意识到,沟通的时候,要注意听顾客怎么说,听明白顾客的话,才能说出顾客爱听的话,才能会说话。

第三节 商务谈判

一、商务谈判概述

商务谈判(business negotiations),是买卖双方为了促成交易而进行的活动,或是为了解决买卖双方的争端,并取得各自的经济利益的一种方法和手段。

商务谈判活动应遵循以下原则:双赢原则;平等原则;合法原则;时效性原则;最低目标原则。

商务谈判的作用如下:商务谈判是企业实现经济目标的手段;商务谈判是企业获取市场信息的重要途径;商务谈判是企业开拓市场的重要力量。

二、商务谈判环境的营造

商务谈判环境布置很重要。选择谈判环境,一般看自己是否感到有压力,如果有,说明环境是不利的。不利的谈判场合包括:嘈杂的环境,极不舒适的座位,谈判房间的温度过高或过低,不时地有外人搅扰,环境陌生而引起的心力交瘁感,以及没有与同事私下交谈的机会,等等。这些环境因素会影响谈判者的注意力,从而导致谈判的失误。

心理学家N.L.明茨早在20世纪50年代就做过这样一个实验:他把实验对象分别安排到两个房间里,一间窗明几净、典雅庄重,而另一间粗俗龌龊、凌乱不堪。他要求每人必须对10张相片上的人做出判断,说出他(或她)是"精力旺盛的"还是"疲乏无力的",是"满足的"还是"不满足的"。结果在洁净典雅房间里的实验对象倾向于把相片上的人看成"精力旺盛的"和"满足的";在龌龊凌乱房间里的实验对象则倾向于把相片上的人看成"疲乏无力的"和"不满足的"。这个实验表明,环境是会影响人的感知的。

从礼仪要求讲,一般合作式谈判应安排布置好谈判环境,使之有利于双方谈判的顺利进行。

(1)光线。可利用自然光源,也可使用人造光源。利用自然光源即阳光时,应备有窗纱,以防强光刺目;而用人造光源时,要合理配置灯具,使光线尽量柔和一点。

(2)声响。室内应保持宁静,使谈判能顺利进行。房间不应临街、临马路,不应在施工场地附近,门窗应能隔音,周围没有电话铃声、脚步声、人声等噪声干扰。

(3)温度。室内最好能使用空调机和加湿器,以使空气的温度与湿度保持在适宜的水平上。温度在20℃,相对湿度在40%~60%之间是最合适的。一般的情况下,也至少要保证空气的清新和流通。

(4)色彩。室内的家具、门窗、墙壁的色彩要力求和谐一致,陈设应实用美观,留有较大的空间,以利于人的活动。

(5)装饰。用于谈判活动的场所应力显洁净、典雅、庄重、大方。布置宽大整洁的桌子、简单舒适的座椅(沙发),墙上可挂几幅风格协调的书画,室内也可装饰适当的工艺品、花卉、标志物,但不宜过多过杂,以求简洁实用。

三、商务谈判的注意事项

1. 在商务谈判中忌欺诈隐骗

有些人把商务谈判视为对立性的你死我活的竞争,在具体洽谈时,不顾客观事实,欺、诈、隐、骗,依靠谎言或"大话"求得自身的谈判优势。

如一位业务员同一家商店进行推销洽谈,业务员为了促销,在介绍产品质量时声称已经获得"省优"和"部优",商店看样后认为有一定市场,于是双方达成买卖意向。商店后来了解到这种商品既非"省优",也不是"部优"。产品虽适销,但商店也怕上当受骗,于是未与业务员签订合同,一桩生意告吹。

可见欺骗性的语言一旦被对方识破,不仅会破坏谈判双方的友好关系,使谈判蒙上阴影或导致谈判破裂,而且也会给企业的信誉带来极大损失。

所以说,谈判语言应坚持从实际出发,应给对方诚实、可以信赖的感觉。

2. 在商务谈判中忌盛气凌人

有的谈判者由于自身地位、资历"高人一等"或谈判实力"强人一筹",在谈判中往往颐指气使,说话居高临下、盛气凌人。

有一位大公司的业务经理在同另一家企业谈判出售产品时,发现对手是几位年轻人,随口便道:"你们中间谁管事?谁能做决定?把你们的经理找来!"一位年轻人从容答道:"我就是经理,我很荣幸能与您洽谈,希望得到您的指教。"年轻人的话软中带硬,出乎这位业务经理的意料。这位业务经理本想摆摆谱,没想到谈判刚开始就吃了一个小小的败仗。

盛气凌人的行为易伤害对方的感情,使对方产生对抗或报复心理。所以,参加商务谈判的人员,不管自身的级别多高、年龄多大,所代表的企业实力多强,只要和对方坐在谈判桌前,就应坚持平等原则,平等相待,平等协商,等价交换。

3. 在商务谈判中忌道听途说

有的谈判者由于与社会接触面大,对外联系多,各种信息来源渠道广,在谈判时往往利用一些未经证实的信息,如"据说""据传"等,作为向对方讨价还价的依据,缺乏确凿的实际材料,其结果很容易使对方抓住你的谈话漏洞或把柄,向你进攻。就个人形象来讲,也会使对方感到你不认真、不严谨、不严肃,不值得充分信赖。

在一次业务洽谈中,某买方代表为了迫使对方降价,信口便说:"据说你们单位的产品返修率一直高于同类产品,能否在维修费用上再给我们提高2个百分点?"卖方回答:"这说明您对我们的产品并不了解,据统计,我们的产品返修率仅为1‰,大大低于同类产品,我们不但不能提高维修费,正想在原来的基础上下降1个百分点。"买方遭到迎头痛击。

4. 在商务谈判中忌攻势过猛

有的谈判者在谈判桌上争强好胜,一切从"能压住对方"出发,说话锋利刻薄,频繁地向对方发动攻势,在一些细枝末节上也不甘示弱,有些人还以揭人隐私为快。

一位年轻的采购员在采购某商品时,自认为生产厂家有求于零售商店,在洽谈交易条件时不断向对方发动攻势:"第一,产品必须实行代销;第二,厂家必须对产品实行'三包';第三,厂家必须送货上门;第四……"随后对方说:"上述条件我方均可以破例接受,鉴于我方产品在市场上的优势地位,我方只有一个条件,即贵方必须确保设专柜销售本厂产品并确保高质量的售后服务,否则我们将寻找新的合作伙伴。"

因此在谈判中说话应该委婉,尊重对方的意见和隐私,不要过早锋芒毕露、表现出急切的样子,避免言语过急过猛、伤害对方。

5. 在商务谈判中忌含糊不清

有的谈判者由于事前缺乏对双方谈判条件的具体分析,加之自身不善表达,当阐述自身立场、观点或回答对方提出的某些问题时,或者语塞,或者含含糊糊、模棱两可,或者前言不搭后语、相互矛盾。

谈判者事前应做好充分的思想准备和语言准备,对谈判条件进行认真的分析,把握住自身的优势和劣势,对谈判的最终目标和重要交易条件做到心中有数。同时做一些必要的假设,把对方可能提出的问题和可能出现的争议想在前面。

这样,在谈判中不管出现何种复杂局面,都可以随机应变,清楚地说明自己的观点,准确明了地回答对方的提问。尤其是在签订谈判协议时,能够把握关键,使合同条款订得具体、完善、明确、严谨。

四、商务谈判技巧

1. 确定谈判态度

在商业活动中面对的谈判对象多种多样,我们不能拿出同一种态度对待所有谈判。我们需要根据谈判对象与谈判结果的重要程度来决定谈判时所要采取的态度。

如果谈判对象对企业很重要,比如长期合作的大客户,而此次谈判的内容与结果对公司并非很重要,那么就可以抱有让步的心态进行谈判,即在企业没有太大损失与影响的情况下满足对方,这样对于以后的合作会更加有利。

如果谈判对象对企业很重要,而谈判的结果对企业同样重要,那么就抱着一种友好合作的心态,尽可能达到双赢,将双方的矛盾转向第三方。比如市场区域的划分出现矛盾,那么可以建议双方一起或协助对方去开发新的市场,扩大区域面积,将谈判的对立竞争转化为携手竞合。

如果谈判对象对企业不重要,谈判结果对企业也无足轻重、可有可无,那么就可以轻松上阵,不要把太多精力消耗在这样的谈判上,甚至可以取消这样的谈判。

如果谈判对象对企业不重要,但谈判结果对企业非常重要,那么就以积极竞争的态度参与谈判,不用考虑谈判对手,完全以最佳谈判结果为导向。

2. 充分了解谈判对手

正所谓,知己知彼,百战不殆,在商务谈判中这一点尤为重要,对对手的了解越多,越能把握谈判的主动权,就好像我们预先知道了招标的底价一样,自然成本最低、成功的概率最高。

了解对手时不仅要了解对方的谈判目的、心理底线等,还要了解对方公司的经营情况、行业情况、谈判人员的性格、对方公司的文化、谈判对手的习惯与禁忌等。这样便可以避免很多文化、生活习惯等方面的矛盾,使谈判产生的额外的障碍。还有一个非常重要的因素需要了解并掌握,那就是其他竞争对手的情况。

案例分析8-2

赵武辉在公司干销售员已经有两年了,领导很看好他,就让他订购一批原材料。经过一个星期的努力,赵武辉兴高采烈地回来了:"领导,我搞定了!"

领导问:"多少钱订购的?"

赵武辉说:"单价200元,订购了5000件。"

领导继续问:"那么对方的最低价格是多少?"

赵武辉懵了:"什么最低价格?对方的最低价格,我怎么会知道?"

领导很生气地说:"你都不知道对方的底线,谈判肯定会很被动的!只有知己知彼,才能掌握主动权。据我了解,这个产品的最低价格是190元,如果你知道这个价格底线,就不会这么被动了。"

分析:由于赵武辉不知道对方的价格底线,导致以高价订购了原材料。事实上,商务谈判的双方,都想低价买进、高价卖出,若我们不能做到知己知彼,就不会知道对方的价格底线,这样谈判的结果肯定是不理想的。

3. 准备多套谈判方案

谈判双方最初各自拿出的方案都是对自己非常有利的,而双方又都希望通过谈判获得更多的利益,因此,谈判结果肯定不会是双方最初拿出的那套方案,而是经过双方协商、妥协、变通后的结果。

在双方你推我拉的过程中常常容易迷失最初的意愿,或被对方带入误区,此时最好的办法就是多准备几套谈判方案。先拿出最有利的方案,没达成协议就拿出其次的方案,还没有达成协议就拿出再次一等的方案。即使我们不主动拿出这些方案,但是可以做到心中有数,知道向对方的妥协是否偏移自己最初设定的框架,这样就不会出现谈判结束后,仔细思考才发现,自己的让步已经超过了预计承受的范围的情况。

4. 营造融洽的谈判气氛

在谈判之初,最好先找到一些双方观点一致的地方并表述出来,给对方留下一种彼此更像合作伙伴的印象。这样接下来的谈判就容易朝着达成共识的方向开展,而不是剑拔弩张地对抗。当遇到僵持时也可以拿出双方的共识来增强彼此的信心,化解分歧。

也可以向对方提供一些其感兴趣的商业信息,或对一些不是很重要的问题进行简单的探讨,达成共识后双方的心理就会发生奇妙的改变。

5. 设定好谈判的禁区

谈判是一种很敏感的交流,所以,语言要简练,避免出现不该说的话,但是在艰难的长时间谈判过程中也难免出错,最好的方法就是提前设定好哪些是谈判中的禁语、哪些话题是危险的、哪些行为是不能做的、谈判的心理底线等。这样就可以最大限度地避免在谈判中落入对方设下的陷阱或误区中。

案例分析8-3

一中国谈判小组赴中东某国进行一项工程的承包谈判。在闲聊中,中方负责商务条款的成员无意中评论了中东盛行的伊斯兰教,引起对方成员的不悦。当谈及实质性问题时,对方较为激进的商务谈判人员丝毫不让步,并一再流露撤出谈判的意图。

分析:中方谈判人员在谈判前应该了解对方的习俗及喜好,避免类似情况的发生,正所谓知己知彼才能百战百胜。

6. 语言表述简练

谈判时语言要做到简练、针对性强,争取在对方大脑处于最佳接收信息状态时表述清楚自己的信息。如果要表达的是内容很多的信息,比如合同书、计划书等,那么适合在讲述或者诵读时进行语气高、低、轻、重的变化,比如,重要的地方提高声音、放慢速度,也可以穿插一些问句,引起对方的主动思考,增加注意力。在重要的谈判前应该进行模拟演练,训练语言的表述、突发问题的应对等。在谈判中切忌模糊、啰唆的语言,这样不仅无法有效表达自己的意图,更可能使对方产生疑惑、反感情绪。在这里要明确一点,应弄清楚沉稳与拖沓的区别,前者是语言表述虽然缓慢,但字字经过推敲,没有废话,而这样的语速也有利于对方理解与消化信息内容,在谈判中应推崇这样的表达方式。而在谈判中想靠伶牙俐齿、咄咄逼人的气势压住对方,往往事与愿违,多数结果不会很理想。

7. 做一颗柔软的钉子

商务谈判虽然不比政治与军事谈判,但是谈判的本质就是一种博弈、一种对抗,充满了火药味。这个时候双方都很敏感,如果语言过于直率或强势,很容易引起对方的本能对抗意识或招致反感。因此,在商务谈判中,要在双方遇到分歧时面带笑容、语言委婉地与对手针锋相对,这样对方就不会启动头脑中本能的敌意,使接下来的谈判不容易陷入僵局。

商务谈判中并非张牙舞爪、气势夺人就会占据主动,反倒是喜怒不形于色、情绪不被对方所引导、心思不被对方所洞悉的方式更能取胜。至柔者长存,至刚者易损,想成为商务谈判的高手,就要做一颗柔软的钉子。

8. 曲线进攻

孙子曰:"以迂为直。"克劳塞维斯将军也说过:"到达目标的捷径就是那条最曲折的路。"由此可以看出,想达到目的就要迂回前行,否则直接奔向目标,只会引起对方的警觉与对抗。应该把对方的思维引导到自己的"包围圈"中,比如,通过提问的方式,让对方主动替你说出你想听到的答案。反之,越是急切地想达到目的,越是可能暴露自己的意图,被对方所利用。

9. 谈判是用耳朵取胜,而不是嘴巴

在谈判中我们往往容易陷入一个误区,那就是一种主动进攻的思维意识,总是在不停地说,总想把对方的话压下去,总想多灌输给对方一些自己的思想,以为这样可以占据主动。其实不然,在这种竞争性环境中,你说的话越多,对方会越排斥,能入耳的很少,能入心的更少。而且,你的话多了就挤占了总的谈话时间,对方也有一肚子话想说,被压抑的结果则是很难妥协或达成协议。反之,让对方把想说的都说出来,当其把压抑心底的话都说出来后,就会像一个泄了气的皮球一样,锐气会减退,接下来你再反击,对手已经没有后招了。更为关键的是,善于倾听可以从对方的话语中发现对方的真正意图,甚至是破绽。

10. 控制谈判局势

谈判活动表面来看没有主持人,实则有一个隐形的主持人存在着,不是你就是你的对手。因此,要主动争取把握谈判节奏、方向,甚至是趋势。主持人所应该具备的特质是:语言虽不多,但是招招中的、直击要害;气势虽不凌人,但运筹帷幄、从容不迫。不是用语言把对手逼到悬崖边,而是用语言把对手指引到悬崖边。并且,想做谈判桌上的主持人就要体现出你的公平,即客观地面对问题,这在谈判开始时尤为重要。慢慢地,对手会本能地被你潜移默化地引导,局势将向对你有利的一边倾斜。

11. 让步式进攻

在谈判中可以适时提出一两个很高的要求,对方必然无法同意,在经历一番讨价还价后可以进行让步,把要求降低或改为其他要求。这些高要求我们本来就没打算会达成协议,即使让步也没损失,但是却可以让对方有一种成就感,觉得自己占了便宜,这时我们其他的、相较于这种高要求要低的要求就很容易被对方接受。但切忌提出太离谱、过分的要求,否则对方可能觉得我们没有诚意,甚至激怒对方。先抛出高要求也可以有效降低对手对于谈判利益的预期,挫伤对手的锐气。

案例分析8-4

商务谈判中,对方的价格、时间等内容都属于机密,如果你能掌握这些机密,就能摸清对方的底线,为自己争取最大的利益。那么,如何才能做到知己知彼呢?你可以从以下几点入手。

1. 投石问路,摸清对方底线

熊昆仑是某公司采购部经理,打算从一家生产厂商购进6000件运动服。为了了解对方的价格底线,他要求对方分别对购买600件、6000件、60 000件进行报价。当得到这些报价后,熊昆仑知道了对方的价格底线,最终迫使对方降价。所谓投石问路,就是通过一些试探性的问题,来了解对方的意图和真实状况。熊昆仑正是通过投石问路的办法,了解到对方的最低价格,进而给自己增加了更多选择的机会。所以,谈判初期,你可以通过这种方法来了解对方的价格、产品结构、生产周期等信息。

2. 迂回询问,找出对方的"软肋"

例如你可以问:"如果我们再订购一批货物,最低的价格是多少?""如果我们与贵公司签订长期合作的合同,你们的价格又能优惠到什么程度呢?"等等。采取迂回询问的方式,可以使对方放松警惕,然后乘其不备,找出对方的"软肋",让自己掌握谈判的主动权。通常,在主客场谈判中,东道主往往利用自己的优势,使用这一技巧。

美国某公司的代表杰特到法国进行一场商务谈判,受到了法国公司代表的热烈欢迎。法国公司代表开着豪华汽车到机场迎接杰特,然后送他去五星级宾馆,杰特受宠若惊。都安排好了之后,法国公司代表问杰特:"您什么时候坐飞机回美国呢?到时候我安排人送您。"杰特不假思索地回答:"我的时间很急,只有7天的时间谈判。到时候,我必须得回国。"

接下来,法国公司代表安排杰特游览法国的名胜古迹,丝毫不说合作的事。到了第五天,法国公司代表只是草草地谈了一些合作上的事情。直到第七天,双方才谈起合作上的关键问题。法国公司代表说:"这样,为了不耽误您的时间,我们在车上谈吧。"杰特没有办法,如果再不达成合作，就无功而返了。所以，他不得不接受法国公司代表的各种条件。

法国公司代表通过迂回询问的方式，了解到杰特的具体回国时间，然后极力表现出自己的热情好客，带他去游览法国的美景，使他在不知不觉中落入了自己的圈套。当杰特的"软肋"被法国公司代表抓住后，肯定就会处于谈判的劣势。

3."装傻"计，让对方破绽百出

曹东正在与某公司的周经理洽谈一笔业务，周经理说完自己的条件后，曹东虽然明白了他的意思，但是依然假装糊涂地说："对不起，我还没有听明白你的意思，你能再仔细说一说吗?"周经理又说了一遍，在这个过程中，曹东又了解了很多有价值的信息。

我们经常说："言多必失!"这句话从正面理解为，话说多了容易造成失误；但是如果反其道而行之，把这句话用在谈判对手上，就可以理解为，让对方说更多的话，进而暴露出更多的对我们有用的信息。

谈判中，如果你善于"装傻"，对方就会说更多的话，说得越多，你从中获取的信息就会越多。你可以假装没听懂，如："对不起，我不明白你的意思，请你再说一次。"或者故意曲解对方的意思，如对方说出了合作方式，你可以假装听错了，说成是另外一种合作方式。

项目知识检测

● 基本训练

一、简答题

(1)如何理解会议沟通、营销沟通和商务谈判的含义?

(2)会议沟通技巧有哪些?

(3)营销沟通技巧有哪些?

(4)商务谈判应注意什么?

(5)如何在商务谈判中获胜?

二、知识应用

1. 判断题

(1)FAST法可以解决会议发言的跑题现象。(　　)

(2)商务谈判不需要"桌外活动"。(　　)

(3)营销沟通要一味强调企业产品的优越性，无须考虑客户的感受。(　　)

(4)谈判只说自己的"利"，不说自己的"弊"。(　　)

(5)谈判时不应赞赏对方，这会对自己不利。(　　)

2. 选择题

(1)下面属于商务谈判禁忌的是(　　)。
　A. 欺诈　　　　B. 含混　　　　C. 盛气凌人

(2)在说服对方的谈判中应注意的原则是(　　)。
　A. 先易后难原则　　B. 难易结合原则　　C. 多次重复原则

(3)营销沟通的渠道主要有(　　)。
　A. 广告　　　　B. 人员推销　　　　C. 营业推广　　　　D. 公共关系促销

(4)当大家情绪调整好后，进入正式的会议环节，开始根据主题，彼此之间分享自己目前得到的信息属于(　　)。
   A. 共享信息　　　B. 决策共识　　　C. 增进关系　　　D. 分析研讨
(5)把别人向你提出的问题反问给所有与会者属于(　　)。
   A. 棱镜型问题　　B. 环型问题　　　C. 广播型问题　　D. 定向型问题

三、技能实训

(1)总部要派人力资源部的老赵到你所在的分公司做销售经理,而你心中的理想人选是分公司的价格主任小张,于是你回到总公司和总经理沟通,应如何沟通?

(2)你认为自己的工资收入比较低,因此想申请加工资,你将怎样和你的经理沟通?

(3)你是一个分公司的负责人,有三位员工最近经常迟到,你想找这三位员工谈话。这三位员工平常的表现不一样,A表现很好,B表现一般,C表现很差。你将怎样做?

● 情景模拟训练

商务谈判案例模拟场景对话:

卖方/(买方)总经理:大家早上好,首先由我代表海虹超市股份有限公司对深圳糖糖食品饮料有限公司的到来致以真诚的问候。我是总经理张××,下面由我介绍我方的谈判成员:财务总监××先生,市场调研员××先生,销售总监×××女士。

主谈:希望本次谈判能够圆满成功,双方能够维持长期友好的合作关系。

买方:我方已对贵公司的产品进行了了解,并一致同意与贵公司进行会晤与商谈。(我方非常乐意与贵方公司就我们合作的事宜进行洽谈,希望今天的洽谈有个愉快的结果。)(表示对贵公司的产品很满意。)贵方提出的产品合作中的条款我方可以接受,但是由于我方公司正着力拓展北京、安徽区域,力争发展成为全国性生鲜超市龙头企业,跻身中国连锁企业前列,我方需要购买××箱水,数量多,所以我方本次报价为××元每箱。

卖方:经过我方仔细地考虑与讨论,我方一致认为贵方的报价过低,以长期合作的角度来看,希望贵方再考虑一下,给出一个我方可以接受的报价。

买方总经理:那么贵公司预想的报价是多少呢?

卖方:××元每箱。

买方:我方是经过仔细的市场调查之后得出这个合理的价格的,但贵方公司的报价较高,不知贵方是否能给出一个合理的理由呢?

卖方总经理:(详细讲解)下面请贵公司看下资料(××矿泉水的优势)。(总经理将资料分发给对方)(讲解)……所以提出这个价格已经是很合理了。

买方:其实我们也是基于贵公司的优势(例如:先进技术和贵公司在市场上的声誉等),在众多公司中选择与贵公司合作,而且通过近几次的接触和了解,我们也被贵方的诚意所打动,我方以十二分的诚意与贵方商谈,我们衷心希望我们能在最终价格上达成共识。

卖方:我方十分感谢贵方特意为此合作抽出宝贵的时间,我方也能体会到贵方对本次合作的重视,我方也是带着十分尊重贵公司的提议进行谈判的。

买方:关于我方提出的报价请贵方好好地考虑一下,适当降低贵方的利润空间,在价格上做出进一步的让步。我方接受贵方的邀请来××(地点)进行谈判,可见我们对此次合作的重视。

卖方:我方能体会到贵方的心情,也确实很感谢贵方的付出,但是价格的让步似乎有些太大了,这样一来我方不知如何获利。这样吧,为了体现我们的诚意,将价格降至××元(价格仍高于对方的报价)。

买方:我方非常感谢贵公司对此次合作的积极态度,但是贵公司的报价仍然过高,超出了我方公司决定的范围,所以我方希望能够商议一下再回复,可以吗?

卖方:既然这样,那么此次谈判就先到这里吧。我方为贵公司准备了××(自由发挥)。

二次谈判:

卖方:贵公司商讨出满意的答案了吗?

买方:(感谢贵公司对我方的招待。)我们经过了仔细的考虑和商议,我方非常感谢贵方公司为加强我们双方合作付出的努力,所以我们打算将报价提升到××元(报价仍低于对方报价)。

卖方:贵公司果然豪爽大气,令人钦佩。我们深知贵方为推动合同的如期签订而做出的巨大努力,但是我方仍然认为××元(第二次报价)为可接受的价格,请贵方听听我方销售总监的合理解释。

卖方销售总监:报告中说明……(资料)所以我方认为这样的价格是合理的。

买方:贵公司的产品质量是值得肯定的,但是据我们的了解与调查,贵方的产品如果大量订购是可以有折扣的,我们也与市场上其他公司接洽过,比如××公司、××公司等,虽然技术不是很顶尖,但是差距也不大,而且也在不断改进中,并且报价也相对比较合理,请大家看下他们的报价。所以我方认为贵方提出的报价在预料之外,希望贵方可以做出进一步的让步。至于×××费用,我方认可贵方的解释。我们也认为××元(调整金额)是合理的,毕竟双方的合作是长期的。我们也很重视产品的质量,所以我们在×××费用上达成共识,但在其他费用方面仍和我方预料的有一定差距。

卖方:经过我方的商量,我方同意在××费用上让步×××元,这也是厂商给我方最大的让步了。

买方:我方很高兴贵方公司能做出让步,这样也有利于我们继续商谈。但是仍不是我们能接受的价格,贵方在利润空间上的调整太小了些。

卖方:能和贵方合作我方十分荣幸,我方也本着双赢的目的进行合作,如果合作最终不能达成共识,我们之前所做的努力将会付诸东流,同时也伤害了双方友好合作的感情,所以我希望贵方能就我方报价再考虑一下。对于贵方提出的价格我方实在无法接受,这与我们实际成本相差太多,如果以这个价格成交,我方完全无利益可言了。

买方:但是贵方公司较其他公司的报价的合理性仍有些差距,实际上这笔订单其他著名公司表示有极大的兴趣并有意愿同我方公司进行深入的接触,但是由于同贵公司的接触,我方深刻感受到了贵公司合作的诚意和意愿,我们非常希望此次商谈能够取得圆满成功。如果贵公司实在无法接受我方预期的价格,那么我方将表示遗憾,只能寻求其他合作伙伴了。

卖方:好吧,我方知道贵方公司对此次合作很看重,所以我方决定在原价的基础上再降××元,不知贵方是否能够接受?

……

● 综合案例

案例1

在某次交易会上,我方外贸部门与一客商洽谈出口业务。在第一轮谈判中,客商采取各种招数来摸我们的底,罗列过时行情,故意压低购货的数量。我方立即中止谈判,搜集相关的情报,了解到日本一家同类厂商发生重大事故停产,又了解到该产品可能有新用途。在仔细分析了这些情报以后,谈判继续。我方根据掌握的情报后发制人,告诉对方:我方的货源不多;产品的需求很大;日本厂商不能供货。对方立刻意识到我方对这场交易背景的了解程度,甘拜下风。在经过一些小的交涉之后,对方接受了我方的价格,购买了大量该产品。

问题:请结合案例谈一下中方谈判成功的原因。

案例 2

欧洲 A 公司代理 B 工程公司到中国与中国 C 公司进行出口工程设备交易的谈判。中方根据其报价提出了批评,建议对方考虑中国市场的竞争性和该公司第一次进入中国市场,认真考虑改善价格。该代理商做了一番解释后仍不降价,并说其委托人的价格是如何合理。中方对其条件又做了分析,代理人又做解释,一上午下来毫无结果。中方认为其过于傲慢固执,代理人认为中方毫无购买诚意且没有理解力。双方相互埋怨之后,谈判不欢而散。

问题:谈判是否有可能不散?若可能不散,欧洲代理人应如何谈判?

第九章 职场沟通技巧

知识目标

◎掌握求职面试沟通技巧；
◎掌握与上司和下属沟通的技巧；
◎了解掌握如何在面试中推销自己等。

技能目标

◎通过学习能掌握一些面试的技巧；
◎熟练应用一些和上司、下属沟通的技巧。

思政目标

◎职场中不计较个人得失；
◎真诚对待领导和同事。

引导案例

一次情景面试

王女士的公司要招一个办公室助理，办公室的几个同事一起讨论了招聘标准、职责和要求后，有人提议，用情景面试的方式来试试，看看招聘的效果怎样。于是，他们做了详细的策划。

面试的时间安排在上班的 9:00，办公室的同事们基本上都是在 8:50 左右到的。根据设计，办公室的四个人，一个人整理近期报纸，一个人在打扫自己的个人卫生，王女士在看近期文件，另一个人待在隔壁的办公室，9:00 的时候打电话给王女士，说老总要求尽快把报告整理出来，9:10 必须给总经理。

首先是赴约时间：三个面试者，通知的时间，都是 9:00 面试，分别在 8:55、9:02、9:10 到达办公室，记为 A 君、B 君、C 君。

A 君到达后，大家都忙着，进来后说自己是应聘的，办公室小王让他在沙发上等等，就忙于整理报纸了。小王告诉他，他可以自己去倒杯水、看会儿报纸。A 君说谢谢后，就规规矩矩地待在那里。

B 君来了，进来后首先对自己迟到表示抱歉，并解释说走错楼梯了。小王一边整理报纸，同时解释,因为王女士有急事,需要他等等,面试9:20开始。同样,告诉他可以自己倒杯水、看会儿报纸。B君说谢谢后,倒了两杯水,一杯给了A君,另一杯留给了自己。看到小王把报纸搞得乱糟糟的,B君问:"反正现在也是等,我来帮你一块整理吧?"小王说:"不必不必。"B君说:"你负责日期,我帮你按版面进行整理,这样会快些。"然后就干开了。A君有些不自在,就拿了报夹上的报纸翻起来。

C君9:10到达,C君是某一关系介绍过来的,进来后,冲着办公室里面的人点点头,自己就找位置坐下来,带了一瓶矿泉水。沙发边上有些杂志,乱糟糟的,他胡乱地翻了一下,抽出其中一本,跷着脚,看起来。

9:12左右,隔壁打电话的小李,过来招呼打扫自己卫生的小张,要把办公室的一张桌子搬出去。

A君站起来,看到桌子必须从沙发边搬出去,知道碍事,把报纸放在边上;B君又一副"我是男的,我可以帮忙"的架势;C君仍然架着自己的腿。

要知道,这是第二轮面试。

最后,你猜,他们选择了谁?

——三个人都选了,A君是因为公司需要一个库房管理;B君被办公室录用了;C君被领导安排在销售部门。

你们知道这三个人后来的发展吗?一年后,这几个人不出所料,收获了不同的命运:A君规规矩矩,B君得到了晋升,C君离职了。

这一案例表明:在面试时,每一个应聘者的行为可能就会影响自己的最终应聘结果。所以在面试前,不光要做好面试准备,还应该在平时就养成各种良好的习惯,这也许会给自己带来意外的惊喜,毕竟机会青睐有准备的人。

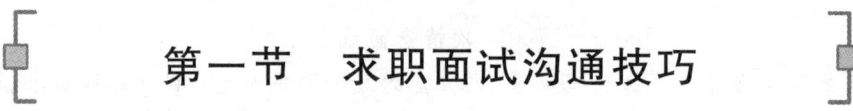

第一节　求职面试沟通技巧

一、面试准备

1. 背熟自己的求职履历

常常有些求职太过频繁,而自己的求职履历又是经过精心"包装"的人,轮到面试时有时连自己都记不清究竟"工作经验"是怎样"排列组合"的了,一上阵便迅速"露出马脚",不战自败。

2. 准备好同所申请的职位相吻合的"道具"

身上穿的、手上戴的、浑身上下的衣着均能反映出求职者对所申请的职位的理解程度。试想如果一家五星级酒店招一名公关经理,而应聘者在下雨天穿着高筒套鞋去面试,恐怕同所申请的职位形象相去甚远。所以,面试时的"道具"也应有所选择。

"奇葩"经历：戴手表直接被录取了

小薛是一位正在找工作的应届毕业生，一次，他参加了一家电缆厂的面试。平时就喜欢坐在后排的小薛在意识到这个面试官可能喜欢张扬高调的求职者时，似乎觉得自己的竞争力一下子弱了许多。但让小薛意想不到的是，接下来的惊喜也发生在了自己身上。

"戴手表的同学，你们被录取了。"面试官的这句话让整个教室沸腾了片刻，很多没戴手表的同学只有大眼瞪小眼，看着旁边戴了手表的同学。小薛说，自己平时虽然也用手机看时间，但更愿意通过手表来把控自己的时间，所以几乎任何时候都戴着手表。"这比用手机看时间简单直接多了，"小薛说道。而面试官的录取理由是：很多人或多或少还是有时间观念，但更多的人是通过手机来看时间，而我们认为戴手表的人会更加注重时间安排，尤其对销售岗位的人员来说，有个很强的时间观念是很必要的。

分析：面试前准备好与自己所面试的岗位相协调的"道具"，在面试的时候往往会给自己带来意想不到的惊喜，所以运用好合适的面试"道具"也是面试的一个技巧。

3. 准备好同自己身份相吻合的语言

每个人都应对语言和遣词用字有所选择，面试不同于闲聊，张嘴就来，可以不假思索。每句话、每一个词都应有所挑选。有不少不谙世事的求职者参加面试时张口闭口"你们公司怎么怎么"，说多了肯定会引起别人的反感。应该十分有礼貌、客气地说"贵公司"，礼多人不怪嘛！

案例分析9-2

录取原因：适当的语言

鲁林前往一家公司应聘，却被告知来晚了，这个岗位已经有人选了。尽管满怀希望却被泼了一盆冷水，鲁林还是微笑地站起身来，礼貌地同经理握手道别："打扰了。我非常遗憾自己看到这个消息的时间太晚了，但我衷心地希望这只是属于我个人的遗憾。"走出办公室的鲁林突然听到身后传来经理的声音："小伙子，等一下。"鲁林得到了一次面试的机会，最后，他成了这家公司的员工。

分析：面对拒绝时，不必不好意思，更加不能恼羞成怒，这时保持平和的心态和良好的礼仪是十分重要的。有的人就善于在此时说一段得体的话，不仅给自己一个漂亮的台阶下，有时还会使事情出现意想不到的转机。

4. 准备好同选择的职业和身份相吻合的行为规范

面试时的细小行为最能说明一个人的真实情况，试想一个个人物品杂乱无章，甚至连钢笔都找不到的人，是很难受到面试考官的青睐的。

二、交谈技巧

1. 谈话应顺其自然

不要误解话题，不要过于固执，不要独占话题，不要插话，不要说奉承话，不要浪费口舌。

2. 留意对方的反应

交谈中很重要的一点就是把握谈话的气氛和时机,这就需要随时注意观察对方的反应。如果对方的眼神或表情显示对你所涉及的某个话题已失去了兴趣,应该尽快找一两句话将话题收住。

3. 有良好的语言习惯

不仅要表达流利、用词得当,同样重要的还有说话方式。

——发音清晰。有些人个别音素发音不准,如果影响讲话的整体质量,应少用或不用含有这个音素的字或词。

——语调得体。得体的语调应该起伏而不夸张、自然而不做作。

——声音自然。音调不高不低,不失自我,不仅听来真切自然,而且有利于缓解紧张情绪。

——音量适中。音量以保持听者能听清为宜。

——语速适宜。要根据内容的重要程度、难易度及对方注意力情况调节语速和节奏。

此外还要警惕容易破坏语言意境的现象:过分使用语气词、口头语。这不仅有碍于人们的连贯理解,还容易引人生厌。

4. 切忌小动作

求职过程中,面试可以说是压力最大的一个环节。要想在面试中成为胜利者,要做好多方面的准备,就连一些不经意的小动作也不能忽略。

(1)边说话边拽衣角。求职者在面谈时,由于紧张或不适应,无意间会拽衣角或摆弄纽扣。这个小动作很容易让考官看出你的紧张焦虑,给人留下不成熟、浮躁的印象。

(2)跷二郎腿或两手交叉于胸前。不停地轮换交叉双腿,是不耐烦的表现,而一直跷着二郎腿则会让考官觉得你没有礼貌。如果再把两手交叉放在胸前,那就表达出了拒绝或否决的态度。因此,求职时一定要注意坐姿端正,双脚平放,放松心情。

(3)拨弄头发。频繁用手拂拭额前的头发,会透露出你的敏感和神经质,还会令人产生不被尊重的感觉。为避免这种习惯影响到面试的结果,求职者最好剪短发,这样既显得精神,又能避免不经意间拨弄头发。

(4)夸张的肢体动作。面试时适当的手势能帮助你更好地阐释自己的观点,不过动作太过活泼、夸张则会给人留下不稳重的印象。因此,面试时应以平稳、平实的态度为原则。

(5)眼神飘忽。面试时两眼到处乱瞄,容易让主考官觉得这是一位没有安全感、对任何事都不抱有信任感的应试者。最好的方法是面带微笑,眼睛看着谈话者,同时头微微倾斜。

(6)不停地看表。在与人交谈时,不停地看时间,会让人产生压迫感。因此,求职者要把握好时间,千万不要频繁看表。

5. 交谈心态

参加招聘时,能否摆正自己的心态在很大程度上关系着应聘的成败。

(1)展示真实的自己。面试时切忌伪装和掩饰,一定要展现自己的真实实力和真正的性格。有些人在面试时故意把自己"塑造"一番,比如明明很内向、不善言谈,面试时却拼命表现得很外向、健谈。这样的结果既不自然,很难逃过有经验的招聘者的眼睛,也不利于自身发展。即便是通过了面试,人力资源部门往往会根据面试时的表现安排适合的职位,这对个人的职业生涯也是有害的。

(2)以平等的心态面对招聘者。面试时如果能够以平等的心态对待招聘者,就能够避免紧张情绪。特别是在回答案例分析问题时,一定要抱着"我是在和招聘者一起讨论这个问题"的心态,而不是觉得他在考自己,这样就可能做出很多精彩的论述。

(3)态度要坦诚。招聘者一般都认为做人优于做事。所以,面试时求职者一定要诚实地回答问题。一位企业的人事主管说:"以前曾经面试过一个女孩,面试时她说自己有男友,进入公司后又说没有男友。问她原因,她说曾在一些书里看到,如果说有男朋友就会给人稳重、有责任感的印象。实际上这样做非常不好,面试时的欺骗行为不利于以后的发展。"

6. 交谈原则

应聘者与招聘者交谈应该把握以下"四个度"的原则:

(1)体现高度,在交谈中展示自己的水平。一方面是政治思想水平和强烈的敬业精神,另一方面是专业水平。对问题的回答不能满足于"知其然",还要答出"所以然"。

(2)增强信度,在交谈中展示自己的真诚。首先,态度要诚,交谈时不要心不在焉;其次,表达要准,少用"可能""也许""大概"等模棱两可的词语;最后,内容要实,尤其对于自己的优缺点要一分为二、实事求是。

(3)表现风度,在交谈中展示自己的气质。一方面要体现自身的外在美,另一方面更要体现内在气质。言语是一个人内在气质、涵养的外在体现,要注意用自己的语言魅力展示自己。

(4)保持热度,在交谈中展示自己的热情。要注意做到:主动问候,精神饱满,悉心聆听。

7. 最后关

(1)适时告辞。面试不是闲聊,也不是谈判。从某种意义上讲,面试是陌生人之间的沟通。谈话时间的长短要视面试内容而定。招聘者认为该结束面试时,往往会说一些暗示的话语:

——我很感激你对我们公司这项工作的关注。

——谢谢你对我们招聘工作的关心,我们一做出决定就会立即通知你。

——你的情况我们已经了解了。你知道,在做出最后决定之前我们还要面试几位申请人。

求职者听了诸如此类的暗示语之后,就应该主动告辞。

(2)礼貌再见。面试结束时的礼节也是公司考察录用的一个砝码。成功的方法在于:首先,不要在招聘者结束谈话前表现出浮躁不安、急欲离去的样子。其次,告辞时应感谢对方花时间同你面谈。走时,如果有秘书或接待员接待过你或招待过你的话,也应向他们致谢告辞。报载,一位毕业生来到深圳求职,面试时一番锋芒毕露的自我介绍,结束时抛下声"再见",连握手也免了,拂袖扬长而去。接待他的招聘者苦笑着摇头:如果说有个性、有锋芒可以容忍的话,那么连基本礼节都不懂的人则"养不起",也无法与之合作。

三、应对思路

1. 自我介绍

(1)这是面试的必考题目。

(2)介绍内容要与个人简历相一致。

(3)表述方式上尽量口语化。

(4)要切中要害,不谈无关、无用的内容。

(5)条理要清晰,层次要分明。

(6)事先最好以文字的形式写好背熟。

2. 谈谈家庭

(1)对于了解应聘者的性格、观念、心态等有一定的作用,这是招聘单位问该问题的主要原因。

(2)简单地罗列家庭人口。

(3)宜强调温馨和睦的家庭氛围。

(4)宜强调父母对自己教育的重视。

(5)宜强调各位家庭成员的良好状况。

(6)宜强调家庭成员对自己工作的支持。

(7)宜强调自己对家庭的责任感。

3. 谈谈缺点

(1)不宜说自己没缺点。

(2)不宜把那些明显的优点说成是缺点。

(3)不宜说出严重影响所应聘工作的缺点。

(4)不宜说出令人不放心、不舒服的缺点。

(5)可以说出一些对于所应聘工作无关紧要的缺点,甚至一些表面上看是缺点、从工作的角度看却是优点的缺点。

4. 失败经历

(1)不宜说自己没有失败的经历。

(2)不宜把那些明显的成功说成是失败。

(3)不宜说出严重影响所应聘工作的失败经历。

(4)所谈经历的结果应是失败的。

(5)宜说明失败之前自己曾信心百倍、尽心尽力。

(6)说明仅仅是由于外在客观原因导致失败。

(7)失败后自己很快振作起来,以更加饱满的热情面对以后的工作。

5. 如何选择

(1)面试官试图从中了解你求职的动机、愿望以及对此项工作的态度。

(2)建议从行业、企业和岗位这三个角度来回答。

(3)参考答案——"我十分看好贵公司所在的行业,我认为贵公司十分重视人才,而且这项工作很适合我,相信自己一定能做好。"

(4)也要对该行业有个简单的横向分析。

6. 怎样开展工作

(1)如果应聘者对于应聘的职位缺乏足够的了解,最好不要直接说出自己开展工作的具体办法。

(2)可以尝试采用迂回战术来回答,如:"首先听取领导的指示和要求,然后就有关情况进行了解和熟悉,接下来制订一份近期的工作计划并报领导批准,最后根据计划开展工作。"

7. 缺乏经验

(1)如果招聘单位对应届毕业生提出这个问题,说明招聘单位并不是真正在乎"经验",关键看应聘者怎样回答。

(2)对这个问题的回答最好体现出应聘者的诚恳、机智、果敢及敬业。

(3)如:"作为应届毕业生,在工作经验方面的确会有所欠缺,因此在读书期间我一直利用各种机会在这个行业里做兼职。我也发现,实际工作远比书本知识丰富、复杂。但我有较强的责任心、适应能力和学习能力,而且比较勤奋,所以在兼职中均能圆满完成各项工作,从中获取的经验也令我受益匪浅。请贵公司放心,学校所学及兼职的工作经验使我一定能胜任这个职位。"

8. 离开前一家公司的原因

(1)最重要的是:应聘者要使招聘单位相信,应聘者在过往的单位的离职原因在此家招聘单位里不存在。

(2)避免把离职原因说得太详细、太具体。

(3)不能掺杂主观的负面感受,如"太辛苦""人际关系复杂""管理太混乱""公司不重视人才""公司排斥我们某某的员工"等。

(4)但也不能躲闪、回避,如"想换换环境""个人原因"等。

(5)不能涉及自己负面的人格特征,如不诚实、懒惰、缺乏责任感、不随和等。

(6)尽量使解释的理由为应聘者个人形象添彩。

(7)如:"我离职是因为这家公司倒闭。我在公司工作了三年多,有较深的感情。从去年开始,由于市场形势突变,公司的局面急转直下。到眼下这一步我觉得很遗憾,但还是要面对现实,重新寻找能发挥我能力的舞台。"

四、压力调整

心理素质是人的整体素质的组成部分,是以自然素质为基础,在后天环境、教育、实践活动等因素的影响下逐步发生、发展起来的。心理素质是先天和后天的合金。心理潜能、心理能量、心理特点、心理质量与心理行为的有机结合,称为心理素质。而这五个方面又都蕴含在智力因素与非智力因素之中。也就是说,所谓培养心理素质,就是要发挥、发展、培养、提高、训练智力与非智力因素的潜能、能量、特点、质量与行为。

在面试过程中,心理素质较弱的面试者往往表现出紧张、不自信,导致语言反复、表达不畅,仪表仪态不够端庄大方,极大地影响了他们的面试成绩,不利于在考官面前留下良好的正面的印象。

那么,如何能够帮助面试者尽快消除紧张情绪,提高他们的自信呢?这里提供几个有效的方法。

1. 做 30 次腹式呼吸

做腹式呼吸是消除消极情绪很有效的一个办法,能让你消除紧张,回到现实,冷静思考问题。

下面是做腹式呼吸的方法:

两腿分开,放松坐正。把手放在腹部,用鼻孔轻轻吸气到腹部。这时你会感觉到腹部慢慢胀起来,同时能够感觉到你放在腹部的手。然后轻轻通过鼻孔把腹部的气呼出去,呼气的同时稍微用点力。你能够感觉到你的腹部就像要贴着背后的脊背一样。呼吸要饱满,如此反复呼吸 30 次,同时在心里数着呼吸的次数。做完后,缓缓做一下深呼吸。

通过做腹式呼吸,你的身体会变得更加放松,心情也会平静下来,思路也会更加清晰。

2. 问自己"最坏可能是什么情况?"

人们很容易把一件事情想复杂,并推断可能产生的后果也会很严重。但事情通常不是你想的这么严重。通过问类似这样的问题,让自己往积极、健康的角度考虑,不要自己吓自己。我们要往好的方面想,保持积极向上的心态,想象事情正在按照你预想的那样发展。虽然你的想象并不是实际存在的,但是通过这种方式,你能够得到更舒缓的心情,同时阻止了你内心消极想法的滋生。

美国心理学家做了一个有趣的实验:他们要求人们把自己未来7天内所有感到忧虑和烦恼的事情写下来,投入一个"烦恼箱"。3周后,人们打开了"烦恼箱",逐一核对自己写下的烦恼。结果发现,其中九成的烦恼并未真正发生,绝大多数烦恼已经不存在了。专家表示,"烦恼不寻人",大多数烦恼都是人们想象出来的,并且不断放大强化,使它们成为心理负担。

3. 实践

你实践得越多,就会越熟悉你遇到的情形,你也会越来越自然、越来越自信,因为你经历过,知道那是怎么回事,也能预料到将会发生什么。所以,抓住一些实践的机会,让自己能够真正经历各种事情,你就会感觉越来越自然,而不是紧张。

要消除紧张情绪,除了以上方法之外,还需要做大量练习。只有在练习的基础上,才能够最终增加知识储备、答题技巧、解题思路,才能最终消除紧张,提高自信。

第二节 与上司及下属沟通的技巧

一、与上司的沟通

在职场上学会如何与上级领导打交道是很必要的,如果在与上级领导相处过程中出现问题,很有可能对自身的发展有一定的影响。

1. 处理好与上司关系的重要性

之所以说与上司的沟通很重要,是因为通过沟通,你的上司才能了解你的工作作风,确认你的应变与决策能力,理解你的处境,知道你的工作计划,接受你的建议,这些反馈到他那里的资讯,能让他对你有个比较客观的评价,并成为你日后能否提升的考核依据。

2. 与上级领导沟通的原则

1)明确沟通的目的

与上级沟通的目的是要获得支持或建设性的意见,从而有利于工作的进行。因此,无论用哪种方式或技巧与领导沟通,其目的都是有助于工作问题的良好解决。

2)积极主动

积极主动首先表现在经常向领导汇报自己的工作进展情况,而不是领导去找你问情况;其次,对领导交代的事情要积极回应,完成后要告知领导已完成;最后,当与领导之间有误解时,要及时寻找合适的时机解释清楚,从而化解领导的"心结"。

3）多替领导着想

站在领导的角度去思考问题，有利于形成双向性交流。如，针对一件事情，你要问自己："如果我是领导，我会如何处理？"从而寻求对领导处理方法的理解。

4）经常反省自己

经常问自己下面的几个问题：与上级的沟通是否出现了障碍？沟通的方式是否正确？可能会出现的误会是什么？如何更好地去沟通？等等。通过自问自答，找到与上级沟通时的不妥之处，今后再沟通时避免再次犯错。

3. 与上级领导沟通的注意事项

（1）不卑不亢。与领导沟通，要采取不卑不亢的态度，既不能唯唯诺诺、一味附和，也不能恃才而傲、盛气凌人。因为只有在公平的原则下进行沟通，才可能坦诚相见、求得共识。

（2）尊重与讨好、奉承有着本质的区别。前者是基于理解他人、满足他人正常的心理和感情需要，而后者则往往是为了满足一己之私欲。现实生活中，确实有一些人为了达到自己不可告人的目的，不惜降低人格，曲意迎合、奉承、讨好领导，不仅屏蔽了领导的耳目，降低了领导的威信，也造成了同事之间心理上的不和谐。绝大多数有主见的上司，对于那种一味奉承、随声附和的人都是比较反感的。

（3）工作为重。上下级之间的关系主要是工作关系，因此，下属在与领导沟通时，应从工作出发，以做好工作为沟通协调之要义。既要摒弃个人的恩怨和私利，又要摆脱人身依附关系，在任何时候、任何问题上都是为了工作，为了整个团队的利益，都要作风正派、光明磊落。切忌对领导一味地讨好献媚、阿谀奉承、百依百顺，丧失理性和原则，甚至违法乱纪。

4. 与上级领导沟通的技巧

1）领导说完后，复述领导说的内容

当你担心自己没有正确理解领导的意思时，这时候一个非常好的办法就是在听完领导的谈话后，复述一下领导表达的内容，再跟领导确认一下，看这样理解是不是正确的。你不需要担心自己这样说会让领导认为你理解能力差，相反领导会认为你在认真听他说话，因为你能够复述他说的内容。就算遇到理解的意思不一致的情况也没有关系，领导讲话肯定希望大家都认真听、听的内容都一样，如果你提的思路和领导的不一样，正好领导再重新给你解答一下，这样别的同事也可以再巩固一下。领导喜欢互动的员工，而不喜欢无论自己讲什么都不哼一声的员工。

2）自己说完后，征询领导意见

当你跟领导说话时，担心自己说的话与领导的理解可能会不一致，那么一个好的办法就是当你说完后，询问下领导自己是否表达清楚，然后看他是否有什么疑问。这样，你就知道领导的理解和你想表达的意思是不是在一个频率上了。另外，如果你有自己的想法和建议不妨直接讲出来，可以把问题抛出进行讨论。只要能当上领导，思维一般不会太闭塞，不会太强势，会愿意去听别人的意见，所以但说无妨。

3）多用陈述句和判断句

当领导交给你一项工作时，如果这项工作有困难，我们在表达这项工作完成难度的时候，应尽量避免用转折句。也就是说，尽量避免用"但是""不过"，我们需要把这个转折的句式改为陈述句或者是判断句。比如，跟领导说："思考执行过程中，考虑有三个方面的困难，这三个困难，我们可以找到相对的方法去解决，您看这种方法是否合适呢？"

二、与下属的沟通

1. 做好谈话的准备工作

在交谈前明确谈话的主题、目的及想达到的效果。对下属给出适当的安排,提前跟下属说明情况,避免其恐惧心理。领导应对下属的性格、文化程度和专业技能等有一定的了解,对下属有一个较全面的认识,这有助于领导在谈话中抓住对方的弱点,一击即破,达到自己的目的。确定谈话的语气,即根据谈话的内容决定态度,若是批评性的,应该是严肃的,表扬性的应该是轻松愉快的等。

2. 要善于将下属说话的愿望激发出来

如果领导者只顾着自己滔滔不绝地讲话,不给下属说话的机会或使下属没有说话的愿望,谈话就会陷入僵局,无法进行下去。因此,领导者在与下属交谈的时候,应注意说话的态度、方式、语调和分寸感,要激发下属说话的愿望,给下属讲话的机会,这样才能在交谈的过程中更好地完成信息交流。

3. 要善于让下属讲真话

与下属谈话过程中,往往会有人出于某种动机或是一些顾忌,不讲真话,弄虚作假、阿谀奉承。在这种情况下,领导者应拿出更诚恳、坦率和求实的态度,不把自己的好恶显现出来,尽可能地让对方在谈话中了解到自己只对真实的情况感兴趣,而并不是奉承的话语,消除下属的顾虑等。

4. 要善于了解抓住主要的问题

交谈中要突出重点,简明扼要。领导者要快速地把谈话转入正题,说明问题的实质,引导下属进入正题。

5. 要善于控制自己的情绪,避免冲动

交谈时,下属在反映情况的同时,有时也会带有不满、抱怨的情绪,而作为领导者应保持一颗清醒的头脑,冷静思考,不能激动,显现出反感、愤怒的情绪等。

6. 要善于找到谈话的机会

谈话有正式和非正式两种方式,非正式的谈话是在业余时间进行的,一般没有主题和预定的时间。这种谈话一般是在人毫无戒备之心的情况下进行的,却往往会得到很多的信息。

7. 要善于掌握发表意见的分寸

听下属发言时,作为领导者不要急于发表评论性、结论性等意见,以避免对下属的发言起到引导的作用。同时领导者在发表意见时,要注意分寸,表达要谨慎,使下属能采纳和接受自己的意见。

项目知识检测

● 基本训练

一、简答题

(1)应对面试应该做好哪些准备工作?

(2)怎样提高面试技巧?

(3)简述与上司沟通的技巧及注意事项。

(4)与下属沟通有哪些技巧？

二、知识应用

1. 判断题

(1)求职面试应答要扬长避短，即使对方问到自己的缺点，也应含糊其词或避而不答。（　　）

(2)在求职面试中要想语言简明扼要，就必须以"虚"为主、以"实"为辅，多用概括叙述的方法。（　　）

(3)运用"适度激将法"应注意：一要适度，二要委婉。（　　）

(4)领导与下属谈话一定要强势。（　　）

(5)下属不应该与领导讲真话。（　　）

2. 选择题

(1)求职面试自我介绍，应掌握以下技巧（　　）。

A. 全面介绍所有的优点　　　　　　B. 有针对性，注意定位

C. 每个优点都要举出若干实例　　　D. 处理好详略和虚实的关系

E. 分寸适度，留有余地　　　　　　F. 少说优点，以示谦虚

(2)与上级领导沟通的原则有（　　）。

A. 明确沟通的目的　　　　　　　　B. 积极主动

C. 多用陈述句和判断句　　　　　　D. 显摆自己有能力

(3)与同事相处的不正确做法是（　　）。

A. 先入为主地认为和同事无话可聊　B. 积极融入大家之中

C. 关注同事的爱好　　　　　　　　D. 认为同事没自己的素质高

(4)将下属说话的愿望激发出来的正确做法是（　　）。

A. 只顾着自己滔滔不绝地讲话　　　B. 注意说话的态度、方式、语调和分寸感

C. 给下属讲话的机会　　　　　　　D. 用权力吓唬下属

(5)与上级领导沟通的注意事项有（　　）。

A. 不卑不亢　　　　　　　　　　　B. 不讨好、奉承

C. 工作为重　　　　　　　　　　　D. 被领导误会不应解释

三、技能实训

(1)面谈技巧练习。

小 A 到一家大型集团公司应聘招聘主管一职，下面是主考官和小 A 的一段对话，根据对话分析面谈技巧。

(面试一般分为关系建立阶段、导入阶段、核心阶段、确认阶段、结束阶段等五个阶段。)

(关系建立阶段。这一阶段的目的是创造自然、轻松、友好的氛围；一般采用简短回答的封闭式问题。)

主考官：你是看到广告还是朋友推荐来的？

小 A：我一直敬仰贵公司，这次是从广告上看到招聘信息而来的。

(分析：这是个封闭性问题。它要求应聘者用非常简单的语言，对有限可选的几个答案做出选择。封闭性问题主要用来引出后面的探索性问题，以得出更多的信息。)

(导入阶段。这一阶段主要问一些应聘者有所准备、比较熟悉的题目，最好的方式是开放

性问题。)

　　主考官:请你介绍一下你的经历,好吗?
　　小 A:……
　　(分析:这是一个开放性问题。它让应聘者在回答中提供较多的信息。这种题目不是让应聘者简单地回答"是"或"否",而是要求应聘者用相对较多的语言做出回答。在它的基础上可构建许多行为性问题,而行为性问题能够让主考官得到对应聘者进行判断的重要证据。)
　　[核心阶段。这一阶段主要收集关于应聘者核心胜任能力(岗位胜任特征、素质模型)的信息。]
　　主考官:请问当你与用人部门的主管就某一职位的用人要求有不同意见时,你是怎样处理的?(开放性问题)
　　小 A:我想我会尽量与用人部门的主管沟通,把我的想法和理由告诉他,并且询问他的想法和理由,双方求同存异,争取达成一致意见。
　　主考官:那么你能不能举出一个你所遇到的实例?
　　小 A:好吧。有一次保安部门有一个保安人员的职位空缺,用人部门的经理要求找到的人必须身高在一米八以上、体重在 80 公斤以上。
　　[分析:这是一个行为性问题。它要求针对过去曾经发生的关键事件提问,根据应聘者的回答,探测应聘者对事件的行为、心理反应(行为样本),从而判断应聘者与关键胜任能力(素质模型)的切合程度。]
　　主考官:为什么?
　　小 A:因为他认为身材强壮的保安人员对坏人具有威慑力。
　　(分析:这是一个探索性问题。它通常是在主考官希望进一步挖掘某些信息时使用,一般是在其他类型的问题后做继续追问。)
　　主考官:那后来怎么样了呢?(探索性问题)
　　小 A:我向那个部门经理解释这并不是必要的条件。因为对于保安人员来说,忠于职守、负责任、反应敏捷、有良好的自控能力这些才是最重要的,而对身高和体重则不必非得提出那么高的要求。
　　主考官:那么你是怎么做的呢?(探索性问题)
　　小 A:我对他说,如果你能够拿出一些统计数据,表明保安人员的身高和体重确实可以阻止坏人的犯罪企图,那么我就接受这个要求,否则的话,提出这种要求就是没有道理的。
　　主考官:那接下去情况怎么样了?(探索性问题)
　　小 A:接下去那位部门经理收回了他的意见,到现在为止,那个职位还处于空缺的状态。
　　主考官:那么你和那位部门经理这次意见不一致是否影响了你们之间的关系?(封闭性问题)
　　小 A:没有。
　　(确认阶段。主考官进一步对核心阶段所获得的对应聘者关键胜任的判断进行确认。这一阶段最好用开放性问题。)
　　主考官:刚才我们已经讨论了一个具体的实例,那么现在你能不能谈谈招聘的程序是怎样的?
　　小 A:……

(结束阶段。结束阶段是主考官检查自己是否遗漏了关于那些关键胜任能力的问题并加以追问的最后机会。可以适当采用一些基于关键胜任能力的行为性问题或开放性问题。)

主考官：你能再举一些例子证明你在招聘方面的专业技能吗？（探索性问题）

小A：……

一次良好的面试不但要有相当的准备工作，而且在面试过程中要充分发挥面试的技巧。一次成功的面试不但是对应聘者的考验，更是对主考官如何选择合适的人到合适的岗位的能力考验。

（2）下面是一个面试复试的案例分析题，请同学们看后在最短的时间内按要求回答问题。

背景资料：

香港丽雅品牌管理公司是一家集20余个服装、饰品、箱包等品牌于一体的经营管理公司，为拓展中国内地市场，3年前在四川选中艾魅儿公司作为其旗下的3个服装品牌的中国内地总代理商，以期在全国范围进行市场扩张。

艾魅儿公司是一家具有10年以上服装生产经验的民营企业，一直为国内大型知名服装品牌做贴牌生产，在公司董事长江董的领导下，已经拥有数条生产线，生产能力很强，市场销售也十分喜人，并有充足的资金进行业务扩张。经过前些年的打拼，江董一直有一个梦想：希望闯入服装终端的零售市场，以实现品牌经营获取更大收益。

经朋友介绍，四川艾魅儿公司的江董认识了香港丽雅品牌管理公司的董事长方董，经过一段时间的接触和了解，江董非常希望能够代理方董公司的8个服装品牌，在内地进行市场开发与拓展。经过双方多次洽谈，方董最终决定将旗下3个新的中高档服装品牌的代理权交给江董，并承诺江董在做好这3个品牌的市场销售之后再逐步扩大品牌代理范围。

江董在拿下这3个品牌的内地总代理权之后，为尽快实现品牌的本地化扩张，投入巨资在四川一年开了12家专卖店。经过几个月的运行之后，问题开始显露：艾魅儿工厂根本不能生产出这种品牌定位的不同类型的服装，只能委托沿海企业进行加工。同时，其他问题接连而来：要么是专卖店的装修风格与服装风格不够协调，要么是所选的店面位置不符合该品牌的特点，要么就是商品形象与品牌标志、商品包装不太协调，要么就是厂家提供货品不到位，要么就是物流配送线路过长，降低了效率、增加了物流成本，等等。为此，江董下大力气做了很多调整工作，如：投入巨资努力改变专卖店的装修，并对VI设计进行了3次调整，还关闭了4家专卖店。又由于在管理方面存在管理者能力不足、新公司的发展思路不明、品牌的市场定位不准、与下属的管理理念有较大差异、货品采购没有跟上等众多问题，江董多次更换负责专卖店经营的总经理。加之2008年四川汶川大地震和全球性金融危机的影响，专卖店的生意并不太好。如果算上每年交付的代理费，3年下来江董已经亏损了四五百万元。

经过2009年的多次调整，3个品牌的经营业绩虽然有所好转并逐步实现单店盈利，但由于总部庞大的管理费用摊销，其财务盈亏平衡状态依旧没有实现。江董现在内心充满矛盾，一方面，他希望坚持将这几个品牌做好，并争取到方董公司其他几个品牌的代理，另一方面却是新公司亏损连连，不仅连起码的盈亏平衡都没有实现，还要用工厂的盈利来进行补贴，这引起了公司其他股东的强烈不满。

在香港丽雅品牌管理公司，助手向方董汇报了四川艾魅儿公司目前的经营状况，认为江董代理的3个品牌不仅没有能够进行内地市场的拓展，连起码的内部盈亏平衡都未实现，违背了丽雅公司的初衷。方董听完后,陷入了深深的思考之中……

任务要求:

请各位同学把自己设想成复试候选人,仔细阅读相关案例资料,结合自己掌握的专业知识,对资料进行分析诊断,就江董面临的诸多问题进行深入剖析,并拟订这些问题的解决方案。

● 情景模拟训练

A公司举办了一场招聘会,准备招一名经理助理,现有三位应聘者进入面试阶段:小王,男,大学本科,会计专业,应届毕业生;小张,女,在原单位技术岗位工作三年,工商管理专业,专科;小李,女,研究生毕业,助理岗位实习过。会场上有五位主考官,一位为人力资源部经理。

要求:学生扮演情景中的角色进行表演。

● 综合案例

案例1:"张开你的嘴巴"会议

约翰所在的公司要进行人事调动,负责人罗伯特对约翰说:"把手头的工作放一下,去销售部工作,我觉得那里需要你。你有什么意见吗?"约翰撇了撇嘴,说:"意见?您是负责人,我敢有意见吗?!"实际上,他的意见大得很。当时销售部的状况特别糟糕,他想:"这一次人事变动把我调到那个最不好的部门去,肯定是负责人罗伯特搞的鬼,见我工作出色就嫉妒得要死,怕抢了他的位置。好,你就等着瞧吧,我会让你难堪的。"来到销售部以后,约翰的消极情绪非常严重,总是板着一副脸孔,对同事爱答不理,别人主动和他打招呼,他只是应付地点一下头,一来二去,同事们渐渐疏远了他。

有一次,一个客户打来电话,请约翰转告罗伯特,让罗伯特到客户那里参加洽谈会,请罗伯特务必赶到,有非常重要的生意要谈。约翰认为这是个绝好的报复机会,就当成什么事也没发生一样,吹着口哨溜溜达达地回家了。第二天,罗伯特将他叫进办公室,严厉地说:"约翰,客户那么重要的电话你怎么不告诉我?你知道吗,要不是客户早晨打电话给我,一笔一千万美元的大生意就白白地溜走了!"

罗伯特看了看约翰,见他一副毫不在意的样子,根本没有承认错误的迹象,便说:"约翰,说实在的,你的工作能力还不错,但在为人处世方面还不够成熟,我本想借此机会锻炼你一下,可你却让我大失所望。我知道你心里对我不满,而你非但不与我沟通,反而暗中给我使绊子。你知道吗,部门的前途差一点儿毁在你手里。你没能通过考验,所以我现在只能遗憾地宣布:你被解雇了!"

鉴于此次的教训,这家公司高层管理者专门召开了一次名为"张开你的嘴巴"的会议,强调并鼓励所有员工要多多与上级进行沟通,因为这既有益于团队之间的团结合作,又能通过沟通增加彼此之间的信任,同时也能避免约翰那样的悲剧重演。

问题:分析沟通在企业中的重要性,你设计一下"张开你的嘴巴"会议如何进行?

案例2:王岚与领导的沟通

王岚是一个典型的北方姑娘,在她身上可以明显感受到北方人的热情和直率,她喜欢坦诚,有什么说什么,总是愿意把自己的想法说出来和大家一起讨论。正是因为这个特点,她在上学期间很受老师和同学的欢迎。今年,王岚从西安某大学的人力资源管理专业毕业,她认为,经过四年的学习,自己不但掌握了扎实的人力资源管理专业知识,而且具备了较强的人际沟通技能,因此她对自己的未来期望很高。为了实现自己的梦想,她毅然只身去广东求职。

经过将近一个月的反复投简历和面试,在权衡了多种因素的情况下,王岚最终选定了东莞市的一家研究生产食品添加剂的公司。她之所以选择这家公司,是因为该公司规模适中、发展速度很快,最重要的是该公司的人力资源管理工作还处于尝试阶段,如果王岚加入,她将是人力资源部的第一个人,因此她认为自己施展能力的空间很大。但是到公司实习一个星期后,王岚就陷入了困境中。

原来该公司是一个典型的小型家族企业,企业中的关键职位基本上都由老板的亲属担任,其中充满了各种裙带关系。尤其是老板安排了他的大儿子做王岚的临时上级,而这个人主要负责公司的研发工作,根本没有管理理念,更不用说人力资源管理理念,在他的眼里,只有技术最重要,只要公司能赚钱,其他的一切都无所谓。但是王岚认为越是这样就越有自己发挥能力的空间,因此在到公司的第五天,王岚拿着自己的建议书走向了直接上级的办公室。

"王经理,我到公司已经快一个星期了,我有一些想法想和您谈谈,您有时间吗?"王岚走到经理办公桌前说。

"来来来,小王,本来早就应该和你谈谈了,只是最近一直扎在实验室里,就把这件事忘了。"

"王经理,对于一个企业尤其是处于上升阶段的企业来说,要维持企业的发展必须在管理上狠下功夫。我来公司已经快一个星期了,据我目前对公司的了解,我认为公司主要的问题在于职责界定不清;雇员的自主权力太小,致使员工觉得公司对他们缺乏信任;员工薪酬结构和水平的制定随意性较强,缺乏科学合理的基础,因此薪酬的公平性和激励性都较低。"王岚按照自己事先所列的提纲开始逐条向王经理叙述。

王经理微微皱了一下眉头说:"你说的这些问题我们公司也确实存在,但是你必须承认一个事实——我们公司在赢利,这就说明我们公司目前实行的体制有它的合理性。"

"可是,眼前的发展并不等于将来也可以发展,许多家族企业都是败在管理上。"

"好了,那你有具体方案吗?"

"目前还没有,这些还只是我的一点想法而已,但是如果得到了您的支持,我想方案只是时间问题。"

"那你先回去做方案,把你的材料放这儿,我先看看然后给你答复。"说完王经理的注意力又回到了研究报告上。

王岚此时真切地感受到了不被认可的失落,她似乎已经预测到了自己第一次提建议的结局。果然,王岚的建议书石沉大海,王经理好像完全不记得建议书的事。王岚陷入了困惑之中,她不知道自己是应该继续和上级沟通,还是干脆放弃这份工作,另找一个发展空间。

问题:王岚沟通失败的原因是什么?

第十章 沟通中的写作和演讲技巧

■ 知识目标 ■

◎掌握沟通中写作的概念与文书特点;
◎理解写作开头和结尾的方法;
◎掌握写作技巧的提升方法;
◎了解命题演讲的内涵,掌握演讲稿写作的基本方法和要求;
◎理解即席演讲的内涵,掌握即席演讲的一般要求。

■ 技能目标 ■

◎通过学习能掌握和提升写作和演讲的技巧;
◎熟练运用命题演讲的临场技巧,强化命题演讲的能力,提高命题演讲水平;
◎熟练运用即席演讲的一般格式和方法,强化即席演讲的能力,提高即席演讲水平。

■ 思政目标 ■

◎写作和演讲的内容符合政治要求。

 / 引 导 案 例 /

不要抛弃学问
胡适

诸位毕业同学:

你们现在要离开母校了,我没有什么礼物送给你们,只好送你们一句话罢。这一句话是:"不要抛弃学问。"

以前的功课也许一大部分是为了这张毕业文凭,不得已而做的。从今以后,你们可以依自己的心愿去自由研究了。趁现在年富力强的时候,努力做一种专门学问。少年是一去不复返的,等到精力衰疲时,要做学问也来不及了。即为吃饭计,学问也决不会辜负人的。吃饭而不求做学问,三年五年之后,你们都要被后进少年淘汰的。到那时再想做点学问来补救,恐怕已太晚了。

有人说:"出去做事之后,生活问题急需解决,哪有工夫去读书?即使要做学问,既没有图书馆,又没有实验室,哪能做学问?"

我要对你们说：凡是要等到有了图书馆方才去读书的，有了图书馆也不肯去读书。凡是要等到有了实验室方才做研究的，有了实验室也不肯做研究。你有了决心要研究一个问题，自然会撙衣节食去买书，自然会想出法子来设置仪器。

至于时间，更不成问题。达尔文一生多病，不能多做工，每天只能做一点钟的工作。你们看他的成绩！每天花一点钟看10页有用的书，每年可看3600多页书，30年可读11万页书。

诸位，11万页书足可以使你成为一个学者了。可是，每天看3种小报也得费你一点钟的工夫，4圈麻将又得费你一点钟的光阴。看小报呢，还是打麻将呢，还是努力做一个学者呢？全靠你们自己的选择！

易卜生说："你的最大责任是把你这块材料铸造成器。"

学问便是铸器的工具。抛弃了学问便是毁了你自己。

再会了！你们的母校正眼睁睁地要看你们10年之后成什么器。

"不要抛弃学问""少壮不努力，老大徒伤悲"，这些话都是学生们耳朵听出老茧的老生常谈，可以说无甚新意，但胡适的演讲却获得了巨大成功，令人信服。这是胡适在1929年中国公学18年级毕业典礼上所发表的演讲。这篇演讲之所以能取得巨大成功，可能有这样一些原因：

一是他在一个合适的场合说了该说的话。同样一句话，在不同的场合效果可能会迥然不同。学生们在即将离开学校，即将失去系统学习的机会和场所时，对于上述这些箴言会别有一番感悟。

二是真诚的情感。唯有真诚，才最能体现出无私的关爱，而将要走上社会的学子最需要的正是这种具体、细致的关爱。所以，它有一种内在的亲和力。

三是与内容、情感高度和谐的演讲风格。胡适以一位师长的身份娓娓道来，不愠不火，简易平和。全篇条理清晰、逻辑严密，到最后引用易卜生的名言，水到渠成，结论不言自明。

四是无言的感召。同样一句话，不同的人说出的效果也会迥然不同。胡适自身学识渊博，是受人尊敬的著名教授，独特的身份和地位给人一种无形的感召力。

五是冰山一角，举重若轻。要想真正轻松自如地驾驭演讲，还是要踏踏实实地修炼好内功。

第一节　沟通中的写作技巧

在有效沟通中，单单使用听觉和视觉来进行沟通是远远不够的。因此，人类文明创造了文字，即通过视觉所能感知的形式来标记语言，从而在更大程度上扩大了语言作为人类沟通工具的功能。

1. 写作技巧的概念

写作技巧就是写作中进行表现时运用的方法，是作者为表情达意而采取的有效艺术手段。写作技巧受限于作者的世界观、艺术观，同时又作用于他的写作实践，为写作活动服务。

写作技巧包括赋比兴、衬托、对比、渲染、卒章显志、画龙点睛、以小见大、欲扬先抑、联想想象、语序倒置等。

2. 写作技巧的特点

(1)稳定性。稳定性是指写作技巧的成熟和稳固。

(2)互渗性。文章写作中的技巧和方法,虽因文章门类和品种的不同有所差异,但在文章写作发展的过程中,各种技法又往往是相互参照、相互影响的,于是就形成了写作技巧的互渗性特点。

(3)创新性。写作技巧如果仅有代代相承、墨守成规,而无创作发展,那么文章就会僵化、萎缩,乃至消亡。

(4)审美性。丰富多彩、灵活多变的写作技巧,将不同时空、不同角度的材料组合成绚丽多姿的文章大厦,因而具有永恒的艺术价值。

(5)独立性。独立自主地创作,不追求华丽的词汇,而讲究真正自我的表现手法。

3. 商务信函的写作

商务信函(business letters),是指在日常的商务往来中用以传递信息、处理商务事宜以及联络和沟通关系的信函、电讯文书。

1)商务信函的种类

(1)按具体业务项目或内容,商务信函一般分为联络函、咨询函、推销函、订购函、催款函、寄样函、索赔函、理赔函、报价函、还价函、致歉函、谈判函、调解函、婉拒函。

(2)按行文对象,商务信函可分为对上级主管部门、对客户或协作单位、对兄弟部门的商务信函等。对上级主管部门的商务信函多以公函形式出现,属于行政公文范畴;对客户或协作单位的商务信函,是商务开展过程中最常见的沟通手段。

(3)按行文方向,商务信函分为去函和复函。

2)商务信函的写作要求

(1)内容正确、目的清楚、表述具体。产品价格、名称、规格、数量要写清楚。观点要正确,文字表达要准确。条理要求清晰,忌笼统粗犷、含糊其词和抽象化。

如:"虽然我公司同意回收完好的退货,但我方无法同意回收有缺损的退货。我公司只接受可再度销售的退货。"

(2)文字简洁、态度礼貌、语气委婉。

如:"贵方在提交订购产品清单时遗漏了产品型号。请速致函我公司贵方尚未提交的产品清单型号,以使我公司立即将订货发出。"

(3)明确责任、划定界限、分清权限。

如:"出于对合作顺利开展负责的态度,我公司认为,贵公司在资产重组正式法律文本还没有正式签署之前,要求我公司提供详尽的财务报表,似乎甚为不妥。"

3)商务信函的类型举例

(1)询问函。

买方向卖方询问,欲求商品的价格及交易条件称为询问或垂询。询问函中有的只单纯询及可否购入某些商品或索取目录、样品,也有些明确写出欲购商品的品质、预定数量、希望发货的日期等。

知识链接　询价函示例

广东先力研磨有限公司通过同行的推荐,有意购买山东力帆机械工程有限公司的HVE-20型研磨机,但需要进一步了解机器的详情和价格,故向山东力帆机械工程有限公司销售部发出询价函。

关于询价的函

尊敬的先生/女士:

您好!

多位同行向我们推荐了贵公司生产的HVE-20型研磨机,深知其为国内名牌产品。我公司目前需要该研磨机若干台,有意订购贵公司的产品。贵公司能否将研磨机的产品性能、配套装置等有关细节资料以及价格目录和结算方式等寄给我公司,供我方参考?

若贵公司能在7月14日前回复,我方将不胜感激。再次感谢,盼望回复。

联系地址:××××××

联系电话:78945612

顺颂

商祺!

广东先力研磨有限公司
二〇一四年七月八日

(2)推销函。

第一封推销邮件在商贸业务中可能就如我们和陌生人交往时彼此之间留下的第一印象。有些人就能够给别人留下好印象,有些人却给别人留下不好的印象。那么,卖方第一次和陌生人的买家进行邮件交往时怎样才能给买家留下好的印象呢?

非常重要的一点是,推销函的内容必须简明扼要、一目了然。推销的文字不要太多,不要太长。记住:越简单越好,简单最美。但是也不要因为简单而忘记自己产品的卖点。

 知识链接　推销函示例

尊敬的先生/女士:

您好!

非常高兴能随函附上一本我公司生产的婚纱样品图册。我公司在同行中历史较为悠久,产品一向以款式新颖、工艺考究、质地优良驰名中外。多年来,中外顾客有增无减。如果您也有兴趣,可以享受试销优惠。届时您会惊喜地发现,我公司产品确实名不虚传、有口皆碑。如何?您想试试吗?请尽快回函,谢谢!

天禧婚纱用品公司
二〇一四年二月八日

(3)商洽函。

商洽函是邀请函的一种。这类函在平行机关或不相隶属机关之间相互协商或联系工作时使用。这类函的正文通常由商洽缘由(发函的原因)和商洽事项两个部分组成,较多地在商调人员、联系工作或处理有关业务性、事务性事项等时使用。商洽事项有时还特别写清对受文方的要求与希望。

 知识链接　商洽函示例

××维修部负责人:

您好!

我公司去年4月购入贵公司一台MX4500型号的大图胶印机,由于对这种具有多种功能的机器不熟悉,现已造成故障,希望贵公司能安排相关技术人员上门维修。我公司的地址是广州市××路32号;电话号码是12345678;联系人黎明。

若能及早得到贵公司的帮助,我们将感激不尽。

××印刷制品公司行政部
二〇二〇年四月三日

(4)订购函。

订购函是指买方按双方谈妥的条件向卖方订购所需货物的信函。订购是指经过反复磋商,买卖双方接受了交易条件后,买方按双方谈妥的条件向卖方订购所需货物,而订购函就是为了订购货物而发出的信函。

订购函是买方发出的,表示向卖方订购所需商品的信函。订购函应清楚地向卖方说明其所需商品,即说明商品的名称、规格、型号、单价、数量等,同时买方还应交代具体的结算方式及交货日期、地点等,这样卖方就能根据订购函清楚地知道买方的需求和要求,提供相应商品和服务,从而使交易顺利进行。

订购函有两种形式,一种是在信函里说明所需订购的货物;另一种是下订单,即把订购函制成订单式,以表格形式列明各项交易条件。

 知识链接　订购函示例

××公司销售部:

非常感谢贵方××年××月对我方有关户外照明设备询价的复函。我们得悉,贵方能以现货供应。今随函附上订购该产品的正式订单,请及时按附上的订单所填写的规格、型号、数量装运。

××公司
二〇一四年二月二十三日

(5)索赔函。

索赔函是指合同双方中的一方,根据法律法规和双方签订的合同,以对方违反合同约定,造成当事人经济损失或精神损失为理由,向另一方提出赔偿或维护其他权利的书面材料。

索赔的理由通常包括:质量不符合合同标准;数量短缺;包装不完善;违反合同规定并按合同约定可以索赔的其他事项等。

 知识链接　索赔函示例

北京××货运有限责任公司:

201×年×月×日,我公司委托贵公司将回流焊设备一台,通过公路运输至深圳,交付给收货人刘×(以下简称收货人),在深圳收货人验收时发现设备已经破损而拒绝接收。设备于201×年×月×日退回我公司,经贵公司和我公司双方查验,由于贵公司运输、装卸不当,造成设备和包装破损。

此次事件,不但使我公司设备损坏,遭受二次紧急调运设备的运费损失,而且使我公司对客户逾期交货,信誉受损并要承担逾期交货的违约责任。我公司向贵公司郑重要求立即赔偿以下设备修理费用和运输费损失:

破损部位、破损程度和费用(元):

上罩:两合页部分螺丝穿孔,严重掉漆　1300.00

温室:合页部分及四个边角破裂　1900.00

横梁:中间部分压损　800.00

电机上罩　50.00

包装箱　450.00

修理设备运输费　400.00

设备修理人工费　1200.00

费用合计　6100.00

以上是我公司的最低要求,请贵公司于7日内支付上述赔偿金额,或者贵公司自己将设备送去经我公司认可、有相应技术能力及修理设施、设备完善的修理厂修理,贵公司承担全部修理费用。7日后如果贵公司不支付赔偿金,又不将损坏设备送去修理、恢复设备完好,我公司将自己委托修理厂修理,并通过法律途径追偿全部损失,不再通知。

顺祝

商祺!

北京××××有限责任公司

201×年×月×日

(6)催款函。

催款函是一种催交款项的文书,是针对交款单位或个人在超过规定期限,未按时交付款项时使用的通知书。

知识链接　催款单示例

催款单示例如图 10-1 所示。

大新公司催款单　　　　编号：

单位名称：＿＿＿＿＿＿

单位地址：＿＿＿＿＿＿

电话号码：＿＿＿＿＿＿

这只是一份友好的提醒。

第一次通知

发出时间：＿＿＿＿＿＿

致：＿＿＿＿＿＿

您好！

如果您的支票已经寄出，请不要理会这份通知；如果您的支票还未寄出，我们热切地期待着您能及时将款项付清。

衷心感谢！

发票号码：＿＿＿＿＿＿

填表时间：＿＿＿＿＿＿

到期时间：＿＿＿＿＿＿

所欠金额：＿＿＿＿＿＿

图 10-1　催款单示例

第二节　沟通中的演讲技巧

一、命题演讲

(一)命题演讲概述

1. 命题演讲的概念

命题演讲是根据事先规定的命题或限定的范围，在准备的基础上所做的内容系统、结构完整、要求全面的演讲。所以演讲者事先要有充分的准备，例如，可根据选题按“讲什么”“怎么讲”的思路写成演讲稿，甚至还要通过记忆、练习等充分准备，然后才上台演讲。命题演讲的成败优劣，在很大程度上取决于演讲者的事先准备。

近几年来，命题演讲这种形式已被党政机关、企事业单位、社会团体广泛地运用，成为宣传思想道德、传播文化知识的重要手段。

根据题目由谁确定，命题演讲可分为自拟题目演讲和规定题目演讲。

自拟题目演讲是演讲者根据所限定的主题范围，自己拟定题目而进行的演讲。这种演讲可以选择自己熟悉的材料，根据自己的认识和理解来拟定演讲稿，所以有较大灵活性。

规定题目演讲是演讲者根据别人事先确定的题目而进行的演讲，演讲者根据指定题目做好准备,写好演讲稿,然后进行演讲。这种演讲根据目的和场所的不同,可分为会场命题演讲和赛场命题演讲。

2. 命题演讲的方式

由于演讲是在不同情况下进行的,演讲的目的和要求不一样,加上演讲者的水平和习惯不同,演讲有不同的方式,它们分别是:宣读式、背诵式和提纲式。

(二)演讲稿的写作

"巧妇难为无米之炊",技巧再高的演讲者也无力将肤浅空洞的内容演绎得天花乱坠。因此,踏踏实实地写出一篇精彩的演讲稿是每一个演讲者必做的功课。

如果细心品味演讲大师的成功演讲,我们就会明白:除去他们演讲时的神情风采,除去演讲场面的轰动热烈,光看那些凝固成文字的演讲稿,就足以让人振奋。可以说,写就一篇优秀的演讲稿,我们就成功了一半。下面将从几个方面探讨演讲稿的写作规律和要求。

1. 立意

立意是演讲者通过全部演讲内容所表现的一种思想和意向,是演讲稿的统帅和灵魂。正如明末清初王夫之所说:"意犹帅也,无帅之兵,谓之乌合。"因此,我们在写作演讲稿之前,首先要解决的问题就是从什么角度阐发自己的观点,即怎样立意。

案例分析10-1

孙中山的一次演讲

孙中山先生在一次演讲中讲道:

南洋爪哇有一个财产超过千万的华侨富翁。一次他外出访友,因未带夜间通行证,怕被荷兰巡捕查获,只得花钱请一个日本妓女送自己回家。

日本妓女虽然很穷,但是她的祖国很强盛,所以她的地位高,行动也自由。这个中国人虽然很富,但他的祖国却不强盛,所以他的地位还不如日本的一个妓女。如果国家灭亡了我们到处都要受气,不但自己受气,子子孙孙都要受气啊!

分析:孙中山先生在这里对一个典型材料进行了由表及里的剖析,揭示出国家贫弱,人民必受欺凌,落后就要挨打的道理,升华了演讲的立意,唤起了听众强烈的爱国之心。

2. 取材

如果说立意是演讲的灵魂,那么材料就是演讲的血肉。为了使演讲挺拔丰满,我们就要在确定了立意之后,广泛收集所要用的材料。"临时抱佛脚"往往会令我们捉襟见肘,所以我们必须在生活、学习、工作中做一个有心人,随时随地注意收集材料。

在我们所收集的大量材料中,只有很少一部分适合写一篇演讲稿,因此在写演讲稿时,就要对材料进行取舍、加工和处理。

3. 结构

1)开头

演讲稿的开头又叫开场白,在结构中处于醒目地位,具有特殊作用。戴尔·卡耐基曾问美国西北大学校长、著名演讲家林·哈罗德·胡,在他漫长的演讲生涯中,他认为最重要的事是什么。他沉思了一会儿,说:"想出一段开场白,能够立即抓住听众的注意力。"

2) 主体

主体结构的要求：演讲主题贯穿全篇；观点和材料要统一，论点和论据要统一；各部分之间要有内在联系，逻辑严密；富有变化，奇正相生；趣味性材料和论证性材料安排巧妙，注意高潮和低谷相间，说理、叙事、抒情相结合。

3) 结尾

卡耐基说："最后的——也是最重要的……缄口之前挂在嘴边的词儿，可能使人记得最久。"好的结尾犹如画龙点睛，给人留下深刻印象。

案例分析10-2

赵彩婧的演讲《你，与众不同》的结尾

同学们，我们年轻，没有资格轻视自己，我们都是大鸟，可以飞高飞远。泰戈尔说过，天空没有留下鸟的痕迹，但我已飞过。我们可以有不同的形式和方向，但不可以拒绝飞翔！来世间一回，如果什么也成就不了，我们将多不甘心！有人说大学是一生之中唯一一段可以最自由最尽兴最本色地生活的时光。这是你最好的机会！请辨认出你最鲜亮的部分，抓住这最好的年华，建立你自己的坐标。

请记住翅膀属于天空，

请记住年轻只这一次，

请记住——你，与众不同！

分析：一次演讲的企盼式结尾会给听众留下深刻的印象，从而撼动听众的内心。

4. 语言

演讲语言要以叙述为基调，综合运用议论、抒情、说明、描写等表达方式。在统一的基调下充满变化，既有连贯性，又不至于枯燥乏味。

案例分析10-3

鲁迅的演讲《读书杂谈》摘录

批评这东西，对于读者，至少对于和这批评家趣旨相近的读者，是有用的。但中国现在，似乎应该暂作别论。往往有人误以为批评家对于创作是操生杀之权，占文坛的最高位的，就忽而变成批评家；他的灵魂上挂了刀。但是怕自己的立论不周密，便主张主观，有时怕自己的观察别人不看重，又主张客观；有时说自己的作文的根柢全是同情，有时将校对者骂得一文不值。凡中国的批评文字，我总是越看越胡涂，如果当真，就要无路可走。印度人是早知道的，有一个很普通的比喻。他们说：一个老翁和一个孩子用一匹驴子驮着货物去出卖，货卖去了，孩子骑驴回来，老翁跟着走。但路人责备他了，说是不晓事，叫老年人徒步。他们便换了一个地位，而旁人又说老人忍心；老人忙将孩子抱到鞍鞽上，后来看见的人却说他们残酷；于是都下来，走了不久，可又有人笑他们了，说他们是呆子，空着现成的驴子却不骑。于是老人对孩子叹息道，我们只剩了一个办法了，是我们两人抬着驴子走。无论读，无论做，倘若旁征博访，结果是往往会弄到抬驴子走的。

分析：鲁迅的这一演讲以叙述为基调，综合运用了多种表达方式，最终给听众留下了深刻的印象,所以他的这次演讲能取得成功。

二、即席演讲

(一)即席演讲的含义

即席演讲又称即兴演讲,是指演讲者事先无充分准备,在特定时空环境和现场情境的感染下,或由他人提议,或临时兴起主动发表的演讲。即席演讲没有演讲稿,甚至连提纲也没有,完全靠演讲者的阅历、知识和才能,当场捕捉信息,展开联想,即兴抒发自己的思想、观点和情感。即席演讲要求演讲者在极短的时间内迅速展开思维,组织语言,在心中编好"提纲"或"腹稿",立即登台演讲。这种边想边说的演讲方式,相对来说难度较大,对发言者的要求也较高。

随着人际交往的频繁,即席演讲的运用也越来越广泛。如职场应酬、介绍来宾、宴会祝酒、迎送宾客、主持会议、婚事贺喜、丧事悼念、答记者问等都少不了即席演讲。

(二)即席演讲的策略和要求

1. 要有做即席演讲的心理准备

即席演讲的难度就在于没有时间做充分的准备。而事实上,如果一点准备都没有,即使很有经验的演讲者也很难讲好。要想真正做好即席演讲,就必须随时做好即席演讲的心理准备。

2. 用举例的方式开始演讲

演讲的开头有很多种方式,但如果你在没有准备的情况下即席演讲,最好是采取举例的方式开头。理由有三:一是你可以从苦苦思索下一句话的痛苦中解脱出来,因为实例很容易复述,即使在即席演讲的情况下也是如此;二是你会渐渐进入演讲的情境,刚开始的紧张逐渐消失,使你有机会从容切入正题;三是你可以迅速获得听众的注意,因为实例是立刻吸引听众的万无一失的方法。

3. 充满激情和活力

外在的蓬勃激情和活力会对你内在的心理过程产生非常有益的效果。一旦身体焕发出充电般的生气来,我们的思维就会比正常状态更活跃,我们往往会妙语连珠,收到意想不到的效果。另外,演讲者充沛的活力能够感染和吸引听众。但凡成功的即席演讲者都会全身心地投入自己的演讲中去,因为他们知道,要想感动听众,只有先感动自己。一个毫无生机、死气沉沉的演讲者,只能让人昏昏欲睡。

4. 讲与听众密切相关的事

听众往往对与自己有关的事感兴趣,演讲者最好要了解听众的心理、愿望和要求。即席演讲最好从以下三个方面提取话题:一是听众本身,说说他们是谁,正在做什么,特别是他们有过什么成绩和贡献,有哪些优点,真诚并客观地进行赞美,最好用一个实例来证明;二是演讲场合,可以谈举行这次聚会的缘由,进展如何等;三是对另一位演讲者的评论和补充。

项目知识检测

●基本训练

一、简答题

(1)什么是命题演讲?命题演讲有哪些方式?

(2)如何克服演讲时的恐惧?
(3)即席演讲的含义是什么?它有哪些特点?
(4)演讲稿的写作与一般书面文章有什么区别?
(5)即席演讲的基本格式和方法有哪些?

二、知识应用

1. 判断题

(1)成功演讲的第一个步骤是讲好开场白。(　　)
(2)书面沟通的优点是长期保存、有形展示、受法律保护,而且语言严密、清晰;缺点是传递速度较慢,难以即时反馈。(　　)
(3)发言就是讲话,两者没有什么区别。(　　)
(4)在演讲中,听众对信息的接收具有选择性。(　　)
(5)演讲的语言特点是结构复杂、修饰成分多、句子长。(　　)
(6)用词很准确和句子精练是演讲的最基本要求。(　　)
(7)对于知识层次比较高的听众,演讲时可以考虑应用更多的例子和情感影响。(　　)
(8)书面沟通是人们按照社会交往规则而进行的文书性写作活动。(　　)

2. 选择题

(1)演讲的发生应具备一定的条件,其主要包括(　　)。
 A.演讲者   B.听众   C.沟通演讲者与听众的媒介
 D.时间   E.环境

(2)下列哪种演讲节奏类型适用于理论报告、纪念会发言、严肃会议开幕词、工作报告等?(　　)
 A.持重型   B.复杂型   C.高扬型   D.低抑型

(3)商务写作的基本文体有(　　)。
 A.说明文、应用文、议论文   B.通知型、说服型、指导型
 C.说明文、记录文、议论文   D.公务文体、事务文体、专用文体

(4)"让我们每个人都行动起来,从自我做起,节约每一滴水。"这个结尾的方式是(　　)。
 A.提出令人深思的问题   B.诙谐幽默收尾
 C.请求或号召采取行动   D.激情收尾

(5)要使题目的选定对演讲效果起着画龙点睛的作用,就应该保证(　　)。
 A.题目必须有意义   B.题目要有建设性
 C.题目要新奇醒目   D.标题突出主题
 E.题目讲究个人色彩

三、技能实训

命题演讲模拟训练。

(1)组织一次班级演讲比赛,从以下几个方面进行准备:

①演讲主题:提前一个星期给定命题范围或题目,请演讲者准备演讲稿,背诵演讲稿,设计各环节,准备参加比赛。要求:主题鲜明;结构完整、严谨;材料充足;时间3分钟。

主题参考:

我们是合格的大学生吗?

理想就业,是不是梦?
我看大学生恋爱
女性,还是弱者吗?
雷锋还要学吗?
我和我的祖国
我自信,我是强者

②主持人:选出1男1女两名主持人。要求:设计并熟悉演讲比赛的进程;了解选手比赛的先后次序;了解并剖析各选手的题目及题目间的联系;写好发言词;与评委协调行动,密切配合。

③评委:选出5位评委。要求:商定评分标准,及早通知主持人及各位选手;评委间商定评分分值范围与分数段;交换打分经验,商定具体打分方法;公正打分,尽量不受他人影响,不徇私情。

④参赛选手:将班级同学分成4组,每组选出3名选手代表本组参赛。

⑤评奖:评出前三名为冠、亚、季军;每组参赛同学的成绩累加为小组成绩,选出优胜小组;由听众评出最佳风度奖、最佳语言表达奖和最佳人气奖等单项奖。

(2)假如你被同学们选为班长,请发表一场时间约3分钟的就职演说。要求能够充分调动同学们的情绪,活跃现场气氛,加强与同学们的交流,给同学们留下美好的印象,以便取得大家的信任,树立威信,今后更顺利地开展工作。

(3)海尔集团拟招聘一批新员工,组织了一次现场招聘会,要求每位应聘者发表3分钟左右的应聘演说。假如你是应聘者,请事先准备好演讲稿,熟记演讲稿内容,同时在演说时不露出背诵痕迹,尽量自然地发表演说。

● 情景模拟训练

(1)请以"面对人生的挫折"为题,做三分钟即席演讲。

(2)经过三年学习,你即将告别母校,告别朝夕相处的老师和同学,走上工作岗位。为共叙别情,班级组织了一次晚会,请部分同学即席发表三分钟的离别感言。请自拟题目,发表即席演说。

● 综合案例

竞聘演讲稿实用的写作方法解析

以一篇竞争某办公室副主任(副处级)的演讲稿为例来谈这个问题。

一是引言部分,即开场白。一个好的开头,就能首先抓住听众,使之产生兴趣和好感。应采取开门见山、明确宗旨的手法,力求简练、明白、具有新意和吸引力。

比如说:

"尊敬的各位领导、各位同事:

大家好!今天,我怀着一种不平静的心情,登上了这个特殊的舞台。首先感谢组织、领导给我提供了一次难得的学习锻炼和参与竞争的机会,同时,也感谢同事们对我的理解、信任和支持。我将以良好的心态,积极参与副主任职务的竞争,勇于接受挑战。"

二是主体部分。这是演讲稿的核心。竞职演讲主体部分一般是由两方面内容组成的,一方面,要简单介绍自己的基本情况,包括工作经历、获得的各种荣誉等;另一方面是讲述竞职理由和目标。理由要充分，目标要明确，重点要突出，主次要分明，不要贪多求全、面面俱到。内容要具体，宜近不宜远，要符合实情、贴近实际，要让人感到你描绘的是一张美好蓝图，又是通过努力能够实现或达到的，而不是纸上谈兵。

比如说：

"办公室工作若简单地概括起来就12个字：组织协调、当好参谋、做好服务。当然，这12个字说起来容易，做起来难，要想做好就更难。根据本职位的性质和职能要求，我觉得自身具有一定的优势，愿意竞争这个岗位。主要理由是：

其一，我热爱这项工作。虽然这项工作繁杂，巨细无遗，默默无闻，甚至很辛苦，付出很多却难以看出成效和成绩，但我有充分的思想准备，有投身这项工作的良好愿望和热情。

其二，我受党的培养教育多年，有'认认真真办事、实实在在做人'的作风和一颗忠诚于党的事业、服务于人民群众的责任心。这是我做好一切工作的前提和保证。

其三，我有多年在办公室工作的体验和经历，有一定的实践经验，熟悉办公室的工作情况，进入角色要快一些，对顺利开展工作有利。我基本具备本职位所要求的思想政治素质、工作业务水平。

其四，我有'以人为本、人格至上'的现代行为理念，处事公道正派，待人热情诚恳，能始终围绕'人文关怀'这四个字来做文章、办事情，努力使领导满意、让群众放心。

其五，更主要的是，有领导的关心、爱护和鼓励，有同事的帮助、协作和支持，为我做好工作创造了有利条件，增强了勇气和信心。

假如组织和大家信任，能给我一个施展的平台，我有决心、有信心担当此重任，并树立'五种意识'，作为保证。

一是树立学习意识。着力提高全体人员思想政治素质和业务知识能力。一方面，要坚定信念，增强党性，解决办事'靠得住'的问题；另一方面，要刻苦钻研，熟悉业务，解决办事'有本事'的问题，成为本职工作的行家里手。

二是树立全局意识。只有着眼全局、顾全大局，树立全局'一盘棋'的思想，正确处理好个人与集体、局部与整体的利益关系，做好服务，才能圆满完成组织和领导交办的各项任务。

三是树立创新意识。当今时代是创新的时代，需要我们不断探索和创新。只有与时俱进，才能改变那些不合时宜的思想观念和传统做法，以增强工作的主动性、预见性和创造性。

四是树立奉献意识。要有甘当绿叶、做好配角、勇挑重担、无私奉献的境界和胸怀，从小事做起，从自身做起，摆正位置，扮好角色，到位不越位，补台不拆台。

五是树立团结意识。只有讲团结、求人和，才能凝聚人心、集中智慧、充满生机、形成合力；只有讲团结，靠大家的力量，才能提高工作效率，发挥整体作用，当好参谋助手。

我相信有了这五种意识，就能够担当起这个重任。"

三是结尾部分。明确表示竞职后的态度，要贴切、自然、真诚、可信、富于情感。

比如说：

"假如我竞争如愿，将不辜负组织、领导和大家对我的信任、期望，以此为新的起点，努力履行诺言，实现奋斗目标，积极为工作做出新的贡献！

假如我竞争落选，我也不会灰心和气馁，因为能够勇于参与竞争，对我来说就是一次自我挑战和磨砺意志的考验、一次难得的学习机会和锻炼、一次重新认识自我和展示自我的经验。从中找出不足和差距，今后的进步和提高才能更快，我会努力锻炼成为一名让组织和领导信任、让群众满意的党员干部！谢谢！"

竞职演讲，区别于抒情或事迹演讲，多用陈述性、说明性的语言，脱稿讲最好。演讲时应心态平和、真诚、谦虚和自信。演讲稿长短可根据各自要求而定，不宜过长，一般以 10～13 分钟为宜。

另外，需要强调的是，演讲稿要自己撰写，应该突出自己的特点。演讲内容、语言风格、性格气质，必须是真实的你而不是别人，切忌成为"通用稿"，谁用都适合。

问题：假如你要竞聘营销部门经理，如何写演讲稿？

参考文献

[1] 边露.现代社交礼仪[M].南京:南京大学出版社,2008.
[2] 金正昆.社交礼仪[M].北京:北京师范大学出版社,2011.
[3] 未来之舟.职场礼仪[M].北京:中国经济出版社,2008.
[4] 甘敏军,蒙启成.礼仪与沟通[M].北京:清华大学出版社,2012.
[5] 张晓明.商务沟通与礼仪[M].北京:中国水利水电出版社,2013.
[6] 李霞.大学生礼仪指导与训练[M].北京:首都经济贸易大学出版社,2009.
[7] 蔡晓红.礼仪与沟通[M].北京:机械工业出版社,2009.
[8] 张晓明,袁林.沟通与礼仪[M].北京:科学出版社,2009.
[9] 韦克俭.公关礼仪与交流沟通技巧[M].北京:清华大学出版社,2014.
[10] 魏江,严进,等.管理沟通:成功管理的基石[M].北京:机械工业出版社,2006.
[11] 舒晓楠.商务与管理沟通[M].北京:清华大学出版社,2010.
[12] 王瑞永.管理沟通——理论、工具、测评、案例[M].北京:化学工业出版社,2014.
[13] 周宏,高长梅,白昆荣.学生素质"十个学会"培养手册[M].北京:九洲图书出版社,1998.
[14] 武敬敏.商务礼仪一本就够[M].北京:石油工业出版社,2012.
[15] 理想.我的第一本职场礼仪细节全书[M].北京:中国纺织出版社,2017.
[16] 徐珍,林剑伟.商务礼仪与沟通技巧[M].北京:电子工业出版社,2016.
[17] 李荣建.大学生礼仪[M].北京:人民邮电出版社,2012.